新世纪高等学校教材·学前教育专业系列教材

学前儿童体育 第3版

XueQian

ErTong TiYu

刘　馨 /编著

北京师范大学出版集团
BEIJING NORMAL UNIVERSITY PUBLISHING GROUP
北京师范大学出版社

图书在版编目(CIP)数据

学前儿童体育 / 刘馨编著. —3 版. —北京：北京师范大学
出版社，2025.4

（新世纪高等学校教材·学前教育专业系列教材）

ISBN 978-7-303-29860-0

Ⅰ. ①学… Ⅱ. ①刘… Ⅲ. ①学前儿童－体育教育－高
等学校－教材 Ⅳ. G613.7

中国国家版本馆 CIP 数据核字(2024)第 054243 号

出版发行：北京师范大学出版社 https://www.bnupg.com
　　　　　北京市西城区新街口外大街 12-3 号
　　　　　邮政编码：100088
印　　刷：三河市兴达印务有限公司
经　　销：全国新华书店
开　　本：787 mm×1092 mm　1/16
印　　张：14
字　　数：290 千字
版　　次：2025 年 4 月第 3 版
印　　次：2025 年 4 月第 15 次印刷
定　　价：44.80 元

策划编辑：罗佩珍　张丽娟　　　　责任编辑：李锋娟
美术编辑：焦　丽　　　　　　　　装帧设计：焦　丽
责任校对：陈　荟　　　　　　　　责任印制：赵　龙

前 言
FOREWORD

　　学前教育是我国学校教育制度的起始阶段，学前儿童体育是学前儿童全面发展教育的一个重要组成部分。教育部于 2016 年颁布的《幼儿园工作规程》明确指出："幼儿园教育是基础教育的重要组成部分，是学校教育制度的基础阶段。""幼儿园的任务是：贯彻国家的教育方针，按照保育与教育相结合的原则，遵循幼儿身心发展特点和规律，实施德、智、体、美等方面全面发展的教育，促进幼儿身心和谐发展。幼儿园同时面向幼儿家长提供科学育儿指导。"

　　学前阶段是儿童身体发育和心理发展的重要时期，也是奠定一生健康的基础阶段。开展科学的、适合学前儿童年龄特点与发展需要的体育活动，不仅能锻炼学前儿童的身体，增进学前儿童生长发育与身体素质，增强学前儿童体质，而且能促进学前儿童认知、语言、个性、情绪情感与社会性等方面的发展。

　　教育部在 2001 年颁布的《幼儿园教育指导纲要（试行）》以及 2012 年颁布的《3—6 岁儿童学习与发展指南》中，针对如何在健康领域开展幼儿体育活动提出了明确的目标和教育指导策略，这些文件可以帮助我们深刻地理解学前儿童的年龄特点与发展需要，也为我们科学地开展学前儿童体育活动指明了方向。本教材是北京师范大学学前教育专业的教师在 20 世纪 90 年代与北京师范大学出版社合作出版的"新世纪高等学校教材"之学前教育专业系列教材中的一本。

　　本教材的第 1 版出版于 1997 年，汇集了我本人在研究生学习期间以及参加工作后在学前儿童体育方面从事理论研究和实践探索工作的体会与研究成果，本教材也是我给本科生进行"学前儿童体育活动"（后更名为"学前儿童体育与健康教育"）课程教学的主要参考教材之一。根据教学需要，本教材的最后收录了若干篇具有一定参考价值的附录内容，其中，既有来自科研人员和一线幼儿园教师的论文，也有我本人梳理和翻译的国外相关内容。此外，为了方便本科生教学，我还精心挑选了一些学前儿童体育游戏、教学活动设计方案和基本体操。本教材于 2014 年进行了一次修订，作为第 2 版出版，但在主要内容上并未做太多改动。因本人近些年来手头工作比较繁杂，且精力有限，原本获批的普通高等教育"十一五"国家级规划教材编写出版工作迄今未能完成，很是遗憾。

为了更好地落实《幼儿园教育指导纲要(试行)》《3—6岁儿童学习与发展指南》精神，也为了更好地服务于本科教学，落实立德树人根本任务，经与北京师范大学出版社协商，我对本教材进行了全面审读和内容更新，特别是对第2版中的附录做了较大的改动，增补了较新的研究成果，替换了大部分的活动案例。

最后，我要感谢将我领入学前儿童体育领域进行研究和教学的前辈们，是他们的谆谆教诲、对学前儿童的尊重与热爱，以及专业精神(敬业精神)影响着我、激励着我，他们是：南京师范大学的汪爱丽教授(我攻读硕士学位期间的导师之一)、原中央教科所的佟静洋先生(已故)、北京师范大学教育学部的孙纪贤教授。同时，我还要感谢天津师范大学的陈冬华教授和成都市教育科学研究院的肖尔瞻老师，她们无私地把论文推荐给我，是我在学前儿童体育领域共同研讨与交流的好朋友。此外，我还要感谢北京师范大学出版社的张丽娟和罗佩珍编辑，她们一直给予我很多的帮助和支持。

由于精力有限，第3版的内容还存在不足之处，敬请读者多多包涵和批评指正。

北京师范大学　刘馨

目 录
CONTENTS

第一章　学前儿童身体运动的价值

学习目标▶

1. 了解学前儿童体育活动对其健康成长的价值。
2. 了解学前阶段应注意的运动卫生。
3. 了解幼儿园体育活动的主要目标。

学习导入▶

为什么幼儿特别喜欢到户外玩

带过学前儿童的成人通常会有这样一种感觉：小孩子一听说要到户外玩，就特别高兴。那么，他们为什么喜欢到户外玩？他们到户外四处跑动、哪里不好走就走哪里有什么意义吗？

本章，我们将围绕学前儿童身体运动对其身体发育、心理等方面发展的意义和价值进行深入的分析；同时，也会围绕幼儿园开展体育活动的主要目标做一些梳理。

学前儿童体育是学前儿童全面和谐发展教育的一个重要组成部分。科学的、适合学前儿童的体育活动，是增强幼儿体质最有效的因素，也是增进幼儿健康的一种积极手段。身体运动对学前儿童的发展具有两大功能和价值，即促进幼儿身体机能和运动机能的协调发展，以身体运动为方式或手段，促进幼儿心理的健康发展。

第一节　学前儿童体育的内涵

"体育"具有广义和狭义之分。广义的体育，指现代体育，它是社会文化的组成部分，是一种社会活动，旨在增强人的体质、提高运动技术水平、丰富社会文化生活。根据人们所从事的体育活动的具体目的之不同，现代体育通常包括以下三个方面：竞技体育、大众体育以及学校体育（即狭义的体育）。

学校体育指学校系统的体育，它是人的全面发展教育的重要组成部分，是指按照学生生长发育的特点与基本规律，以促进其正常的生长发育、增强体质、提高健康水平为目的而进行的一系列教育活动。

幼儿教育是学校教育的预备阶段和基础环节。《幼儿园工作规程》指出，幼儿园的主要任务是"按照保育与教育相结合的原则，遵循幼儿身心发展特点和规律，实施德、智、体、美等方面全面发展的教育，促进幼儿身心和谐发展"。由此可见，幼儿体育是幼儿教育的重要组成部分，其性质类似于学校体育。但幼儿体育又具有独特性，是融幼儿保育和教育为一体的特殊的教育领域。

一、学前儿童体育工作的意义

在一个人发展的过程中，生命的健康存在是保证人的发展的物质基础。人的认知、情感、行为等方面的发展，都需要建立在身体健康的基础上，健全的大脑是心理发展的重要保证，身是心的物质基础。因此，人要在社会中求得生存并得到发展，首先必须有健康的身体。

从学前儿童身体发展的特点来看，学前期是一个人生命刚刚起步、开始发展的阶段，幼儿身体各器官、系统尚未发育成熟，组织比较柔嫩，物质基础还有一些薄弱。同时，学前期又是人生长发育十分迅速和旺盛的时期，此时正是建立物质基础的关键和有效时期。促进幼儿身体的健康发展是此时期的首要任务，是实现学前儿童全面和谐发展的基础和重要条件。

然而，处于学前期的幼儿，各方面的能力都较差，如保护生命安全的能力、身体活动的能力、自我照料和独立生活的能力等，而且知识经验也相当缺乏，这就意味着需要通过成人对其保育和教育才能实现其身体的健康发展。一方面，幼儿需要成人的精心照料和保护。例如，幼儿的牙齿发育尚不完善，咀嚼食物的能力较差，胃液的酸度及酶的强度也较成人低，成人在为幼儿提供膳食时，要注意细、碎、软、易于消化；幼儿对危险的事物和活动的判断能力较差，不仅难以避免自身所面临的危险，有时甚至还会制造危险，成人既要注意保护幼儿的生命安全，又应该逐渐对其进行必要的、基本的安全教育。另一方面，成人需要积极地为幼儿创设良好的生活条件，利用一切有利因素和手段，促进幼儿的生长发育，增强幼儿的体质。例如，为幼儿提供合理而科学的营养和膳食，防止幼儿营养不良或营养过剩；建立并执行合理的生活制度，让幼儿有规律地生活；培养幼儿良好的生活卫生习惯和独立生活的能力，以便其更好地维护自身的健康、更好地适应社会生活；开展适宜的体育活动和身体锻炼，促进幼儿身体机能的协调发展；做好全面的卫生保健工作；维护和增进幼儿的心理健康等。

所有这些，均是学前儿童体育工作的重要任务，其主要目标就是增强幼儿的体质、增进幼儿的健康。

二、体质的概念

体质，是指人体的质量。具体地说，是指人体形态结构、生理机能和心理因素综合的、相对稳定的特征。它是人的一切生命活动和劳动工作能力的物质基础。

体质的范畴通常包括以下四个方面。

(一)体格

体格是指人体形态结构和生理机能的发展状况，主要包括人体生长发育的水平、体型和身体姿势。生长，主要指人体由小到大、由轻到重、由矮到高的变化过程，是构成人体的细胞不断繁殖和细胞间质不断增多的结果，反映了人体量的渐变过程。发育，是指人体细胞与器官不断变化、形态逐渐完善、机能逐渐成熟的过程，反映了体质变化的复杂过程。人体的生长与发育是相互依存、相互促进、密切关联的。体型正常，身体姿势端正，在某种程度上反映着人体生理机能的完善程度。健壮的体格，是体能发展的基础。

(二)体能

体能是指人体在从事身体运动时所表现出来的能力，包括身体素质和身体基本活动能力两方面的发展水平。体能是促进人体形态结构和生理机能协调发展的重要因素。

(三)人体的适应能力

人体的适应能力是指人体在适应内、外界环境中所表现出来的机能。幼儿应具备的最基本、最主要的人体适应能力是：对环境条件及其变化的适应能力、对疾病的抵抗能力。

(四)心理状态

心理状态是指人的情绪、意志、个性等方面的心理特征。良好的情绪和精神状态、坚强的意志品质、积极开朗的个性等，是一个人具有良好心理状态的重要标志。中医理论有"怒伤肝、喜伤心、思伤脾、忧伤肺、恐伤肾"之说，这表明不良的情绪和精神状态会直接损害人们的身体器官。身和心两个方面是密不可分的。要维护和促进身体的健康，良好的心理状态是重要的保证。

体质所包含的上述各方面是相互联系、相互促进的，它是一个完整的统一体。衡量幼儿体质的强弱，应该从以上诸方面来全面考虑，而若要增强幼儿的体质，也必须使以上诸方面都能得到适宜的、协调的发展，即体格健壮、体能全面发展、人体适应能力强、心理状态良好。

影响幼儿体质的因素很多，有遗传、变异、疾病、营养状况、生活环境与条件、体育活动与身体锻炼情况等。其中，科学的、适合幼儿的体育活动，是增强幼儿体质最积极、最有效的因素，也是增进幼儿健康的一种积极手段。

第二节　身体运动与学前儿童身体的发展

身体运动对促进幼儿的生长发育、增强幼儿的体质具有较高的价值。但是，并非所有的身体运动都适合学前儿童，而且身体运动还会与其他多种因素相互影响，因此，在幼儿参加身体运动的前后及过程中，还必须注意幼儿的运动卫生。

身体运动对学前儿童身体发展的促进作用，主要是通过对幼儿的身体施加一定的刺激(即运动的刺激)来实现的。一定的运动刺激作用于幼儿的机体，便使幼儿的机体承受相应的生理负荷。这种刺激的经常化，促使幼儿机体内部不断地进行调整而逐渐产生适应性的变化，从而使机体在形态结构和机能上得到一定的完善与提高。

身体运动可对学前儿童身体的许多器官、系统产生重要的影响。其中，影响较大的是运动系统、血液循环系统、呼吸系统和神经系统。

身体运动是以知觉感受器——中枢神经系统——运动效应器这一系列神经生理学的过程为基础的。运动系统是产生身体运动的外在反应器官，神经系统对身体运动起着主要的支配与调节的作用，血液循环系统和呼吸系统是保证身体运动得以顺利进行的不可缺少的内在动力。

一、运动系统

在神经系统的支配和调节下，肌肉发生收缩，牵动骨骼，从而产生各种身体动作或运动。骨骼肌、骨和骨连结(包括关节)构成人体的运动系统。任何身体运动都需要通过运动系统来完成。同时，在身体运动的过程中，运动系统的功能也能得到进一步的增强。

(一)运动对骨骼的作用

学前儿童骨骼的主要特点是：骨骼的坚固性较差，可塑性较强，较容易发生弯曲和变形。

产生这些特点的原因是多方面的。幼儿的骨骼还没有完全骨化，尚处于不断骨化过程中，因而软骨较多，骨骼比较柔软，骨也较细。幼儿骨的化学成分与成人的有所不同。幼儿的骨中含水分和有机物相对较多，含无机盐相对较少，这就使得骨骼的弹性较大而硬度与坚固性较差。幼儿骨的骨密质较少，而骨密质具有抗压、抗弯曲等作用。

适当的身体运动能使幼儿的骨骼在形态结构上产生良好的转变，具体表现在以下几个方面。

1. 使幼儿的骨骼变得更加坚固

幼儿经常参加适当的身体运动，能使骨的骨密质增厚，骨小梁根据张力和压力的变化排列得更加整齐和有规律，骨径变粗。骨在形态结构方面的这些变化，使幼儿的骨骼变得更加坚固和粗壮，增强了抗压、抗弯曲、抗折等方面的功能。

2. 促使幼儿的骨骼向纵向方面生长

北京市东城区的一项实验证明，3 岁幼儿经过一年系统、适量的体育锻炼后，在身体形态的发育上比非实验班的幼儿有较明显的提高。表 1-1 为一个体育实验班与非实验班在身高方面年增长值的比较。[①] 从表 1-1 中可知，适当的身体运动对幼儿骨骼向纵向方面生长具有一定的促进作用。

表 1-1　某体育实验班与非实验班身高年增长值对照表

性别	人数/人	实验班/厘米	非实验班/厘米	差值/厘米
男	56	7.33	6.33	1.00
女	62	8.01	6.46	1.55

骨在形态结构方面之所以产生这些良好变化，主要是因为适当的身体运动加快了幼儿机体血液循环的速度，使骨的新陈代谢加强，从而增加了骨细胞营养物质的供给，提高了骨细胞的生长能力。

(二)运动对肌肉的作用

学前儿童肌肉组织相对较少，肌纤维细嫩，肌肉含水分较多，故肌肉的力量较弱，肌肉的能量储备也较少，这些均给学前儿童的身体运动、适应社会生活等方面带来了不便。

学前儿童如果能经常参加适当的身体运动，就可以有效地增强肌肉组织的功能，使肌肉的力量与耐力得到发展。

1. 增强幼儿脊柱周围大肌肉群的力量，有助于幼儿脊柱的正常发育

人体的躯干姿势主要取决于脊柱的解剖位置是否正确。脊柱是身体的中轴、躯干的支柱，由颈椎、胸椎、腰椎和骶骨、尾骨组成。正常成人的脊柱，从侧面看有四个明显的生理弯曲，这种生理弯曲对人的运动、劳动以及大脑的健康都十分有益。

脊柱的生理弯曲是人出生以后，随着肌肉、骨骼的发育以及动作的发展而逐渐形成的。但在整个幼儿阶段，这四个生理弯曲还没有完全固定下来，主要是由于幼儿时期的骨化过程尚未完成。基于幼儿脊柱的这种柔软性和弹性，以及各椎骨之间是以软骨连接，幼儿脊柱支撑身体躯干姿势的力量显得较弱，坚固性也较差。

为了使幼儿的脊柱能正常地发育，更好地支撑整个身体，还需要增强幼儿脊柱周围大肌肉群和韧带的力量，因为它们能起到支架的作用。这些大肌肉群主要包括颈、背、胸、腰等部位的肌肉。如果幼儿这些部位的肌肉力量较柔弱或发展不协调，就无法稳固和均衡地支撑脊柱，无法减轻脊柱的负担。如果长时间姿势不正确或过于负重，就有可能造成脊柱后凸、脊柱侧弯或其他畸形的脊柱弯曲现象。这不仅会

---

① 王占春：《幼儿体育教学法》，2 页，北京，人民教育出版社，1986。

影响人的体形和身体姿势的优美,而且还会影响呼吸、循环等系统的正常发育和生理机能的完善。

因此,我们在注意幼儿的营养供给、培养幼儿正确的身体姿势、避免让幼儿负重或长时间停留在某一种姿势上的同时,还应该让幼儿参加适当的身体运动,注意幼儿脊柱周围大肌肉群和韧带的适当锻炼,逐渐增强幼儿躯干部位的肌肉力量。这对幼儿脊柱的正常发育十分重要。

2. 增强幼儿颈部和腿部的肌肉力量,有助于幼儿更好地适应社会生活

幼儿的身体形态比较特殊,基本上呈现出头大腿短、头重脚轻的特点,而且幼儿下肢部位肌肉的发展相对较晚,肌肉的力量较弱。注意从小锻炼幼儿的颈部肌肉,增强颈部肌肉的力量,有利于幼儿较稳固地抬起头,支撑住较重的头颅,保持呼吸的畅通,保证供给大脑充足的血液。逐步发展幼儿腿部的肌肉力量,则有助于幼儿较有力地支撑住整个身体的重量,保持身体的平衡,更好地适应各种身体活动和生活劳动的需要。

3. 在身体运动的过程中,肌肉还能充分发挥"第二心脏"的作用或功能

毛细血管分布在机体各种组织和细胞之间,血液流经毛细血管时,便借助于组织液,与其周围的细胞进行物质交换。物质交换的速度和动力受多方面因素的影响,其中包括血液流过量(血流量)的多少。当人体处于相对静止状态的时候,肌肉毛细血管绝大部分是处于闭锁状态的,其管腔十分狭小,仅有少量的血浆通过。而当人体处于运动状态的时候,毛细血管就会在肌肉有节奏地收缩和放松的这种动力作用下全部呈扩张状态,致使血流量大大增加,物质交换增快,新陈代谢加强,也加快了血液循环的速度。因此,肌肉在运动的过程中便成了心脏最好的助手,故被称为"第二心脏"。肌肉"第二心脏"功能的发挥,不仅能满足幼儿机体对血液的需要量,促进机体的新陈代谢,而且还能减轻血管和心脏的压力,帮助心脏进行血液循环,从而有利于心脏更好地工作。

(三)运动对关节的作用

学前儿童关节的主要特点是:关节的臼窝较浅,关节周围的肌肉较柔嫩、韧带较松,关节的牢固性较差。

幼儿经常参加一些适宜的身体运动,如做一些投掷、攀登、悬垂活动和幼儿基本体操等,活动和锻炼相应部位的关节,能锻炼关节周围的肌肉、肌腱和韧带,使之得到有效的增强,从而逐渐增加关节的稳定性。幼儿关节稳定性的增加,有利于增强对关节的保护作用。

但关节的活动应适度,否则不仅达不到增强关节牢固性的目的,反而会导致踝关节、膝盖、髋关节、肩关节、腕关节等关节的损伤。例如,幼儿不适合做从比较高的地方往下跳的动作,也不适合做蛙跳动作,滑冰也需要慎重,低龄幼儿不适合滑冰,这些运动对幼儿下肢关节的震动是比较强烈的,容易导致幼儿关节的损伤,

甚至影响幼儿关节正常的生长发育。再如，在幼儿阶段开展拍球、投篮等游戏时，也需要注意球的大小、重量和硬度，最好使用有一定弹性的儿童球，同时，也要避免过多进行连续性的拍球或投篮活动，否则容易使幼儿上肢关节负荷过重，导致身体损伤，甚至影响其正常发育。

（四）幼儿的运动卫生

由于幼儿仍处于生长发育的阶段，运动系统的功能尚不够完善，因此，组织幼儿参加体育活动时，必须考虑适宜和适量的问题。例如，幼儿的肌肉较容易疲劳，肌肉的力量和耐力均较差，不适合进行活动量较大的运动或长时间的身体运动；幼儿关节的牢固性较差，不适宜进行过度的柔韧性练习等。有关的分析可以参见后面的章节，这里仅举几例加以说明。

1. 避免让幼儿进行不恰当的臂力练习

有的人为了增强幼儿手臂的肌肉力量，让幼儿用汽车内胎制成的橡皮筋来练习手臂的拉力，即拉橡皮筋。结果使幼儿的肱二头肌、肱三头肌、胸大肌过于发达，造成身体的畸形发展，使幼儿的身体长得不像个孩子，而像个成人，同时还在一定程度上影响了幼儿身体的纵向发展。这是相当错误的做法。

适当地发展幼儿的臂力是应该的，也是必需的，但绝不能采用这种需要憋气动作的静力性力量训练的方法进行，这是运动员化或成人化的训练方式。对于幼儿来讲，只能通过动力性的力量活动来增强臂力，关于这一点，后文会详细分析。

2. 尽量避免让幼儿在坚硬的地面上进行跳跃活动

成人的骨盆由髋骨、骶骨、尾骨以及有关的韧带等组成。幼儿的髋骨是由髂骨、坐骨和耻骨这三块骨借助软骨连接在一起的，随着软骨的不断骨化，直到二十四五岁，人体的这三块骨才完全愈合成一块髋骨。在未完成骨化以前，如果骨盆受到外力作用或较大的震动，就有可能使组成髋骨的三块骨之间发生移位，影响骨盆的正常发育。如果是女孩，就可能会使骨盆腔出口缩小，影响以后的生育。

人在跳跃落地的时候，地面会对人体产生一定的反作用力，使人体受到震动。由于幼儿对跳跃动作掌握得不够规范，即落地时较重，不太会做屈膝缓冲的动作，因此，在组织幼儿参加身体运动时，应尽量避免让幼儿在坚硬的地面上做跳跃的动作，更不要让幼儿从较高处往坚硬的地面上跳，否则会对幼儿骨盆、下肢关节的发育以及大脑的健康产生不利影响。幼儿的跳跃活动最好在较柔软的泥土地或草坪上进行。如果必须在坚硬的地面上进行跳跃活动，则必须教会幼儿轻轻落地的动作，以减轻地面对幼儿身体的反震力。

3. 不要让幼儿玩"斗鸡"的游戏

"斗鸡"活动是民间流传下来的一种游戏活动，男孩子比较喜欢，但它不适合学前儿童玩。"斗鸡"的动作是：每人各自用一只手握住相对一侧腿的脚腕部，使抬起的这条腿的膝关节弯曲，另一条腿成单脚站立姿势，然后一边蹦跳，一边用抬起的腿的膝关节与他人的膝关节相互碰撞，看谁能让对方双脚落地。因为幼儿关节的发育不够完善，这种高强度的碰撞很容易使膝关节受损伤，所以要避免让幼儿玩这种游戏。

二、血液循环系统和呼吸系统

(一)运动对幼儿血液循环系统的作用

血液循环系统是一个封闭式的管道系统，是由心脏、血液和血管组成的。心脏是血液循环的动力器官，血管是运输血液的管道或通道，而血液是具体担负着运输任务的工具，以保证机体内环境的相对稳定和新陈代谢的正常进行。

在进行身体运动的过程中，肌肉组织细胞的工作量比安静时要大，机体所需要的氧气、营养物质以及代谢产物也随之增加。为了满足机体的需要，保证肌肉活动的顺利进行，血液循环系统必须用加快收缩和用力收缩的方式来相应地提高运输量。这主要表现在心率的加快和心输出量的增大上。因此，身体运动无疑会加重幼儿心脏和血管的负担。但是，适宜的负担反而能对幼儿的心脏和血管起到一定的锻炼作用。

1. 运动能提高幼儿心肌的收缩能力

心脏的运动主要是靠心肌有节律地收缩引起的。幼儿的心肌收缩力较弱，心脏容量较小，每搏输出量也较少，心脏的发育不够完善，而新陈代谢又十分旺盛，因此，只有靠加快心脏搏动的频率才能增大心输出量以适应机体的需要，所以幼儿年龄越小，心率就越快。

适当的身体运动能使幼儿心脏承受一定的生理负荷，使心肌得到有益的锻炼，有助于提高幼儿心肌的收缩能力，并使每搏输出量得到增加。运动还能使心率加快，从而拉大幼儿安静时与运动时心率的差距。这种有益的锻炼又可逐渐增强幼儿心脏的调节功能，提高心脏的储备能力，使心脏能适应较大活动量的活动或突如其来的变化。

心脏功能的增强，主要表现为：安静时心率较低，一般活动时心率升高较少，紧张或激烈活动时心率升高较多，活动后心率能较快地恢复到安静状态时的心率等。这些反应都充分体现出心脏的良好储备能力和调节功能。

2. 运动能使幼儿的血管壁生长良好

幼儿的血管壁较薄、弹性较小。运动时血管中的血流量增大，而且肌肉有节奏地舒缩，可使毛细血管扩张或压缩，从而增强血管的弹性，锻炼血管的伸缩能力，使血管壁生长良好。这可为幼儿承受一定的压力、适应较剧烈的运动创造有利的条件。

(二)运动对幼儿呼吸系统的作用

呼吸系统由呼吸道(包括鼻、咽、喉、气管、支气管)和肺组成。呼吸道是传递气体、排出分泌物的管道，肺是气体交换的场所。呼吸系统的主要功用在于进行气体交换，以满足机体新陈代谢的需要。

学前儿童经常到户外参加适当的身体运动，对维护呼吸系统的健康、增强呼吸系统的功能具有重要的作用。

1. 运动能提高幼儿呼吸道的适应能力和抵抗力

幼儿呼吸道的管腔狭窄，呼吸道黏膜柔嫩，血管丰富，易发生感染。如果幼儿能经常到户外参加活动，多接触新鲜的、较寒冷的空气，则既能满足其机体生长发育的需要，又可以适当地刺激和锻炼其呼吸道的黏膜，提高呼吸道管腔对空气变化的适应能力以及对病菌的防御能力。

2. 运动能使幼儿的呼吸肌得到增强，增大肺通气量和肺活量

幼儿肺的弹力组织发育较差，呼吸肌较弱，肌张力差，肺泡的容量较小、数量较少且发育不完善，肺容量较小，故肺通气量和肺活量小，呼吸浅而快。在参加适当的身体运动时，机体对气体交换的需要量会明显增大，这就促使幼儿肺脏参与呼吸运动的肺泡增多，从而有效地促进幼儿肺泡的生长发育，增加肺脏壁的弹性，使呼吸肌逐渐增强，进而增大肺通气量和肺活量。肺的通气量大、肺活量大，表明肺的功能较好。

3. 运动能维护幼儿肺部的健康

幼儿在身体运动中可以加大呼吸的深度，尤其是进行深呼吸的活动或动作与呼吸有节奏地配合的活动，能促使幼儿肺部充分地运动，从而有利于将沉积于肺尖部位的病菌排出体外，保证肺部的健康。

4. 运动能增强幼儿胸肌、肋间肌的力量，有助于幼儿的呼吸运动

幼儿胸腔较小，胸肌的收缩能力较弱。在身体运动中，扩胸、伸展、投掷等动作的练习，可以锻炼胸肌和肋间肌。幼儿期是由腹式呼吸向胸腹式呼吸过渡的阶段，胸肌和肋间肌力量的逐渐增强，可以使胸廓的范围增大，呼吸肌的力量增强，有利于幼儿肺部的呼吸运动，更好地保证机体对气体交换的需要。

(三)幼儿的运动卫生

1. 运动要适量，要循序渐进

幼儿心脏和呼吸系统的发育还不完善，心率较快，呼吸频率也较快，心脏和呼吸系统的调节功能较差，所以不适合参加活动量较大的身体运动，如较长时间的快速运动、过度的耐力性运动等。有关的分析可以参见第二章"幼儿身体素质的培养"。

2. 避免让幼儿参加憋气的静力性力量活动

静力性力量活动一般可分为两类。一类是需要肌肉较长时间处于收缩和紧张状态的身体运动，如支撑、悬垂等。幼儿肌肉的力量较弱、耐力较差，容易产生疲劳。如果进行这类活动，成人一定要注意控制幼儿活动的时间。较短时间的活动可以使幼儿的肌肉、关节和韧带得到一定的锻炼，但如果活动时间较长，则会对幼儿的生长发育产生不利的影响。

另一类是需要憋气动作的身体运动，如拔河、掰手腕、举重、拉皮筋或拉力器等。憋气动作是指在吸气之后，关闭声门裂，然后呼吸肌用力收缩，使胸廓向内压缩，做用力呼气但肺内气体又无法呼出体外的一种特殊动作。憋气动作除影响呼吸量外，还将导致胸膜腔内压和腹内压骤然上升，致使静脉血液回流不畅，引起心脏空虚性收缩。这样，心输出量就会明显下降，导致心肌、脑细胞、视网膜贫血等生理反应，这些都不利于幼儿的生长发育。更重要的是，一旦憋气动作停止，幼儿就会出现反射性深吸气，胸膜腔内压骤减，胸腔血流猛增，加上憋气时在静脉内滞留的大量血液迅速涌入心房，血液便会猛冲心壁，致使心脏过度充盈，对心脏产生过强的刺激。而幼儿心脏的容量较小，心脏壁较薄，心脏瓣膜发育不够完善，心脏的调节功能也较差，这种憋气动作很容易使幼儿的心脏瓣膜受损，影响幼儿心脏的正常发育和健康。因此，必须避免让幼儿进行需要憋气动作的身体运动或活动。

3. 激烈运动之后不要立即停止不动

人体在参加剧烈的运动(如快速奔跑、较长距离的连续跳跃动作)时，心输出量剧增，血液主要集中于肌肉组织，如果突然停止身体运动，肌肉的活动也就停止了，这样便会影响肌肉组织中的血液流回心脏。此时，心脏的血液输出量明显减少，血压降低，再加上重力的影响，输送到大脑的血液量就会减少，容易造成暂时性脑贫血，影响人体的健康，而且也不利于心率的逐渐减慢，会使幼儿的心脏负荷过大。所以，在剧烈运动之后，不要立即停止不动，而应该走一走或者做一些放松、整理身体的动作。

4. 避免在尘土飞扬、空气浑浊的地方进行户外体育活动

幼儿气管、支气管的纤毛运动能力较差，自净能力也相对较差。一方面，幼儿如果在尘土飞扬、空气浑浊的地方活动，很容易将空气中的病菌吸入体内，造成呼吸道感染；另一方面，在户外进行身体运动时，幼儿需要大量的氧气供给，如果空气浑浊就很难满足机体对氧气的需要，不利于幼儿身体的健康和生长发育。因此应该让幼儿在空气较新鲜、较干净的环境里进行身体活动，新鲜的空气里病菌少并且含有较充足的氧气。此外，教师还应该提醒幼儿用鼻子呼吸，并帮助幼儿学会如何在运动中使用鼻吸气、口呼气的交替式呼吸方式。

三、神经系统

神经系统是生命活动的重要调节系统。在神经系统的统一支配和调节下，人体的各器官、系统进行着各不相同却又相互协调的生理活动，成为统一的整体。

神经系统对身体运动起着支配和调节的作用。大脑的中枢神经与伸向身体各部位肌肉的神经相连，身体运动就是通过神经所支配的肌肉的活动来实现的；但同时，肌肉的活动也会通过这种神经联系反过来刺激大脑的中枢神经。因此，全身各部位

的肌肉活动都具有两种作用：一种是促进肌肉组织功能的发展，另一种是促进神经系统功能的发展。

(一)运动能促进幼儿中枢神经控制能力的发展

夏利(Shirley)的研究表明，中枢神经控制能力是自上而下、由中心向末端发展的。动作的发展顺序也表现为同样的规律性，这就是所谓首尾原则和近远原则。

首尾原则，或称首尾律，指身体和动作的发展从头部开始，逐渐扩展到身体的下半部，即呈现出自上而下发展的规律。例如，婴儿先学会控制自己的头部动作(抬头)，然后学会翻身、坐、爬，再学会站立和行走等动作(如图 1-1)。

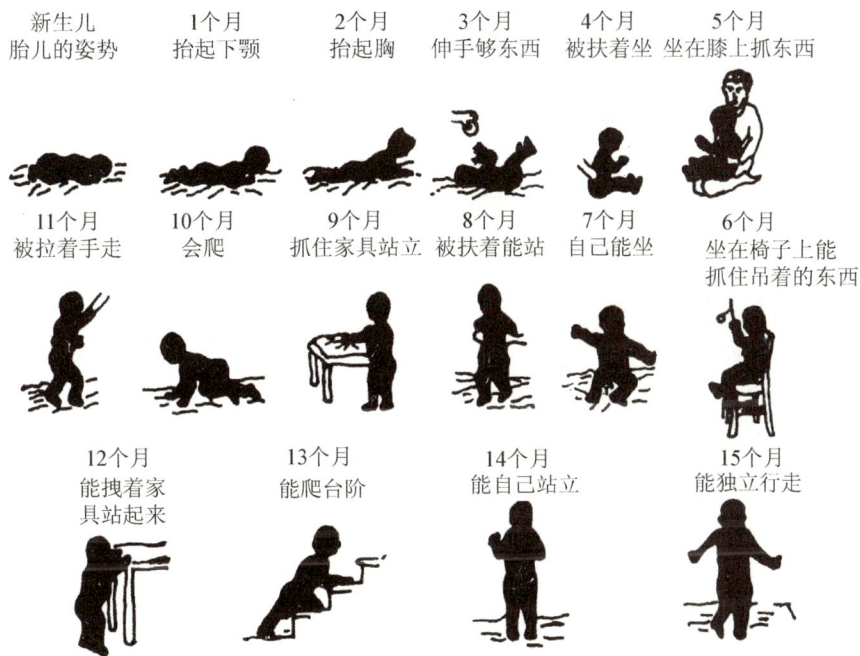

图 1-1　运动发展的顺序(夏利)①

近远原则，或称近远律，指身体和动作的发展从身体的中部开始，然后扩展到边缘部位，即呈现出由身体中心向边缘或末端部位发展的规律。也就是说，接近躯干部位的动作发展得较早，而远离身体中心的肢端部位的动作发展得相对较迟，大肌肉的动作比小肌肉的动作发展得相对早些。例如，婴儿先发展使用上臂、前臂(或大腿、小腿)的动作能力，然后发展使用手(或脚)的动作能力，最后发展使用手指(或脚趾)的动作能力。

由此可见，动作的发展与中枢神经控制能力的发展有着密切关联。一般来说，中枢神经控制能力的发展达到身体的哪个部位，是可以通过动作的发展状况显示出来的。这种相关性除取决于人体的成熟程度以外，在很大程度上还受人体的运动状

---

① ［日］佐藤正：《身体的发育和指导》，李永连、李秀英译，4 页，北京，人民教育出版社，1983。

况的影响。经常性的肌肉运动，能使中枢神经对肌肉组织的控制与调节由泛化状态逐渐变得更加分化和精确化，从而使中枢神经对肌肉活动的控制能力得到发展。中枢神经控制能力的发展，又能反过来进一步促进幼儿动作的发展。

(二)运动能改善幼儿神经过程的不均衡性

幼儿大脑皮质的兴奋过程和抑制过程的强度不均衡，兴奋过程占优势。主要表现为：幼儿较容易兴奋，好动，动作不够协调，控制身体的能力较差等。身体运动能改善幼儿神经过程的不均衡性，促使大脑皮质的抑制加深，使兴奋和抑制更加集中。例如，让幼儿练习走平衡板、单脚站立、转圈后停下来等身体活动，能有效地增强幼儿大脑皮质的抑制过程，使抑制加深，发展幼儿控制身体的能力。经常参加追逐跑、躲闪跑、躲避他人掷过来的沙包等活动，又能使幼儿神经过程的兴奋性更加集中，增加幼儿神经过程的灵活性。

(三)运动能增强幼儿神经系统的调节功能

在运动的过程中，身体各器官、系统的生理活动密切配合，才能适应机体的需要。这种配合主要靠神经系统调节功能的发挥。因此，适当的身体运动可以增强神经系统对机体调节控制的能力，促进神经系统功能的进一步完善。

如果从具体的活动来分析的话，行走、跑步、爬动、攀登等活动，可以提高幼儿神经—肌肉活动的熟练程度；快跑、慢跑、跳跃等活动，能有效地增强幼儿神经系统对心肺系统的调节功能；而掷准、抛接球、拍球、助跑跨跳、跳绳等活动，则能逐步发展幼儿神经系统对感知觉、肌肉运动的综合调节能力，使幼儿的身体运动更加协调、准确。

身体运动对于幼儿神经系统的促进作用还远不止这些。神经科学的研究进一步证明了身体运动对促进儿童脑功能的发育与良好发展具有重要的作用。此外，本章第三节还将从"身体运动与学前儿童心理的发展"的视角做进一步讨论。

由于幼儿具有神经系统较脆弱，大脑神经细胞较容易疲劳且脑组织对缺氧十分敏感，对缺氧的耐受力较差等特点，因此，在具体组织幼儿进行身体运动时，还必须注意：活动量不宜过大；动的活动与静的活动要合理搭配和交替；让幼儿愉快地参加身体运动，为幼儿提供良好的情绪体验。这些均有助于维护幼儿神经系统的健康。

四、其他器官、系统

身体运动除了对幼儿运动系统、血液循环系统、呼吸系统以及神经系统具有重要的促进作用，对幼儿身体的其他器官、系统也具有一定的影响。例如，适当的身体运动能加快肠胃的蠕动，有助于食物的消化与吸收，同时，也能增强幼儿的食欲。

但要注意身体运动的时间安排，不要让幼儿在饭前或饭后立即进行身体运动，一般要间隔半小时以上。这是因为在饭后进行身体运动，肌肉组织的工作量会明显加大，需要大量的血液供给，此时机体供给胃肠部位的血液量就会相应减少，这必定会使胃肠的消化工作减慢或处于暂时停滞的状态，以致影响机体对食物的消化与吸收。同样的道理，如果在饭前进行身体运动，也会使供给胃肠部位的血液量减少，影响幼儿吃饭时胃肠对食物的消化与吸收，而且还会降低幼儿的食欲。

经常进行身体运动，还可以增强幼儿机体的免疫机能和对外界环境的适应能力，减少疾病的发生，使身体更加健康。

综上所述，虽然人体各个器官、系统担负着不同的任务，具有各自不同的功能，但它们是相互依赖、相互影响、紧密合作的，是作为一个统一的整体而存在的。

身体运动是在神经系统的支配和调节下，依靠肌肉、关节、骨的合作来实现的。在这个过程中，肌肉的活动需要能量的供给，这就要依赖消化系统摄取足够的营养物质；肌肉的运动离不开氧气，这就要靠呼吸系统的参与；而氧气、养料、废物的运输，需要血液循环系统有效地工作。

身体运动需要整个机体高度协调与配合才能实现；同时，它也对整个机体起到锻炼和促进的作用。

开展适合学前儿童的身体运动，能促进学前儿童正常生长发育，能有效提高学前儿童身体各器官、系统的功能，从而为学前儿童身体健康以及更好地适应社会生活奠定坚实的物质基础。同时，注意学前儿童的运动卫生也是至关重要的，否则，不但对学前儿童的身体不能产生促进作用，还会有害于学前儿童身体的健康，这一问题应该引起学前教育工作者的高度重视。

第三节　身体运动与学前儿童心理的发展

人类的身体运动，并非单纯的人体运动或物理性运动，它除了具有解剖生理上的意义，还具有心理上的价值。一方面，身体运动能对学前儿童心理的发展产生良好的刺激影响，尤其是能促进学前儿童智力的发展；另一方面，在身体运动的过程中，还伴随着人的认知、情感、意志和个性等方面的心理因素。因此，身体运动对学前儿童心理发展的影响也是不可低估的。学前儿童的体育教材应充分地挖掘体育内在的教育价值，更好地指导学前教育工作者开展体育教育教学工作，促进学前儿童全面、协调发展。

一、身体运动对学前儿童认知发展的影响

许多专家学者把身体运动能力的发展与智力发展之间的关系问题作为课题来研究。研究的对象有幼儿、少年儿童，运动员等，研究的结果也是多种多样，因为这两者之间的关系很复杂。

五十岚斋一、加贺秀夫、伊斯美尔(A. H. Ismail)以及辛格(R. N. Singer)等人发表过的研究成果表明，一般来讲，研究对象的年龄越大，运动形式越简单，则两者之间的相关程度也就越低。[①] 许多研究还证实，对于儿童来说，两者之间的关系是比较密切的。年龄越小，其相关程度也就越高。随着年龄的增长，心理发展与身体、运动的发展渐渐分化，它们之间的关系也就变得微弱了。尽管如此，年龄与运动之间仍然维持着积极的相关关系。[②]

我国的一些专家学者也进行过类似的研究，普遍认为儿童的动作发展不但与智力发展有着密切的关系，而且在 3 岁前儿童智力的发展中占据主导地位。

(一)健康的身体是智力发展的物质基础

健康的身体，尤其是功能健全、机能完善的神经系统、感觉器官、呼吸系统等，是智力活动不可或缺的物质基础。

适当的身体运动有利于促进幼儿的生长发育，增进幼儿身体的健康，特别是能增强幼儿心脏和呼吸系统的功能，加速血液循环，改善大脑供氧状况，提高机体对氧的利用率。这些均有助于提高神经系统的工作效率，从而为幼儿的智力活动提供先决条件。

一定的身体运动还能使幼儿体力充沛、精神饱满、情绪愉快。只有在这种良好状态的基础上，幼儿才能进行积极的智力活动，才能发展敏锐的观察力、集中的注意力、持久的记忆力、丰富的想象力以及灵活的思维能力，才能学习并获得丰富的知识经验。

(二)身体运动与大脑的功能状况

从实质上看，智力的发展水平反映了大脑的功能状况。脑功能是以大脑神经活动为基础的。

研究表明，正常人智力发展水平的高低，与大脑的体积和重量关系不大，而与大脑的结构和功能状况有着密切的关系。主要体现在神经细胞突起与分支的多少、神经细胞之间联系网络的复杂程度以及信息传导的速度上。身体运动恰恰能促进这三个方面的发展。

身体运动中的动作，多半是在较短的时间内甚至是一瞬间完成的，并需要具有一定的精确性，因此，它对大脑皮质细胞的刺激相对较强，所动员起来的神经细胞也相对较多。经常进行适宜的运动刺激，能提高大脑皮质神经细胞活动的强度、灵活性、均衡性以及大脑分析的综合能力，建立起多种复杂的神经联系，使整个神经系统的功能得到有效的增强，为智力的发展创造良好的条件。例如，动作的速度、灵活性的提高，与大脑神经细胞信息传导的速度有关；助跑跨跳、跳绳等活动，能使神经细胞之间建立起多种复杂的神经联系等。

---

① 转引自[日]松田岩男：《体育心理学参考教材》，吕其彦译，183 页，北京，人民体育出版社，1985。
② [日]松井三雄：《体育心理学》，杨宗义、张春、崔东振译，152 页，北京，人民体育出版社，1985。

生理学的研究发现，人体的各个部位在大脑皮质中都占有相应的代表区域（如图 1-2），其区域的大小与身体该部位活动的精细与复杂程度密切相关，身体哪个部位的动作越是精细、越是复杂，那么，它在大脑皮质中所占据的区域也就越大。从图 1-2 中可以看出，手所占据的区域空间是相对最大的，因为手的动作最为精细、最为复杂，尤其是大拇指的动作。

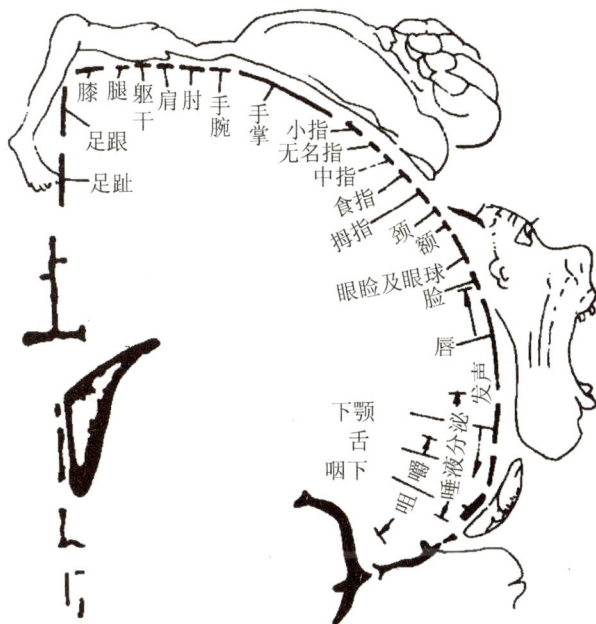

图 1-2　大脑运动区各肌肉支配部位的大小①

（依潘费尔德·拉斯木森，1966 年）

苏联 M. M. 科尔佐娃针对"体育活动与儿童智力发展"之间的关系问题做过这样一个实验。她将出生刚 6 周的婴儿分成三个组：第一组为右手训练组，即按摩婴儿的右手，使婴儿在成人的帮助下做屈伸右手手指的运动；第二组为左手训练组，即按摩婴儿的左手，使婴儿在成人的帮助下做屈伸左手手指的运动；第三组为未受训练组，即对照组。

在进行实验之前，分别测定并记录这些婴儿的大脑生物电流强度。经过两个半月的训练，再分别测定并记录其生物电流的变化情况，并且对衡量大脑皮质成熟程度的高频率电流的节律进行数字统计。

结果发现，第一组和第二组的婴儿，均在与其所训练的那只手相对侧的大脑半球的未来语言区里，观察到了高频率电流的高质量节律，这标志着大脑皮质成熟程度的增加。第三组的婴儿没有出现此类变化。这一实验说明，手的运动能使大脑皮质的运动区与语言区之间建立多种复杂的神经联系，从而促进大脑皮质的成熟，这

---

① [日]松田岩男：《体育心理学参考教材》，吕其彦译，48 页，北京，人民体育出版社，1985。

对婴幼儿智力的发展是十分有利的。

许多实验研究也证明，让儿童经常进行手的活动，可以有效地刺激和开发大脑皮质的许多区域，并有助于大脑皮质神经细胞的成熟与功能的完善。这对于儿童智力的发展具有积极的意义。

国内外的许多专家还认为，七八个月的婴儿如果很少进行爬动的练习，将来有可能出现语言发展上的障碍。这是因为，人在爬动的时候，头部必须往上方抬起，这样，颈部的肌肉活动就可以刺激大脑皮质的语言中枢，这种经常性的刺激有益于婴儿将来顺利地学习语言。

(三)婴幼儿的身体运动与智力活动

在婴儿身上，我们可以看到身体、运动的发展与智力发展之间存在着较高的相关，原因之一是智力的发展与身体、运动的发展尚没有明显地分化，即智力的活动与身体的活动紧密联系在一起。年龄越小，就越未分化，其智能与其他各种机能处于一体化的状态。正如日本幼儿体育理论专家胜部笃美所认为的那样，在婴儿时期，智力的发达与运动能力的发达有着不可分割的关系，因为智力与运动的神经支配是直接连在一起的。

在婴儿期，我们所能观察到的婴儿的主要活动就是身体活动，身体活动成为研究此阶段儿童发展的核心部分。我们无法知道婴儿在想什么，但是我们可以看到他正在做什么。在婴儿语言能力未成熟的阶段，感觉运动的能力是智力的重要表现。

瑞士儿童心理学家皮亚杰(J. Piaget)把儿童思维的发展分为四个阶段，第一个阶段是指 0～2 岁的感觉运动阶段。这一阶段是儿童思维的萌芽阶段，在此阶段儿童通过感觉和运动与外界发生作用，也可以将其理解为在这个阶段，儿童只能依靠感知和动作来适应外界环境。这也说明感觉运动的经验对儿童的智力活动与发展具有重要作用。

随着儿童年龄的增长、语言能力的提高，身体运动的发展和智力的发展逐渐分化。但在两三岁的幼儿身上，仍然表现出身体的动作与智力活动的联系。例如，幼儿思维的方式为直觉行动思维，幼儿的想象活动有时也依赖对动作的感知等。

同时，在幼儿身体运动的过程中，有大量的认知活动参与。例如，幼儿需要认识并记住身体部位的名称或玩具、运动器械的名称；需要理解游戏活动的过程和规则；需要注意观察教师的示范动作，形成一定的运动表象；需要通过想象去模仿和表现大千世界的人、动植物的活动或姿态；需要学习、理解并运用基本的空间概念、时间概念和多方面的知识；需要对变化的多种情况迅速作出正确判断等。所有这些都离不开幼儿积极地进行认知活动。通过各种身体运动，幼儿可以获得丰富的知识和运动经验，并能使知觉更加敏锐、观察更加准确细致，使语言的理解能力、记忆力、想象力、思维能力和判断能力等得到发展。

(四)智力迟钝的早期诊断和治疗

婴幼儿智力迟钝的早期诊断，可以根据其动作发展的情形进行。

婴幼儿从出生至 2 岁，是身体和动作迅速发展的时期。在这一阶段，正常的婴幼儿通常都能逐渐学会抬头、坐、爬、站立、行走等身体动作。如果在此期间，婴幼儿在身体动作的发展上表现出迟滞的现象，明显落后于其他同年龄组的婴幼儿，他们在智力的发展上就有可能较迟钝。也就是说，2 岁以前婴幼儿动作发展的情形，可以作为判断此时期智力发展状况的一个参考因素。

身体运动还可作为智力障碍儿童的医疗手段之一，即通过让智力障碍儿童参加一定的身体肌肉运动，来刺激其大脑皮质的神经细胞，逐步改善和增强神经系统的功能，从而为智力活动创造条件。

有些学者让智力迟钝的儿童有意进行含有认知因素的运动，研究结果表明，这些身体运动对帮助智力迟钝的儿童理解左右概念等内容有一定的成效。

综上所述，身体运动对学前儿童脑功能的增强以及认知的发展具有一定的促进作用。有学者说过"动作是智力大厦的砖瓦"，这正是对身体运动在智力发展方面价值的精辟概括。

二、身体运动对学前儿童个性形成的影响

身体运动在促进人的个性形成和发展方面的作用，很早就成为专家学者研究的课题。他们普遍认为，运动能使人心情开朗、精神振奋、积极活泼。

由于成人处于个性已明显形成的年龄，因而在通常情况下，身体运动对成人的个性不具有太大的影响。与成人不同，幼儿期和少年期的运动经验对一个人个性的形成具有重要的影响，这一点已为近年来的许多理论和实践研究所证实。

(一)身体活动的能力影响幼儿自我概念的形成

幼儿期是"自我"的萌芽时期，是个性的形成时期。幼儿处于什么样的环境、具有什么样的经验以及外界对他的态度与评价，在很大程度上决定着他形成什么样的自我概念，这将成为他以后个性发展的基础。

幼儿年龄越小，身体活动的能力就越成为他一切行动或行为的基础。幼儿能够做什么，不能做什么，主要是由其身体活动的能力决定的。因此，幼儿对自己身体活动能力的确认，有可能成为其自我概念的一个中心。

例如，能自己勇敢地登上攀登设备的幼儿，能自己扣衣服上的纽扣、系鞋带的幼儿，雨后能自己从小水洼上跳过去或从旁边较狭窄的台阶上走过去而不是要成人将他抱过去的幼儿，能比别人先学会独立跳绳的幼儿……往往会得到成人较多的赞许以及小伙伴的羡慕和钦佩，他们也会觉得自己很有能力，很了不起，从而逐渐形成肯定自我的概念。这种良好的感觉会促使他们对其他的事情也抱有较强的自信心，愿意大胆而独立地去尝试新的活动，行为较积极和主动，经常表现出较强的探索精神和独立性、自主性。

相反，身体活动能力较差、动作较笨拙较迟钝且常常失败的幼儿，如不敢从滑

梯上滑下来的幼儿，不会拍球的幼儿，总是让教师帮助扣纽扣的幼儿，在追逐游戏中总是追不上别人或是总被别人捉住的幼儿……可能会形成否定自我的观念。这种幼儿经常会表现出自卑感，缺乏自信心，行为消极、被动甚至退缩，具有较强的依赖性，而且很容易产生不安全感、不信任感，心情也容易压抑或紧张。

卡根(J. Kagan)等人对幼儿体格发育的程度与他们对外界的态度之间的关系进行过观察和研究，结果发现，幼儿期身体发育的程度，同一般活动水平和行为的积极性有密切的关系。具体地说，胸围大、肌肉发育良好的儿童，对外界的态度大都是积极的、能动的；相反，肌肉发育不良、体格虚弱的儿童，其活动水平一般较低，对外界的态度也大都是被动的。

日本专家学者对4～6岁儿童进行过有关的研究，结果表明，凡运动能力发展良好的儿童，其社会性的发展也好；凡运动能力发展较迟的儿童，其社会性也欠缺，依赖性强。

在幼儿参加身体运动的过程中，往往伴随着强烈的情绪和情感体验。当幼儿成功地完成了某一动作时，喜悦的心情将会促使幼儿的自我水平得到提高，自信心得到增强，而后，当他再度面临新的活动甚至挑战或困难时，也会充满信心地去尝试或克服。获得这样的良好体验，对幼儿心理的健康发展是极为重要的。

心理学的实验证明，一个人只要体验到一次成功的欢乐，便会激起无休止地追求成功的意念和力量。因为这种自我感受和自我认识会增强人们的自尊心、自信心，促使他们自爱、自重、自强不息。

因此，在对学前儿童进行身体运动的指导和教育时，教师应该不断地促使学前儿童身体机能协调发展，提高其身体素质和身体活动能力，目的就是让学前儿童获得更多成功的体验和对自己能力的信心，这有助于他们变得更加积极、主动、自信和独立。同时，教师也要注意自己的言行，懂得尊重儿童，尤其是对那些动作较笨拙、反应较慢的儿童，更应该耐心地帮助和指导，并给予更多的关心和鼓励，这对其个性的健康发展是至关重要的。

(二)幼儿的运动能力与个性特征

日本幼教专家对幼儿的性格与运动能力之间的关系进行了较为详细的研究。研究者先对一群幼儿进行有关性格方面的测验，而后依据不同的性格特征将幼儿分成五个组，每组幼儿再分别进行五种运动能力的测验，然后分析研究幼儿的性格特征与运动能力之间的关系。

研究结果表明，幼儿平衡性、柔韧性与性格的关系不密切，除了运动能力很低的幼儿，并无太大的变化；幼儿的肌耐力、瞬发力、协调力则与性格有着密切的关系，并且，精神的持久性也与性格有很大的关系，这是因为运动需要意志伴随。① 具体的情况是做事较慢但很认真、努力的幼儿，运动能力测定的成绩都较好，尤其是肌耐力；开朗活泼但有点慌张的幼儿，瞬发力最好，但肌耐力较差；根据当时的情绪运动的幼儿，测定的成绩不稳定；顽固而缺乏通融性的幼儿，各项运动能力的测定成绩均较差；老实但缺乏气力的幼儿，肌耐力、瞬发力最差。

此外，还有一些研究也表明了运动能力与个性特征之间的密切关系。例如，喜欢运动的幼儿，大多性格较为开朗，且判断力较强，做事较果断；反应虽较慢但意志力很强的幼儿，往往做任何事情都能坚持到底，这样的幼儿虽然在要求瞬发力、敏捷性或技巧性的运动方面表现较差，但往往在要求平衡能力和耐力的运动方面有较佳的表现，平衡能力的发挥与从容、自信等有关。

教师应该充分认识到幼儿行为、个性与运动发展的特征之间的关系，通过选择不同类型的身体运动，有目的、有针对性地促进幼儿良好个性品质的形成，这也是一种因人施教。例如，对于活泼爱动、较灵敏但稳定性和控制自己的能力较差或是缺乏意志力的幼儿，可以让他们多参加与平衡能力有关或是需要意志伴随的游戏活动；对于意志力较强但不够灵活、敏捷的幼儿，可以多让他们进行跳跃、躲闪跑等活动。

(三)培养幼儿良好的社会适应能力

身体运动的种类和项目很多，其中有一些是可以个人单独进行的，但绝大多数的运动需要在公共场合进行，这时，幼儿需要学会与他人友好合作，遵守游戏规则，克服自己的冲动，学会等待和忍耐，还要具有竞争意识、团体意识、责任感等。

这些良好的态度与品质都可以在各种身体运动中逐步加以培养。因此，身体运动为培养幼儿良好的社会适应能力、良好的个性品质创造了有利的条件和机会。

(四)激发幼儿愉快的情绪

许多研究表明，运动能有效地调节人的情绪，缓解压力，激发去甲肾上腺素和多巴胺的释放，使人感觉良好，情绪愉悦。

幼儿具有好活动的特点，喜爱运动。适当的身体运动有利于幼儿获得良好的情绪体验，并保持积极而专注的状态投入活动与学习之中。运动可以转移幼儿的注意力，使幼儿减少不良情绪，或者使幼儿的不良情绪得到适当的发泄或释放。幼儿参加具有一定活动量的身体运动，可以使体内过多的能量得到消耗，这能使幼儿感到放松、轻松。在运动过程中，当幼儿获得成功时，良好的情绪感受会使他们活泼、开朗、积极和充满信心。

总之，教师应该充分地认识并挖掘身体运动对幼儿心理发展的广泛价值，让幼儿在身体运动中既能得到身体上的锻炼、增强体质，又能在心理上得到有益的发展，从而使幼儿身心和谐、健康地发展。

---

① ［日］水谷英三：《幼儿体力理论与实际》，台北，幼狮文化出版公司，1981。

第四节 学前儿童体育活动的目标

在这里，我们将重点围绕幼儿园体育活动的目标进行概括性的阐述。

幼儿园体育活动的目标是指导幼儿园全面规划和组织幼儿体育活动的重要依据，为幼儿园开展科学、适宜的体育活动指明了方向。

教育部 2001 年颁布的《幼儿园教育指导纲要(试行)》(以下简称《纲要》)在健康领域中，围绕幼儿园开展体育活动提出的幼儿发展目标是"喜欢参加体育活动，动作协调、灵活"。

从中我们可以看到，首先，培养幼儿对体育活动的兴趣是幼儿园体育活动的重要目标之一。幼儿只有对体育活动产生了兴趣，才能积极、主动地投入体育活动之中，兴趣是活动的内在动力。其次，"动作协调、灵活"这一幼儿发展的目标告诉我们，幼儿园体育活动要落实到提高和发展幼儿动作的协调性和灵活性这两个身体素质上。《纲要》在健康领域的内容和要求中还进一步提出要"用幼儿感兴趣的方式发展基本动作，提高动作的协调性、灵活性"，由此可见，发展幼儿基本动作也是幼儿园体育活动的重要任务之一，但最终应落实到幼儿身体素质的培养上。但《纲要》对幼儿身体素质和基本动作的发展目标并没有做具体的阐释。

随着我国幼教事业的不断发展，教育部在 2012 年又颁布了《3—6 岁儿童学习与发展指南》(以下简称《指南》)。《指南》对幼儿在体育活动中的发展目标做了较为深入、具体、全面的阐述，明确提出了 3～6 岁幼儿在大肌肉的动作上"具有一定的平衡能力，动作协调、灵敏"和"具有一定的力量和耐力"的发展目标。

身体素质反映了一个人在身体运动中的机能水平，对幼儿来说，平衡能力、协调性(或称协调能力)、灵敏性、力量和耐力都是最基本的身体素质。同时，《指南》围绕幼儿健康的体态、生活习惯与生活能力等，提出了幼儿在身体形态和姿势、体育活动的兴趣与主动性、安全运动等方面的发展目标。这些目标的提出，为幼儿园深入开展幼儿体育活动，提高幼儿体育活动的有效性和质量，增强幼儿的体质，促进幼儿身心健康发展，指明了工作方向。

依据《纲要》和《指南》中幼儿在健康领域学习与发展的需要以及体育活动对幼儿发展的价值，幼儿园体育活动的目标主要体现为以下三个方面。

一、促进幼儿生长发育、增强幼儿体质

幼儿阶段是生长发育的重要时期，幼儿园体育活动的首要任务就是促进幼儿良好的生长发育、增强幼儿的体质。其主要目标如下：

(1)促使幼儿形成健康的体态，如身高和体重的增长较适宜，表现出正确的站

姿、行走姿势和跑步姿势等；

(2)提高幼儿平衡能力、协调性、灵敏性、力量、耐力等基本的身体素质；

(3)发展幼儿走步、跑步、跳跃、投掷、攀登、钻爬、悬垂等基本动作；

(4)锻炼幼儿机体对摆动、颠簸、旋转等刺激的适应能力，促进幼儿平衡能力的良好发展；

(5)提高幼儿机体对外界环境及其变化的适应能力以及抵抗疾病的能力。

二、培养幼儿良好的运动习惯和安全运动的能力

在幼儿阶段，培养幼儿良好的运动习惯和安全运动的能力也是十分重要的目标，这既是保证幼儿运动安全的基本条件，也是现代保健观念和终身体育理念的体现。其主要目标如下：

(1)激发幼儿参加体育活动的兴趣和主动性；

(2)培养幼儿体育锻炼的习惯；

(3)提高幼儿在运动中的安全意识和自我保护能力。

三、促进幼儿认知、情绪情感、个性、社会性等方面的发展

体育活动是实现幼儿身心全面和谐发展的重要途径和手段，通过体育活动可以达成以下目标：

(1)促进幼儿认知能力的发展。如丰富幼儿的运动体验以及对身体部分、物体特性的认识；发展幼儿的感知觉、注意力、记忆力、模仿能力、想象力、创造力以及判断能力、计划与行动能力等。

(2)促进幼儿情绪情感的发展。如使幼儿体验运动过程带来的快乐，激发幼儿积极、愉悦的情绪；帮助幼儿缓解压力、转移不良的情绪等。

(3)促进幼儿个性的发展。如满足幼儿对不同运动形式和内容的需要；培养幼儿的自信心、独立性、主动性以及勇敢、不怕困难、坚持等良好的个性品质。

(4)促进幼儿社会性的发展。如培养幼儿轮流、等待以及与同伴友好合作的能力；培养幼儿遵守活动要求和规则的意识与习惯；培养幼儿一定的团队与集体意识、责任感以及公平竞争意识等。

(5)促进幼儿审美能力的发展。如培养幼儿对体态美、动作美的感知能力；培养幼儿的节奏感、韵律感等。

📖 思 考 题

1. 什么是体质？从哪些方面来衡量一个幼儿在体质方面的强弱？

2. 如何理解学前儿童体育活动在学前儿童发展中的地位与价值？

3. 适宜的身体运动对学前儿童身体发展的作用体现在哪些具体方面？

4. 如何理解身体运动对学前儿童心理发展的价值？

5. 幼儿体育活动应注意哪些方面的运动卫生?

6. 幼儿园体育活动的目标是什么?

建议的活动

1. 结合"学前卫生学"中学前儿童生长发育的年龄特点，梳理和分析在学前儿童运动中，需要重视哪些方面的卫生保健和保育。

2. 认真阅读教育部颁布的有关幼儿园教育的文件，深入理解与学前儿童健康、体育活动有关的教育目标。

第二章　幼儿身体素质的培养

学习目标▶

1. 了解发展幼儿身体素质的重要意义。
2. 了解幼儿阶段应发展的身体素质以及如何进行培养。

学习导入▶

家长的哪种做法更好

我们经常会在幼儿园门口看到这样的情景：有的家长在接孩子之后，会将孩子抱到自行车上，推着或骑着自行车回家；有的家长则会牵着孩子的手步行回家。有时，我们在马路上会看到这样的场景：一个孩子想走马路牙子，这时家长便会伸出一只手来扶着孩子走；但偶尔也会有家长把孩子拉下来，不让孩子走马路牙子……那么，你认为家长的哪种做法更有利于孩子的发展呢？

本章，我们将围绕幼儿身体素质培养的重要性、幼儿阶段应培养哪些身体素质、幼儿的年龄特点以及身体素质培养的基本原则与基本途径进行阐释。

幼儿阶段是身心发展及奠定基础的重要阶段，重视幼儿身体素质的培养，对于发展幼儿基本动作，增强幼儿体质，提高幼儿健康水平，将来更好地适应社会生活，使新一代人的素质得到全面的提高，都具有重要的促进作用和深远的意义。

第一节　幼儿身体素质培养的意义及基本原则

一、幼儿身体素质培养的意义

（一）身体素质是体质的一个基本要素

从体质的范畴可以看出，身体素质本身就是体质的一个基本要素或组成部分，是衡量幼儿体质状况的一个重要方面。要增强幼儿体质，就必须使体质所包含的诸方面都能得到适宜的、全面的、协调的发展。其中，也应该包括对幼儿身体素质的培养。

体质范畴的四个方面是相互联系、相互影响的。幼儿身体素质的发展水平，对体质范畴的其他方面也会产生一定的影响。

(二)身体素质是人体主要器官、系统的功能在肌肉工作中的综合反映

人类的一切身体运动，都是在大脑皮质支配下所实现的不同形式的肌肉活动。力量、耐力、速度、柔韧性、平衡能力、协调性、灵敏性等身体素质，是人体在肌肉活动中所表现出来的机能。

从运动生理学的角度来分析，一个人身体素质的发展水平，不仅取决于肌肉组织本身的结构和机能特点，而且还与肌肉工作时的能量供应、氧气供给以及神经调节过程等方面的状况有关。以上又与呼吸系统、循环系统、神经系统的功能以及肌肉本身所进行的新陈代谢过程密切相关。例如：

- 力量，反映了肌肉活动时收缩能力的大小，主要取决于肌肉组织本身的机能状态。
- 耐力，反映了肌肉活动所能持续时间的长短，既与心肺功能直接相关，也与肌肉组织的功能有关。
- 速度，反映了肌肉收缩与放松交替的快慢程度，主要与神经系统的灵活性有关。
- 柔韧性，反映了髋关节的肌肉、韧带、肌腱的伸展性，这在一定程度上受神经系统的调节功能支配。
- 平衡能力、协调性、灵敏性，反映了神经系统对肌肉活动的控制和调节能力。

可见，身体素质是人体主要器官、系统的功能在肌肉工作中的综合反映。提高身体素质的过程，实质上就是增强身体有关器官、系统功能的过程。幼儿身体各器官、系统正处于迅速发育的阶段，有意识地逐步发展和提高幼儿的身体素质，有助于增强幼儿身体主要器官、系统的功能，促进幼儿正常的生长发育和机能的协调发展。这对从根本上增强幼儿体质具有特殊的作用和意义。

(三)提高幼儿身体素质，是发展幼儿基本活动能力的基础

身体素质与人体基本活动能力之间是相互联系的。人体基本活动能力是指那些与日常生活有密切关系的身体活动的技能，如走、跑、跳跃、投掷、攀登、钻爬等基本动作。

一方面，幼儿身体素质的发展水平是在身体的各种基本活动中表现出来的。例如，当幼儿的腿部肌肉力量发展到一定程度时，就能学会站、学会走、学会跳跃；幼儿在行走时出现上下肢不协调的动作(如同手、同脚地走)，则表明该幼儿身体活

动的协调性较差。

另一方面，提高幼儿的身体素质是发展幼儿基本活动能力的基础。任何一种身体运动或动作，都要有几种身体素质作为基础才能完成。例如，助跑跨跳的动作需要幼儿腿部具有肌肉力量、动作的协调性以及较好的灵敏性、保持身体的平衡能力才能较好地完成，若其中的任何一种身体素质发展得不够理想，都将直接影响幼儿助跑跨跳的质量。如果我们只是一味地要求幼儿多进行助跑跨跳的活动，而不注意有意识地发展幼儿所必需的身体素质（如力量、协调性、灵敏性等），就很难使幼儿的这一活动能力真正得到发展。

因此，要使幼儿的基本活动能力得到发展，必须从根本上重视幼儿身体素质的培养和提高。

（四）提高幼儿身体素质，有助于幼儿更好地适应社会生活

从小重视幼儿身体素质的培养，能为幼儿更好地适应社会生活奠定物质基础。例如，注意提高幼儿的有氧耐力，能使幼儿具备良好的心肺功能和肌肉功能，将来幼儿就有可能适应较长时间的身体活动（如上高层楼或进行较长时间的徒步行走），而不气喘吁吁、觉得肌肉无力等。又如，从小注意幼儿手臂、肩背等部位肌肉力量的适度锻炼，有助于其步入小学后用手拎东西、背书包、搬运物体等身体活动或劳动的需要。平衡能力、协调能力和灵敏性等身体素质，更是他们将来适应生活、胜任多种类型工作所不可缺少的能力要素。

总之，提高和发展幼儿的身体素质，具有促进幼儿生长发育、增强幼儿体质的重要作用，同时，也为幼儿获得身体的基本活动能力，更好地适应社会生活、学习和劳动奠定重要的物质基础，这些也正是幼儿体育活动的主要目标。

二、幼儿身体素质培养的基本原则

人的身体素质，一般可以包括力量、速度、协调性、灵敏性、耐力、平衡能力、柔韧性等方面。就幼儿而言，需要提高的也就是这种一般的、基本的身体素质；而不是运动员所需要发展的那些专项的身体素质，如长跑运动员需要发展的高水平耐力素质，或体操运动员需要发展的高水平柔韧和平衡素质等。即使是一般的身体素质，由于幼儿身体形态结构、生理机能以及动作、心理等方面的发展水平和特点，与成人及少年儿童也有所不同，因此，幼儿身体素质的培养，有其自身的特殊性和年龄特点。

依据幼儿体育活动的目的、幼儿身心发展的水平和特点以及幼儿教育的基本原则，提高幼儿身体素质必须遵循以下两个方面的基本原则。

（一）必须与增强幼儿体质、增进幼儿健康紧密联系，避免进行对幼儿有伤害的身体运动

身体运动的种类繁多，内容丰富，但并不是所有的身体运动都适合幼儿。发展

幼儿身体素质的目的是增强幼儿体质，促进幼儿身体全面、协调地发展，因此，在为幼儿选择身体运动的项目和内容、采用具体的方式方法时，一定不能违背上述宗旨。对幼儿的生长发育不利或有可能造成危害的身体运动，必须禁止；对没有把握的身体运动，必须进行科学的研究。

(二)必须考虑幼儿身体素质的特点，避免运动员化、成人化或小学化

对幼儿身体素质进行培养，不是为了培养专门的体育运动竞赛的人才，因而必须避免身体素质培养的专项化或早期定向，也就是要防止运动员化。

幼儿阶段是身体打基础的时期，因此，我们应根据幼儿身心发展的特点与需要来确定发展哪些方面的身体素质。《指南》在健康领域"动作发展"子领域中，围绕3～6岁幼儿大肌肉动作的发展明确提出了"具有一定的平衡能力，动作协调、灵敏"和"具有一定的力量和耐力"的发展目标，由此可以看出，幼儿阶段应该全面地、综合地发展幼儿的平衡能力、协调能力、灵敏性、力量和耐力等基本的身体素质。

同时，在幼儿身体素质培养的过程中，我们还应该特别注意两个方面。一是对幼儿身体发育和体质增强有益的方面，应予以足够的重视；而对幼儿尚不具备生理基础的方面，要严格控制。二是要关注幼儿基本的身体素质的全面培养，既要避免忽视其中某些身体素质的发展，也要避免过分强调其中某些身体素质的培养，只有这样，才有利于幼儿身体全面、协调、健康地发展。

从培养幼儿身体素质的方法上看，应采取适合幼儿年龄特点的方法来进行培养。我们一定要避免采用运动员常用的专项性的身体素质训练，如用连续上举杠铃等方法来训练上肢和躯干部位肌肉的力量，用长时间练习下腰、压腿等方法来提高腰椎关节和髋关节的柔韧性等；也一定要避免进行专门性的、枯燥单一、不断重复和反复的身体练习，防止小学化或成人化。对幼儿来说，身体素质的培养主要是通过开展丰富多样、轻松活泼、深受幼儿喜爱的各种身体活动来实现的，强调以游戏为基本的活动方式、以多种身体素质的综合培养为主要的指导思想。例如，我们可以引导3～4岁的幼儿通过玩"小兔子蹦蹦跳"的游戏来学习和练习双脚连续跳跃的动作，由此来锻炼幼儿腿部的肌肉力量，促进动作协调性、灵敏性和平衡能力的发展。又如，我们可以引导5～6岁的幼儿开展"过障碍跑"的游戏活动，使幼儿在钻过拱形门、走过平衡板、手膝爬过垫子、单双脚交替跳过塑料圈、快速跑回队伍的接力游戏中，发展幼儿的多种身体素质，如平衡能力、协调能力、灵敏性、力量、耐力等。

第二节　幼儿身体素质的基本特点及培养的基本途径

对于幼儿来说，平衡能力、协调能力、灵敏性、力量、耐力和柔韧性都是基本的身体素质。一方面，幼儿的每个身体素质都有其自身的特点，我们需要逐个了解；另一方面，这些身体素质的表现又不是截然分开的，它们之间相互关联，也相互影响，因此，在培养的过程中应综合考量。

一、幼儿身体素质的基本特点

（一）平衡能力

平衡能力，指人体处于不同身体姿势或运动状态时，能及时作出调整以维持身体稳定的能力。平衡能力是身体运动的基础，是完成各种身体动作的前提，反映了中枢神经系统对肌肉等组织的控制与调节能力。大肌肉活动几乎都需要在维持身体平衡的状态下进行。幼儿若缺乏平衡能力，就不能站得稳、走得稳、跑得稳、跳得稳，就无法完成各种身体运动，并容易出现摔伤等安全问题。发展幼儿的平衡能力，有助于幼儿在平稳、安全的状态下进行各种身体运动。平衡能力是幼儿学习和掌握各种动作技能的基础能力，也是幼儿实现自我保护的基本能力。

平衡能力一般可分为静态平衡能力和动态平衡能力。静态平衡能力是指人体处于某种静止的身体姿势时能维持身体稳定的能力，如站立、蹲着等。动态平衡能力是指人体处于运动状态下或所处位置发生变化时，能及时作出相应调整以维持身体稳定的能力，如走步、跑步、跳跃、围绕自己转圈、在平衡板上走、走荡桥等。

视觉对于维持平衡起着重要作用，可以帮助人们在进行身体活动时监控身体的动作。研究表明，随着年龄的增长，儿童逐渐能在闭眼时保持身体平衡，并且这种平衡能力随着年龄的增长而不断增强。

前庭器官是维持身体姿势和平衡的位觉感受装置，参与和控制身体姿势平衡、水平运动平衡和旋转运动平衡。前庭器官和视觉系统、触觉系统、知觉运动系统之间相互协调，并与肌肉组织协同作用，才能保持身体平衡。前庭器官的发育通常在人的生命早期就开始了，婴儿出生时前庭器官的结构已形成，但其功能需要在出生后通过一定的刺激和锻炼才能不断发展。此外，身体的肌肉组织和其他感官也要参与身体的平衡，只有等它们发育成熟，并且整合前庭的信息，才能较好地维持幼儿的静态或动态平衡。发展平衡能力有助于促进幼儿前庭器官的机能以及感知觉的统合，提高中枢神经系统的功能及其对运动等相关系统的调控能力，提高机体适应复杂环境及其变化的能力。

幼儿很多的大肌肉动作都需要平衡能力做基础，因此，培养幼儿的平衡能力可以与基本动作的学习与练习结合起来进行。例如，通过走步、跑步、钻等动作的学习与练习，可以提高幼儿的平衡能力；同时，也可以有目的地选择某些静态平衡的活动(如单脚站立)和动态平衡的活动(如单脚跳、双脚连续跳、走平衡板、走荡桥、围绕自己转圈)来锻炼和发展幼儿的平衡能力。

研究表明，儿童的平衡能力从 2 岁到 12 岁随年龄的增长呈直线上升的趋势；女孩通常比男孩在平衡能力方面表现得要好一些；经常性地进行平衡练习，能使平衡能力不断提高。

(二)协调能力

协调能力也称协调性，指人体在身体运动中，从时间和空间上将不同感觉通道的信息及身体动作有效地整合起来，使之成为和谐、统一且高效动作的能力。

协调能力是一种综合性的能力，它与感知能力以及肌肉活动时的准确性、灵活性等密切相关，充分反映了中枢神经系统对肌肉活动的支配和调节的功能。协调的动作通常要求相关的动作要同步、合拍、顺序恰当、轻松、流畅。一般来说，动作越多、任务越复杂，所需要的协调能力就越强。幼儿动作的协调能力通常可以在走步、跑步、双脚连续向前跳、单脚跳等需要上下肢配合的动作中表现出来；也可以在需要手眼协调或手脚协调的动作中表现出来，这类动作的特征是把视觉信息和手臂或腿的动作整合起来，如投掷、接球、踢球等动作；也可以在快速移动身体时表现出来。

对于幼儿来说，无论是走步、跑步、跳跃，还是钻爬、攀登或进行球类运动，都需要感知觉与身体的多个部位作出快速、准确的反应和恰当的整合。发展幼儿的协调能力，不仅有助于提高幼儿神经系统的控制与调节功能，而且有助于促使幼儿更好地学习和掌握基本动作以及习得更加复杂的动作技能，使身体动作更加轻松自如、和谐优美。

协调能力具有一定的层次水平，在培养和发展幼儿协调能力的过程中，应从简单、容易的动作入手，如走步、跑步、幼儿基本体操中上下肢的协调动作，两手同时向上抛球的协调动作等；进而逐步做较为复杂、有一定难度的动作，如匍匐爬行、跳绳时全身的协调动作等。幼儿阶段协调能力的培养还应该与其他相关身体素质(如灵敏性)的培养有机地结合起来。

研究表明，儿童大肌肉动作的协调能力以及手眼协调、手脚协调的能力通常都会随年龄的增长而逐渐增强，大体上呈现出直线上升的趋势；经常性地进行动作练习，能够使动作的协调性不断提高。

(三)灵敏性

灵敏性，指人体在身体运动中，对刺激快速作出反应，准确调整和控制身体姿势和动作的能力。

灵敏性是一种综合性的能力，需要反应速度、动作速度、协调能力、柔韧性等多种能力要素的协同作用才能较好地表现出来。幼儿的灵敏性可以在身体启动、突停、过障碍跑、往返跑、追逐躲闪跑或多变的环境中迅速改变身体位置时表现出来。发展幼儿的灵敏性，不仅有助于提高机体各种分析器官的敏感性以及神经系统分析、综合的能力，提高神经系统控制与调节的功能以及运动系统的灵活性，而且有助于增强幼儿在复杂多样环境中的适应能力和应对能力；此外，对幼儿的智力活动也能产生积极的影响。

幼儿灵敏性的培养可以与相关素质的培养有机结合起来。例如，幼儿在练习跑步动作时，既需要上下肢动作的协调，也需要进行灵活的躲闪（躲避障碍物或他人），因此，跑步的动作练习能较好地促进幼儿协调能力和灵敏性的发展。又如，幼儿通过练习单、双脚交替跳跃的动作，能较好地促进灵敏性的提高，同时也有利于平衡能力和协调性的发展。

研究表明，随着年龄的增长，儿童的灵敏性也在不断地提高；经常性地进行动作练习，能使动作的灵敏性不断提高。

（四）力量

力量，指肌肉组织在收缩时所表现出来的一种机能，也可以理解为肌肉组织发出最大力气的能力或克服阻力的能力。

力量是动作的基础。从某种意义上讲，身体运动就是肌肉的运动，肌肉的力量是肌肉活动的重要特征。幼儿在进行走步、跑步、跳跃时，需要下肢部位的肌肉力量；幼儿在进行投掷、抛球、悬垂时，需要上肢部位的肌肉力量；幼儿在进行爬行、攀登、推拉物体、搬运物体时，则需要上下肢及躯干部位的肌肉力量。幼儿在奔跑、跳跃和投掷的过程中，力量和速度往往是伴随出现的。肌肉力量、肌肉收缩速度以及肌肉的协调性决定了个体爆发力量的最大限度。

幼儿的肌肉组织比成人的相对要少，肌纤维细嫩，肌肉含水分较多，故肌肉的力量较弱，肌肉的能量储备也较差，而幼儿的任何一种身体运动都离不开肌肉的力量。依据幼儿的年龄特点，通过适宜的身体运动来发展幼儿的力量，有助于逐渐增强幼儿肌肉组织的功能，并为幼儿更好地学习和掌握基本动作以及发展多种动作技能、促进其他身体素质的发展奠定必要的基础。

在幼儿力量的培养上，应通过适合幼儿的各种身体活动来逐步发展和提高幼儿的动力性力量，以此来增强幼儿肌肉组织的功能，应避免让幼儿进行憋气的静力性力量活动。

与静力性力量活动不同，动力性力量活动的主要特点是：进行身体运动时，肌肉的收缩与放松是交替进行的，肌肉不需要长时间处于紧张状态，而且没有憋气的动作产生。这类活动有走步、跑步、跳跃、投掷、攀登、钻爬等，这类身体运动最适合幼儿。任何一种身体运动都是靠肌肉的收缩来实现的。幼儿在参加各种动力性力量活动的过程中，不仅全身相关部位的肌肉要参与收缩活动，并通过肌肉的活动来完成各种动作，而且在完成这些动作的过程中，又在不自觉地锻炼、发展自己的肌肉组织，增强肌肉组织的功能。例如，跑步和跳跃的活动可以增强幼儿腿部的肌肉力量，沙包掷远可以增强幼儿上肢及腰背的肌肉力量等。如果幼儿能经常参加这些身体活动，那么，肌肉的力量和耐力都会逐渐增强。

经常进行幼儿基本体操的练习，也是发展幼儿肌肉力量、增强幼儿肌肉组织功能的有效途径。一套较理想的幼儿操节动作，应该能使幼儿全身各部位的肌肉都参与活动，使其得到适当的、有益的刺激和锻炼，如进行头颈部位的活动、上肢伸展和胸部扩展的活动、腰腹背部的活动、下肢的蹲跳以及全身协调的活动等。经常锻炼，能使幼儿的肌肉更加结实、有力和协调地发展。在做基本体操的过程中，应让幼儿的动作尽量做到位，保证正确性和准确性，只有这样，对肌肉的锻炼才是有效的。

幼儿的肌肉力量虽然还比较弱，发展的速度也不算快，但如果幼儿能经常参加适当的身体运动，其力量素质是会得到一定的提高和发展的，这是幼儿生活和身体运动的基础。

研究表明，儿童的力量随年龄的增长而逐渐增强；从3岁开始，男孩的力气会比同龄女孩的力气要大一些；经常性地进行动作练习，能使肌肉组织的力量不断增强。

(五)耐力

耐力，指人体在尽可能长的时间里持续进行肌肉活动的能力，也可以被看作抵抗疲劳的能力。

耐力是一个人进行身体活动以及更好地适应社会生活应具备的基本的身体素质。幼儿若想在户外与同伴一起玩钻爬、跑跳的游戏，就需要具备一定的耐力；幼儿若要徒步行走一定距离的路程或是登上一个小山坡，也需要具备一定的耐力。一个人耐力的强弱与肌肉组织的功能、心肺系统的功能以及身体其他基础系统的功能密切相关，体现了肌肉耐力、心肺耐力等全身耐力的综合状况。依据幼儿的年龄特点，通过适宜的身体运动来发展幼儿的耐力，有助于增强幼儿肌肉组织、心肺系统的功能以及机体对身体运动的适应能力。

从人体活动时能量供给的特点来看，耐力又可分为有氧耐力和无氧耐力。

有氧耐力，是指机体长时间进行有氧供能的工作能力。其生理基础是有氧代谢能力。由于有氧耐力运动的强度较小，单位时间内能量的消耗不大，呼吸和循环系统可以保证每分钟机体需氧量的供给，因此不影响幼儿机体对氧气的需要量，对幼儿心肺系统的负荷也不大。而且，在有氧代谢的状态下，体内组织细胞中的糖原或葡萄糖可以在有氧条件下彻底氧化而生成二氧化碳和水，其代谢物易被排出体外，不影响幼儿正常的生长发育。幼儿心肺系统的功能较差，发育尚不完善，通过适当的体育活动来逐步提高幼儿的有氧代谢能力，发展幼儿的有氧耐力，有助于增强和完善幼儿心肺系统的功能。有氧代谢能力的提高，还可以使幼儿肌肉的有氧氧化过程的效率提高，改善能量供给状况，并能在不利的条件下提高氧的利用率，这些均有益于幼儿机体的生长发育。

无氧耐力，是指机体在缺乏氧气的状态下，长时间对肌肉收缩供能的工作能力。其生理基础是无氧代谢能力。一方面，在无氧代谢的状态下，也就是在缺氧或氧气供给不足的情况下，组织细胞中的糖原是经过无氧糖酵解来提供能量的，同时产生一种代谢产物——乳酸。幼儿机体耐乳酸的能力较差，如果幼儿进行了无氧耐力运动，那么由无氧耐力运动产生的大量乳酸就会淤积在幼儿的肌肉或血液中而不能得到及时分解，这会对幼儿的神经末梢产生强烈的刺激，引起幼儿身体的不适感。另一方面，在无氧耐力运动中，由于没有充足的氧气供给，人体的运动是在欠氧的状态下进行的，这需要人体具有良好的负氧债的能力才能胜任。在进行剧烈运动的全过程中，需氧量超过最大摄氧量，能量供应靠无氧分解代谢所造成的体内的氧亏，称为氧债。换言之，氧债就是指从运动终止时起，恢复到安静时的正常呼吸水平止，在这一段时间内用以偿还体内氧亏所需要的氧量。幼儿负氧债的能力很差，而且幼儿机体，尤其是中枢神经系统，对氧的需要量又相当大。如果让幼儿的身体运动进入无氧代谢状态，势必会大大增加幼儿心脏的负荷，使幼儿全身处于暂时缺氧的状态，这对正处在迅速发育期的幼儿身体将产生非常不利的影响。所以，幼儿尚不具备进行无氧耐力运动的生理基础，应该避免让幼儿的身体运动进入无氧代谢状态。

上述分析表明，让幼儿进行的耐力活动，只应该是有氧耐力活动，以此来逐步提高幼儿有氧代谢的能力。同时，有氧代谢能力是无氧代谢能力发展的基础，充分提高幼儿的有氧代谢能力，能为今后无氧代谢能力的培养提供必要的条件。

因此，对幼儿耐力的培养，主要是要逐步提高幼儿的有氧代谢能力，发展幼儿的有氧耐力。根据幼儿的实际情况，有目的、有计划、有步骤地逐渐增大幼儿身体运动的活动量，可以有效地提高幼儿的有氧代谢能力，发展幼儿的有氧耐力。其方法是：逐渐延长幼儿各种身体运动的时间，逐渐增大运动的密度和强度。

在活动量的控制上，应始终注意让幼儿在有氧代谢的状态下进行各种身体运动。当幼儿对某一水平活动量的身体运动适应以后，再逐渐增加一定的活动量。如果发现幼儿在运动中出现呼吸急促、紊乱、没有规律、上气不接下气或心率过快的现象，就表明幼儿从有氧代谢状态开始进入无氧代谢状态，这时，教师必须及时地对活动量进行控制和调节，让幼儿进行活动量较小的身体运动，逐渐使其呼吸频率减缓、有规律。应尽量避免让幼儿的运动进入无氧代谢状态，并且要注意防止幼儿身体过于疲劳，掌握好运动中的激与缓、动与静的交替及结合，尤其是在幼儿追逐性跑步活动、连续性跳跃活动以及一定距离的跑步中更要注意。

良好的心肺功能是发展幼儿耐力的重要保证。因此，还应该通过各种适宜的身体活动来增强幼儿心肺系统的功能，以便为幼儿耐力的培养奠定必要的基础、创造良好的条件。

例如，教幼儿学习一些深呼吸的方法。让幼儿练习深呼吸，一是为了加强和改善幼儿呼吸的深度，增强呼吸肌的力量，提高肺活量，以增强幼儿呼吸系统的功能；二是有利于将积聚在肺尖部位的病菌尤其是对肺脏有害的结核菌等排出体外，以防止幼儿患肺部疾病，确保幼儿肺部的健康。教幼儿深呼吸，就是让其学会在呼气和吸气时尽可能做到完全、彻底。可以采用一些游戏的方式进行，如模仿火车开动、吹气球、给自行车或皮球打气、老猫伸懒腰等动作，用嘴吹桌面上的折纸青蛙、纸条、纸片、乒乓球，或是吹漂浮在水面上的纸帆船、纸天鹅等。但要注意，在做深呼吸时应缓慢、均匀、适可而止，每次进行深呼吸练习不要过度。

在幼儿基本体操动作中，上肢以及躯干做适当的伸展或扩胸的动作，是增强幼儿肋间肌的一种有效途径；练习躯干的前屈动作，开展投掷、爬行等游戏活动，是增强幼儿腹部肌肉力量的好方法，这些也均能有效地提高幼儿呼吸系统的机能。

一定距离的短途徒步行走和慢跑的活动，不仅能有效地提高幼儿心肺系统的机能，使幼儿的心肺耐力得到增强，而且能提高幼儿肌肉的耐力，因此，它们是发展幼儿耐力的较好的方法。慢跑(或走跑交替)的距离，可以依据幼儿的年龄和体质来确定，一般遵循由短距离开始逐渐增长的原则，通常在 100～300 米。

总的来讲，对幼儿耐力的增强及幼儿心肺功能的正常发育与完善较有效的身体运动的原则是，身体运动的活动量要适中(对幼儿来说是属于中等强度的)，运动的强度和对心脏的负荷均不太大，但要经常地运动。

(六)柔韧性

柔韧性，指人体活动时，关节、肌肉、肌腱和韧带的活动范围或伸展能力。

一个人柔韧性的好坏，不仅取决于机体结构方面的特点，而且取决于神经系统支配骨骼肌的机能状态。对于幼儿来说，一方面，由于幼儿关节的臼窝较浅、肌肉的弹性较好等，年龄越小，其柔韧性就越好，随着年龄的增长，柔韧性也逐渐变差，这是一般的规律。从小进行适当的柔韧性练习，可以保持较好的柔韧素质。但另一方面，幼儿关节的牢固性较差，因此，应避免让幼儿进行过度的柔韧性练习，尤其是柔韧性的专项练习，如进行"劈叉"(如"竖叉""横叉")"踢腿""压腿""下腰"(或称"下桥")等高难度的柔韧性练习，因为这些练习容易将幼儿关节臼窝附近的软组织磨薄，易造成关节松动。关节松动不仅会降低其牢固性，使关节容易脱臼、受损伤，影响幼儿关节的正常发育，而且很容易造成韧带撕裂等现象。下腰动作弄不好则有可能导致幼儿脊柱受损，严重影响幼儿机体的健康。

在幼儿期只应该进行适当的柔韧性练习，避免专项的、高难度的柔韧性练习，也不要过分强调幼儿柔韧性的培养。幼儿柔韧性练习的主要目的在于：适当地锻炼和活动幼儿身体各部位的肌肉、韧带及关节，增强关节周围肌肉的力量，使肌腱和韧带更加牢固，从而增强关节的牢固性，增进幼儿中枢神经系统对肌肉的调节功能，改善肌肉之间的协调性。可以根据幼儿的实际水平与兴趣爱好，让其进行一些主动性的练习，如通过投掷、抛接球、适当的悬垂等活动，锻炼幼儿的腕关节、肘关节和肩关节；通过钻的活动、基本体操中的腹背动作等，锻炼幼儿的腰椎关节；通过用脚摆弄小球、踢球、用前脚掌行走等活动，锻炼幼儿的踝关节等。

研究表明，通常女孩的关节灵活性要优于男孩；不经常活动的儿童，其肩、膝盖和大腿等部位的关节的灵活性会逐渐削弱；适当锻炼柔韧性对预防受伤、提高动作能力具有一定的促进作用；柔韧性的练习过度则较容易导致身体受伤。

二、幼儿身体素质的典型表现

《指南》依据幼儿的年龄特点，围绕幼儿的平衡能力、协调能力、灵敏性、力量和耐力这几个身体素质提出了幼儿在不同年龄段的典型表现。这些典型表现一方面可以帮助我们从幼儿的基本动作和某些运动项目中观察和了解幼儿在身体素质上的能力表现；另一方面也体现出一种方向上的引领，指导我们在幼儿身体素质的培养上提出合理的期望。具体内容我们根据《指南》整理如下（见表 2-1）。

表 2-1　幼儿身体素质的典型表现

年龄段	身体素质	典型表现
3～4 岁	平衡能力、协调能力和灵敏性	• 能沿地面直线或在较窄的低矮物体上走一段距离。 • 能双脚灵活交替上下楼梯。 • 能身体平稳地双脚连续向前跳。 • 分散跑时能躲避他人的碰撞。 • 能双手向上抛球。
	力量和耐力	• 能双手抓杠悬空吊起 10 秒左右。 • 能单手将沙包向前投掷 2 米左右。 • 能单脚连续向前跳 2 米左右。 • 能快跑 15 米左右。 • 能行走 1 公里左右（途中可适当停歇）。
4～5 岁	平衡能力、协调能力和灵敏性	• 能在较窄的低矮物体上平稳地走一段距离。 • 能以匍匐、膝盖悬空等多种方式钻爬。 • 能助跑跨跳过一定距离，或助跑跨跳过一定高度的物体。 • 能与他人玩追逐、躲闪跑的游戏。 • 能连续自抛自接球。
	力量和耐力	• 能双手抓杠悬空吊起 15 秒左右。 • 能单手将沙包向前投掷 4 米左右。 • 能单脚连续向前跳 5 米左右。 • 能快跑 20 米左右。 • 能连续行走 1.5 公里左右（途中可适当停歇）。

续表

年龄段	身体素质	典型表现
5～6岁	平衡能力、协调能力和灵敏性	• 能在斜坡、荡桥和有一定间隔的物体上较平稳地行走。 • 能以手脚并用的方式安全地爬攀登架、网等。 • 能连续跳绳。 • 能躲避他人滚过来的球或扔过来的沙包。 • 能连续拍球。
	力量和耐力	• 能双手抓杠悬空吊起20秒左右。 • 能单手将沙包向前投掷5米左右。 • 能单脚连续向前跳8米左右。 • 能快跑25米左右。 • 能连续行走1.5公里以上(途中可适当停歇)。

幼儿各年龄段身体素质的典型表现是一种参考。一方面，告诉我们：通过观察幼儿在日常生活和身体运动中的动作表现，可以了解到幼儿身体素质的基本发展状况。例如，3～4岁幼儿在平衡能力、协调能力和灵敏性方面的发展状况，可以通过观察其上下楼梯时的动作表现得知，也可以通过观察其双脚连续向前跳的运动质量或在四散跑时是否能灵活调整身体、避免与他人碰撞的动作表现来进行分析。另一方面，为我们指出：我们可以通过为幼儿提供丰富多样的身体练习活动来发展幼儿相应的身体素质。例如，可以通过带领和鼓励4～5岁的幼儿玩追逐、躲闪跑的游戏或自抛自接球的活动，提高其动作的协调性和灵敏性。

此外，这些典型表现也承载着国家对幼儿身体素质发展提出的合理期望。例如，《指南》在描述3～4岁幼儿在平衡能力、协调能力、灵敏性方面的典型表现时，有一条是"分散跑时能躲避他人的碰撞"，这一方面是期望幼儿在跑步时能做到动作协调、灵敏，另一方面也是期望幼儿在跑步过程中能具备灵活躲避他人、保证自己安全的能力。又如，《指南》在描述幼儿力量和耐力的典型表现时，列举了上肢和下肢不同部位的身体动作，如上肢的悬垂动作、投掷动作以及下肢的跳跃和跑步动作，其目的在于强调幼儿身体锻炼和发展的全面性。《指南》中提出的"能行走1公里左右(途中可适当停歇)"(3～4岁)、"能连续行走1.5公里左右(途中可适当停歇)"(4～5岁)、"能连续行走1.5公里以上(途中可适当停歇)"(5～6岁)，则是期望成人为幼儿提供一定距离徒步行走练习的机会，以此来逐步锻炼和发展幼儿的耐力。

在这里，需要特别注意的是，上述这些典型表现只是一种参考，考虑到幼儿之间的个体差异以及各地文化、教育环境的不同，同时本着尊重幼儿、促进幼儿个性化发展的教育理念，我们绝不应该拿这些典型表现去要求幼儿达标，也不能将此作为评价幼儿身体素质发展水平的工具。这是在《指南》国家级解读本中特别强调的地方，希望幼教从业者能认真、正确地领会其中的精神。

三、幼儿身体素质培养的基本途径

幼儿身体素质的培养可以从以下两大方面展开。

(一)通过开展丰富多样、适合幼儿的体育活动来进行培养

开展丰富多样、适合幼儿年龄特点的体育活动是发展幼儿身体素质最主要的途径。具体可从下述几个方面入手。

1. 通过运动器械的活动与游戏，发展幼儿身体素质

不同的运动器械，具有不同的锻炼价值。我们应提供丰富多样、适合幼儿的运动器械，将发展的价值和理念蕴含在运动器械之中，鼓励幼儿进行自由探索、自主运动，也可以运用各种运动器械开展游戏活动，激发幼儿的运动兴趣，丰富幼儿的运动体验，使运动器械对幼儿发展的促进价值得到充分的发挥，不断促进幼儿身体素质的发展。

例如，可以为幼儿提供不同种类的平衡设备，如不同宽窄和高度的平衡板、踏石过河的小路以及废旧轮胎搭建的轮胎桥、荡桥等，鼓励幼儿去尝试和体验，这有助于发展幼儿的平衡能力。又如，可以为幼儿提供各种类型的小车，如三轮小车、四轮小车、双人小车、手推车、滑板车等，鼓励幼儿自主练习或与同伴合作游戏，这有助于锻炼幼儿下肢和上肢控制物体的能力，促进幼儿身体两侧肌肉的协调发展，增加幼儿的力量，并使幼儿获得视觉运动经验，发展空间知觉和判断能力等。

再如，可以为幼儿提供球类、圈、沙包、轮胎等运动器械，鼓励幼儿自由探索，也可以为幼儿创编有趣的体育游戏，促使幼儿在活动和游戏过程中，获得多种身体素质的发展。

民族民间传统的幼儿运动器械和游戏也一直深受幼儿喜爱，如滚铁环、抽陀螺、跳绳、踢毽子、跳竹竿等，也可以鼓励幼儿去尝试与活动，在传承和发扬中华民族精神和优秀传统文化的同时，促进幼儿身体素质的发展。

2. 通过基本动作的练习与游戏，发展幼儿身体素质

幼儿基本动作(如走、跑、跳、投掷、攀登、钻爬)和身体素质之间具有密切关系，我们可以将幼儿基本动作的练习与游戏同幼儿身体素质的发展有机地结合起来。

一方面，幼儿在进行基本动作的练习与游戏过程中，能获得相应身体素质的发展。例如，幼儿进行走与慢跑交替的活动，可以发展有氧耐力；幼儿玩追逐、躲闪跑的游戏时，动作的协调性和灵敏性能得到一定的锻炼；幼儿学习和练习掷远动作的过程，也是发展上肢力量和动作协调性的过程。

另一方面，我们还可以从提高身体素质的角度选择相应的基本动作与游戏，以便更有针对性地发展幼儿的身体素质。例如，为了提高小班幼儿动作的协调性和灵敏性，我们可以安排幼儿进行绕障碍跑、双脚连续向前跳、正面钻、手膝着地爬、侧身翻滚等游戏活动。为了提高中班幼儿上肢部位的力量和耐力，我们可以引导幼

儿玩沙包掷远、推小车、像小猴一样悬垂等游戏活动。

3. 通过幼儿基本体操的练习，发展幼儿身体素质

幼儿基本体操的练习，能有效地锻炼幼儿的身体，促进幼儿机体的协调发展。一套较完整的幼儿基本体操，能使幼儿的头部、上肢、下肢、躯干等身体主要部位得到一定的锻炼，同时，幼儿的操节活动还需要身体多部位的相互配合和有节奏地运动，因此，基本体操的练习，能有效地促使幼儿肌肉力量、平衡能力、协调性、灵敏性等身体素质获得一定的发展。我们可以为小班幼儿选择和创编模仿操，为中、大班幼儿选择和创编轻器械操、韵律操、武术操等。

4. 通过其他内容和形式的体育活动，发展幼儿身体素质

除了上述幼儿体育活动内容和形式，我们还可以利用周围环境中的资源来开展幼儿体育活动。例如，带幼儿到附近的公园去活动，组织幼儿秋游等，这些远足活动有利于幼儿耐力素质的提高。我们还可以开展区域体育活动、亲子体育活动和幼儿运动会，在丰富幼儿运动体验和生活的同时，促进幼儿身体素质的发展。

（二）通过其他途径来进行培养

1. 在日常生活中，发展幼儿身体素质

日常生活中有许多活动需要身体动作的参与才能完成，如上下楼梯、搬运物品等，这些大肌肉活动的过程就是对机体相关部位进行锻炼的过程。在日常生活中，我们应鼓励幼儿多走路少坐车、多上楼梯少乘电梯、自己能做的事情自己做、适当地帮家人做些家务活以及鼓励家长周末多带幼儿到大自然中去散步、跑步等，这不仅有助于锻炼幼儿身体，提高幼儿身体素质，增强幼儿体质，也有利于培养幼儿生活自理能力和适应性。

2. 在其他游戏与活动中，发展幼儿身体素质

其他的游戏与活动中也包含许多与大肌肉活动有关的内容，幼儿通过参与这些身体动作与活动，也能促进身体素质的发展。

例如，幼儿在音乐活动中，可以随着音乐的节奏和旋律做模仿动作、律动动作、跳舞等，在这类活动中，幼儿身体动作的节奏感、协调性、灵敏性以及平衡能力等身体素质也能得到一定的锻炼和提高。

又如，幼儿在参与种植或采摘过程中，需要身体参与一定的劳动，如挖土、埋种子、浇水、拔草、采摘食物、搬运食物等。在这个过程中，幼儿的平衡能力、协调性、力量和耐力等也能得到一定的锻炼。

再如，幼儿在玩沙、玩水以及进行建构、表演等游戏的过程中，也都需要大肌肉动作的参与，无论是使用小铲子挖土、在水里行走，还是搬运大积木、搭建桥梁、学孙悟空舞棒、模仿模特儿走猫步等，都与身体的控制能力有关，因此，幼儿在这些游戏活动中，动作的协调性、灵敏性、平衡能力、力量等也能得到一定的锻炼和提高。

综上所述，幼儿身体素质的发展目标，可以通过多种途径来实现。我们在掌握基本的专业知识的基础上，应增强幼儿活动与游戏的目标意识，通过为幼儿提供良好的环境以及安排和组织有意义的活动，来积极、有效地支持幼儿的发展。

思 考 题

1. 为什么要提高和发展幼儿的身体素质？

2. 幼儿阶段应该发展哪些身体素质？

3. 幼儿身体素质的培养应该遵循的基本原则是什么？

4. 为什么要避免让幼儿的身体运动进入无氧代谢状态？

5. 应怎样培养幼儿的身体素质？

建 议 的 活 动

1. 观察不同年龄段幼儿的动作表现（如走步、跑步、跳跃、攀登），尝试分析其身体素质的发展状况。

2. 认真阅读《指南》以及相关的解读，深入了解幼儿身体素质的典型表现。

第三章　学前儿童体育活动的内容与方法

学习目标▶

1. 了解学前阶段体育活动的主要内容。
2. 了解学前儿童各类体育活动的价值以及在选择和组织中的要点。

学习导入▶

适合幼儿的体育活动有哪些

我们经常会在小区里看到学前儿童追追跑跑、蹦蹦跳跳、爬高钻下，骑着小车窜来窜去；在儿童乐园里看到他们乐此不疲地滑滑梯、荡秋千；在开阔的场地上看到家长带着孩子一起放风筝、一起踢球玩。当然，我们也会看到有些家长给自己的孩子报了一些与运动有关的兴趣班……那么，学前儿童究竟适合进行哪些方面的运动？学前阶段应该培养儿童哪些方面的动作技能？

本章，我们将围绕学前儿童适合开展的体育活动内容及其对学前儿童发展的价值以及如何针对学前儿童的发展特点进行有效的组织等进行阐述。

学前儿童体育活动的内容非常丰富，主要包括四个方面：基本动作的学习与练习、体育游戏的开展、运动器械的活动以及基本体操的练习。本章将围绕这四个方面进行陈述。除此之外，学前儿童体育活动还包括利用环境开展的身体活动、民族民间传统的体育活动、游泳等内容。

第一节　学前儿童基本动作的学习与练习

基本动作，指人们在日常生活和社会实践中所必需的最基本的动作技能，如坐立、站立、走步、跑步、跳跃、投掷、攀登、钻爬、搬运、悬垂等粗大肌肉动作以及抓握、捏、旋转、握笔画画或书写等精细动作。在学前阶段，通过体育活动发展的基本动作主要是粗大肌肉动作，如走步、跑步、跳跃、投掷、攀登、钻爬、推、拉、搬运、悬垂等。

学前阶段是基本动作发展的重要时期。引导学前儿童学习和练习基本动作，既是促进学前儿童适应社会生活之必需，也是有效锻炼身体、促进机体生长发育、提高身体素质的重要途径之一。此外，学前阶段基本动作获得良好的发展，也能为以后更好地发展特殊动作技能奠定基础。

根据动作组成的基本结构与特点，基本动作可以分为两种类型：一种是周期性动作，另一种是非周期性动作。

周期性动作的特点：以不断地循环、反复某些基本的动作技术为基础，如走步、跑步、爬行等动作。这类动作的结构较为简单，幼儿较容易学会和掌握，也比较容易形成自动化。

非周期性动作的特点：由几个相互衔接的动作环节连接而形成的一个完整的、独立的动作。这类动作的结构较为复杂，幼儿较难掌握，如跳跃、投掷、侧面钻等动作。学习和掌握这类动作，需要循序渐进，要有更加集中的注意力、更加复杂的动作协调能力以及意志的努力。

一、走步

走步，或称行走，是人体移动位置最基本、最自然、最简单和最省力的一种运动方式，属于周期性动作。

走步是人类日常生活中最基本的身体活动能力，是幼儿需要学会的基本动作，同时也是锻炼幼儿身体的良好手段。幼儿经常步行或进行一定距离的行走，可以有效地锻炼下肢部位的肌肉、骨骼和韧带，增强腿部的肌肉力量，提高身体的平衡能力和协调能力，发展肌肉耐力及心肺耐力。同时，它又是一种以有氧代谢为主的身体运动，因而很适合学前儿童。

学前时期，正是走步能力发展和身体姿势形成的重要时期。行走不仅能"解放"幼儿的双手，扩大幼儿的活动范围，还能增强幼儿的自信心，为幼儿进一步探索和认识周围世界，更好地适应社会生活以及促进幼儿身体与心理的健康发展奠定基础。

（一）走步的特点与基本要求

1. 动作要放松、自然，上体要保持正直

放松、自然，是走步动作最基本的要求。走步时，肌肉的活动应该是收缩与放松交替进行的，肌肉在收缩时消耗能量，在放松时则补充能量、消除疲劳、恢复体力。只有这样一张一弛地交替进行，肌肉活动才能持久。如果肌肉该放松时没有放松或是放松得不充分，就会增加能量的消耗，产生疲劳感，同时也会影响动作的协调性。刚刚开始学习走步的幼儿，常常会表现出肩部肌肉紧张、腿部肌肉僵硬或是全身紧张的现象，肌肉组织不能有规律、有节奏地放松，这就很容易使身体产生疲劳感。

上体保持正直，也是走步的基本要求，这样可以减少胸、腹、背等部位肌肉的负担。这不仅有利于幼儿脊柱和胸廓的正常发育，而且有利于内脏器官的正常活动。应纠正幼儿低头、弯腰等不正确的走步姿势。

2. 走步时要有合理而稳定的节奏

幼儿走步时，如果步幅忽大忽小、步频忽快忽慢或步频过快等，都容易使身体产生疲劳感。只有步幅适中、步频适度而又有节奏地行走，才能既省力又持久。

3. 走步动作要符合生物力学的原理

一方面，要尽量减少走步时身体重心的起伏摇摆，以节省体力、提高速度。例如，要避免幼儿走步时身体左右摇摆、两脚的间距过大。较为正确的姿势是：脚落地时，两脚的内侧基本保持在一条直线上。幼儿在学走步的初期，走步时两脚的间距一般较宽，身体左右摇摆幅度较大，这种走法可以相对地扩大腿部支撑的面积，增强身体的稳定性。这是由幼儿支撑身体的腿部肌肉力量较弱、保持身体平衡的能力较差等特点决定的，因此不必纠正。随着幼儿年龄的增长及腿部肌肉力量、身体平衡能力的提高，成人要逐渐帮助幼儿改变这种走法。

也有一些幼儿走步时抬腿过高，后腿蹬地的角度过大，这样也会造成身体重心的上下起伏，甚至会出现"踏步不前"的现象，成人也应予以纠正。

另一方面，在脚落地的时候，脚尖要指向正前方，避免"内八字步"或"外八字步"。人体向前行走，主要是依靠后腿用力蹬地所产生的来自地面的反作用力。走步时，若后腿的用力方向与身体的前进方向正好相反，产生的反作用力就会有效地用于推动身体的前进。如果走步时出现"内八字步"或"外八字步"，则后蹬方向是指向斜后方的，所产生的反作用力与身体前进的方向就不能保持一致，就会使力量分散。这不仅会浪费体力，影响走步速度，而且会影响姿势的美观。因此，脚落地时应尽可能做到脚尖指向正前方，这样，随后蹬地的方向也就基本上是正后方。

4. 两臂应该适度地前后摆动

两手臂前后适度摆动的目的，一是要保持身体平衡，二是有助于加大步幅、调节步频。

如果走步时两臂向左右方向摆动，不但不能有效地保持身体平衡，而且会加大身体左右摇摆的幅度，并会过多地消耗体力。

两臂做前后摆动时应注意摆动的幅度，若摆臂过度，不但姿势不够美观，影响纵队方向行走的幼儿的动作，而且会过多地消耗体力。

5. 脚落地时要轻

脚落地时，地面会给身体带来一定的阻力。如果脚落地过重，如用力蹬地、踏地，就会加大这个阻力，使身体受到较大的震动，易使身体产生疲劳感，并且会影响下肢部位骨骼、韧带的正常发育与健康。因此，应要求幼儿在脚落地时动作轻些，不要用力蹬地或踏地。

对学前儿童走步动作的基本要求概括起来是：走步时上体要保持正直，肩部肌肉要放松；两手臂前后适度地自然摆动，向前摆臂时肘部稍弯曲；两脚落地时要轻，脚尖指向正前方，避免"内八字步"或"外八字步"，步幅大小要适宜、均匀；要有精神、有节奏地走；在集体走步时，学会保持前后适宜的距离等。

(二)学前儿童走步能力的发展

幼儿通常在出生后的 12 个月左右开始学习走步，这一时期的幼儿有时也称为学步儿。

1. 1～2 岁幼儿走步的特点

幼儿最初学习走步时，全身的肌肉都处于较紧张的状态，尤其是肩部肌肉格外紧张，腿部肌肉不能交替放松，所以很容易产生疲劳感；因腿部肌肉力量较弱，所以幼儿在落地支撑时，两腿伸不直，膝关节有些弯曲；因两脚落地时的间距较宽，脚掌缺乏弹性，所以有的幼儿抬不起腿来，甚至脚擦地，膝部不能有规律地弯曲，有的幼儿脚落地时轻重不同，深一脚浅一脚地走；常常用两手臂来保持身体平衡，如做投降状或侧平举，两臂不会自然地做前后摆动动作；常常以身体重心的前移来带动身体的位移，步幅较小，步频相对较快，有时像小碎步跑；控制身体的能力较差，如果行走较快，则控制不住身体，无法使走步动作停下来，如果遇到前方有障碍物，有时也不能及时避开，往往会撞上去或跌倒；走步动作比较僵硬、笨拙，多余的动作较多。

2. 2 岁后幼儿走步的特点

幼儿经过不断地练习和锻炼，到 2 岁时，基本上消除了走步时全身肌肉紧张的现象。但腿部肌肉的力量仍然较弱，走步时上下肢的协调能力较差，走步缺乏节奏感，有时步幅不匀、速度不均。

经过成人的指导以及自己的实践练习，4 岁左右的幼儿走步时的步幅已经较稳定，控制身体的平衡能力较好，上下肢动作也较协调，并有了初步的节奏感，能随信号的节拍有节奏地走。到了 5 岁，幼儿走起步来显得更加轻松、自然和协调，能够有精神、有节奏地走，摆臂较适度，步幅较均匀，身体姿势基本正确，而且能够根据需要或要求，在走步的过程中较灵活地控制自己的步幅、步频、行走的方向或变换各种走步姿势，控制身体的能力较好，走步的能力有了较大的提高和发展。

(三)学前儿童走步动作的指导

在学前儿童体育教学中，既要考虑逐步发展幼儿走步的能力，也应该利用走步这一动作的练习，有目的、有针对性地促进幼儿身体与运动机能的发展，增强幼儿的体质。

1. 指导的基本要点

(1)为幼儿提供一个安全的环境，在幼儿学习和练习走步的过程中加强安全保护。

(2)鼓励幼儿大胆实践,不要怕摔跤。

(3)利用各种条件,帮助幼儿学会独立行走。如利用家具、墙、低矮的桌子边缘等让幼儿练习扶着物体行走;成人牵着幼儿的手帮助其练习迈步;利用学步车让幼儿练习行走;把家具按照一定的间距隔开,让幼儿练习独立地行走几步等。

(4)对 3 岁以上的幼儿,应逐步培养走步动作的正确姿势,发展走步的能力。

2. 发展学前儿童走步的能力及身体素质

学前阶段走步能力发展的主要目标是:

(1)走步姿势与动作基本正确;

(2)走步时,上下肢动作协调;

(3)能较灵活地控制走步动作的速度、方向和步幅,集体走步时,能与他人保持适宜的间隔;

(4)能较平稳地在某些特殊场地或器材上行走;

(5)能持续行走一定的距离等。

不同年龄段的学前儿童应选择不同的走步活动,具体可参见表 3-1。

表 3-1　学前儿童走步的参考活动对照表

年龄(班)	参考活动
1～2 岁	手拿着物体自由走动 在走步过程中停下来拿球 抬腿迈步走 推着或拉着物体走等
2～3 岁	边走边从低矮的障碍物(如绳子、积木等)上跨过 一个跟着一个走 听信号向指定方向走 上下台阶等
小　班	在指定范围内四散走 模仿各种动物走的姿势 上下坡走 走小路(从两个平行线中走过) 沿着一个圆圈走 在低矮的平衡板上行走 持续行走一定的距离(如 1 公里左右)等
中　班	听信号有节奏地走 用脚尖走、蹲着走 沿着一个圆圈走 在较窄的平衡板上或有间隔的物体上走 倒退步走 持续行走一定的距离(如 1.5 公里左右)等

续表

年龄（班）	参考活动
大 班	有精神、有节奏地走 听信号变速或变换方向走 蹲着走 持续行走一定的距离（如 1.5 公里以上）等

不同的走步形式，锻炼价值也略有不同（见表 3-2）。利用不同的走步形式进行动作练习，能从多方面促进幼儿身体与运动机能的发展。

表 3-2 不同走步形式锻炼价值对照表

走步的形式	主要的锻炼价值
持物走 拉着或推着物体走	提高控制身体的能力、动作的协调性 发展力量、耐力等
行走途中跨过低障碍物	发展平衡能力、协调能力、灵敏性等
高举手臂走	增强背部、臂部和腹部的肌肉力量 发展平衡能力、协调能力等
蹲着走 （如模仿矮人走）	锻炼下肢关节及周围的韧带、肌腱 增强腿部肌肉力量、耐力、平衡能力等
用前脚掌走 （如模仿巨人走）	锻炼下肢部位的关节及周围的韧带、肌腱 提高腿部的肌肉力量、耐力 发展平衡能力、协调能力等
变换走的方向与速度	提高动作的灵敏性等
走小路（从两个平行线中走过） 沿着一个圆圈走 在平衡板上走	发展平衡能力 提高视觉运动协调能力等
上下坡走 倒退步走	发展平衡能力、协调能力等
一定距离的徒步行走	发展力量、耐力等

二、跑步

跑步是人体移动位置较快的一种运动方式，属于周期性动作。

跑步既是幼儿日常生活中最基本的活动技能，又是锻炼幼儿身体的重要手段。跑步时，几乎全身各部位的肌肉都要参与活动，而且，跑步的种类很多，强度变化也较大。例如，有较剧烈的、强度较大的快速奔跑和四散追逐跑，跑步时的心率可到 170 次/分以上；也有较缓和的、强度较小的慢速跑，跑步时的心率通常在 130 次/分左右。让幼儿经常参加适当的跑步活动，可以有效地增强其腿部的肌肉力量，发展其协调能力、灵敏性以及耐力等身体素质。而且，幼儿在跑步的过程中，还能积累有关时间与空间的经验,从而促进其时间知觉和空间知觉的发展。

(一)跑步的特点与基本要求

跑步与走步在许多方面很相似。例如,都有平面支撑点的交换,都具有类似的周期性的动作重复(一个复步为一个周期,即左脚、右脚各跑或各走一步),都需要双手与双脚的协调配合等。但是跑步毕竟与走步不同,它们属于不同的运动形式,最本质的区别在于:跑步时,两脚有一个同时离开地面的阶段,即腾空阶段;而走步过程中始终有一只脚支撑地面,没有两脚同时离开地面的腾空阶段。正是因为跑步具有腾空的一刹那,所以加快了人体位移的速度,同时也增大了步幅,因此跑步动作通常要比走步动作位移得更快。

幼儿跑的每一步可以具体分为脚着地的支撑阶段和两脚离地的腾空阶段。支撑阶段又包括落地与后蹬两个子阶段。跑步速度的快慢,主要取决于后蹬时的动作。一般来讲,蹬地的力量越大、速度越快,所获得的前进速度也就越快。因此,要使身体跑得快,就应该注意用力蹬地和快速蹬地动作。

对学前儿童跑步动作的基本要求是:上体保持正直并稍向前倾;要有蹬地、腾空阶段;快跑时会用力蹬地;脚落地时要轻;两手轻握拳,两臂屈肘置于体侧,前后自然地摆动;动作协调、自然。

(二)学前儿童跑步能力的发展

幼儿通常在1岁半左右会在初步学会走步的基础上学习跑步,到了两三岁时已基本上会跑。但幼儿早期跑步只有跑的外形,而不是真正意义上的跑,因为这时的跑几乎没有两脚同时离开地面的腾空阶段,幼儿主要是以身体重心的前移来带动身体的位移,跑步动作与走步动作有时很难区分。

1. 3岁前幼儿跑步的特点

3岁前的幼儿跑步时,步幅小,蹬地动作不明显,腾空阶段很短且不明显,跑步动作很像是小碎步跑;脚落地时沉重,缺乏弹性;两手臂不能作为助跑的工具;控制身体的能力较差,遇到障碍物时不能及时躲避或停下来。

2. 3岁后幼儿跑步的特点

3岁的幼儿,跑步时已有明显的腾空阶段,但仍以小碎步跑为主,步幅小且不均匀,动作缺乏节奏感,两手臂仍不能配合脚的动作来摆动,常常是直臂摆动或是夹在身体的两侧不动。

经过成人的指导以及一定的练习,4岁左右的幼儿在跑步时,上下肢已能较好地协调配合,蹬地动作也较明显,跑步动作较自然、轻松,但步幅仍然较小。到5岁以后,幼儿已基本上掌握了跑步的正确姿势,跑时蹬地较有力,表现出一定的节奏感,步幅也较大,动作的协调性较好,控制跑的速度和方向的能力有了明显的提高与发展。

(三)学前儿童跑步动作的指导

1. 指导的基本要点

(1)在安排和组织幼儿跑步活动时,应根据幼儿的身体状况、年龄特点以及季节、气候等因素，选择适宜的跑步类型，安排合理的活动量。

（2）幼儿跑步动作教学的重点是腿的动作，应该要求幼儿跑步时"步子大些，落地轻些"，这不仅有利于幼儿跑步能力的发展，而且有利于幼儿身体的健康。

（3）幼儿在跑步前应做好充分的身体准备，尤其需要活动一下腿部与脚部的关节、韧带和肌肉，以防受伤。

（4）要注意对幼儿快跑活动的时间和强度进行控制，不要让幼儿过于疲劳或进入无氧代谢状态；在幼儿进行快跑活动后，应安排一些活动量较小的游戏活动或做一些放松、整理的动作，以利于幼儿心率的恢复与心脏的健康。

（5）在幼儿进行四散跑、追逐跑、竞赛跑的游戏活动时，要随时提醒并教会幼儿及时躲闪，不要相互碰撞。这样既能保证幼儿运动时的安全，又能有意识地发展幼儿动作的灵敏性。

（6）在幼儿跑步过程中，指导并教会幼儿使用鼻子呼吸或用鼻子吸气、用嘴巴呼气的方法，逐渐使呼吸自然而有节奏。

（7）对 3 岁以上的幼儿，应逐步培养跑步动作的正确姿势，发展跑步的能力。

2. 发展学前儿童跑步的能力及身体素质

学前阶段跑步能力发展的主要目标是：

（1）跑步姿势与动作基本正确；

（2）跑步时，上下肢动作协调；

（3）能较灵活地控制跑步动作的速度和方向，集体跑步时，能与他人保持适宜的间距；

（4）能较灵活地进行绕障碍跑、过障碍跑、躲闪跑、追逐跑、快跑（15～25 米）、接力跑、往返跑等活动；

（5）能进行一定距离的慢跑或慢跑与走的交替（100～300 米）等。

不同年龄段的学前儿童应选择不同的跑步活动，具体可参见表 3-3。

表 3-3　学前儿童跑步的参考活动对照表

年龄（班）	参考活动
2～3 岁	在户外活动场地上自由跑动 绕障碍跑等
小　班	一个跟着一个地跑 绕圆圈跑、过障碍跑 听信号向指定方向跑或沿着规定路线跑 在指定范围内四散跑 慢跑或慢跑与走交替 100 米左右等

续表

年龄(班)	参考活动
中　班	过障碍物跑 在一定范围内四散追逐跑 20 米快跑 接力跑、往返跑 慢跑或慢跑与走交替 100～200 米等
大　班	听信号变速跑或改变方向跑 四散追逐跑、躲闪跑 快跑 25 米 接力跑、往返跑 慢跑或慢跑与走交替 200～300 米 在较狭窄的小道上跑 高抬腿跑、大步跑等

不同的跑步形式，锻炼价值也略有不同(见表 3-4)。利用不同的跑步形式进行动作练习，能从多方面促进幼儿身体与运动机能的发展。

表 3-4　不同跑步形式锻炼价值对照表

跑步的形式	主要的锻炼价值
绕圆圈跑 在较狭窄的小道上跑	发展平衡能力、协调能力 提高视觉运动协调能力等
绕障碍跑 过障碍跑	发展平衡能力、协调能力、灵敏性
短距离快跑 接力跑 往返跑	提高动作的协调性、灵敏性 发展力量、耐力等
四散追逐跑 躲闪跑	提高动作的协调性、灵敏性 发展力量、耐力等
一定距离的慢跑或慢 跑与走交替	增强心肺功能，发展耐力等

三、跳跃

跳跃动作具有较强的实用价值，是幼儿需要学会的基本动作，同时，也是锻炼幼儿身体的有效手段。跳跃的种类很多，深受幼儿的喜爱。参加各种类型的跳跃活动，不仅可以使幼儿增强腿部的肌肉力量，发展弹跳能力、爆发力以及身体的平衡能力、协调能力和灵敏性，提高耐力素质，而且对幼儿视觉运动协调能力的发展也具有积极的促进作用。

(一)跳跃的特点与基本要求

跳跃动作属于非周期性动作。幼儿跳跃动作的形式丰富多样,有双脚跳、单脚跳、纵跳、行进向前跳、侧跳、立定跳远、助跑跨跳等。无论是哪种跳跃形式,都包含某些共同的动作结构,如蹬地、腾空和落地的阶段。蹬地动作应要求力量大、速度快,只有这样,才能使身体跳得远、跳得高,所以应该要求幼儿尽量用力蹬地。腾空阶段虽然很短,但是对落地阶段有着重要的影响。教师需要注意观察幼儿的身体动作,尤其是身体重心转移的情况,及时纠正幼儿不正确的身体姿势和动作,如身体重心过前或过后。落地阶段的任务是保持身体平衡并注意缓冲落地时所引起的地面对身体的震动,因此教师要教会幼儿轻轻落地的动作,并让他们尽力保持身体平衡、不摔倒。落实到具体动作上就是要求幼儿落地时要弯曲下肢的关节(如髋关节、膝关节、踝关节),为了保持身体平衡,还可以顺势向前方跨一步或走几步等。

对学前儿童跳跃动作最基本的要求是:蹬地动作要有力,落地动作要轻,动作要协调。

(二)学前儿童跳跃能力的发展

幼儿在很小的时候,就已经产生了跳跃的意识,他们常常会在成人的怀里或地上做快速地屈伸髋关节、膝关节的动作,有时也会一只脚离地,而另一只脚做支撑和蹬伸动作,但由于幼儿这时腿部肌肉的力量还很弱,不可能使自己的身体跳离地面。2岁左右,幼儿逐渐开始学习两脚离地的纵跳动作,但此时的弹跳能力还很差,只是跳跃的初级阶段。

3岁左右的幼儿,已经能够双脚跳起,但蹬地力量小,弹跳能力差,跳得低,手臂的摆动和脚的蹬伸配合不好,动作的协调性较差,脚落地时沉重,不会屈膝缓冲;而且在做跳跃动作时,几乎全身都处于紧张状态,不太会移动身体的重心。随着幼儿身体的发展以及经常参加身体运动,幼儿的跳跃能力发展得很快。到五六岁时,幼儿不仅能较有力、较协调地向前跳和向上纵跳,而且还学会了其他较复杂的跳跃动作,如单脚行进向前跳、侧跳、立定跳远、助跑跨跳、跳绳等;并且,在跳跃的过程中,幼儿基本上学会了落地缓冲的动作,腿部的弹跳能力以及身体动作的协调性也有了一定的发展和提高。

(三)学前儿童跳跃动作的指导

1. 指导的基本要点

(1)为学前儿童提供适宜的活动场地。

跳跃的练习,应尽可能在较柔软的地面上进行,如泥土地、泥沙地、草坪或地毯上等,尽量避免在坚硬的地面上进行,尤其是不要在高低不平的砖地上进行。如果必须在水泥地上进行跳跃练习,一定要提醒幼儿落地动作要轻,教会幼儿轻轻落地的动作，以保证幼儿身体的健康发育。

(2)根据不同形式跳跃动作的需要，给予相应的指导。

跳跃活动的形式丰富多样，教师一定要根据不同种类跳跃动作的需要，给予相应的指导。例如，在指导幼儿进行双脚连续向前跳(学小兔子跳)时，重点应放在轻轻落地的动作教学和要求上；在指导幼儿进行立定跳远时，强调的重点应该放在摆臂与蹬地动作方面，即要求幼儿摆臂要协调而有力，蹬地要快而有力；在指导幼儿由上往下跳时，重点应放在落地动作上，引导幼儿学会屈膝、蹲下，落地动作要轻些，以减少地面对身体的冲击，同时应告诉幼儿不要盲目地从高处往下跳，否则很容易导致身体受伤。

2. 发展学前儿童跳跃的能力及身体素质

学前阶段跳跃能力发展的主要目标是：

(1)跳跃时能保持身体平稳，上下肢动作协调；

(2)能较平稳、较协调、较灵活地做多种形式的跳跃动作，如纵跳拍物、双脚连续向前跳、单脚连续向前跳、立定跳远、由上往下跳(跳跃高度需要严格控制)、助跑跨跳、跳绳等；

(3)能在适宜的弹跳器材上做弹跳动作等。

不同年龄段的学前儿童应选择不同的跳跃活动，具体可参见表3-5。

表3-5　学前儿童跳跃的参考活动对照表

年龄(班)	参考活动
2～3岁	双脚原地向上纵跳(即原地纵跳) 短距离双脚连续向前跳(如学小兔子跳) 在儿童小蹦床上进行弹跳等
小　班	双脚连续向前跳 原地纵跳的同时用头触物或用手拍物 双脚跨跳过一条小河(如一根放在地上的长绳) 单脚跳 在儿童小蹦床上进行弹跳等
中　班	原地纵跳用手拍物(即纵跳拍物) 立定跳远 单脚连续向前跳 双脚交替跳 单、双脚轮换跳 助跑跨跳过一定宽度或高度的障碍物 由上往下跳 在儿童蹦床上进行弹跳等

续表

年龄（班）	参考活动
大　班	行进向前侧跳 向前、向后、向左、向右变换跳 转身跳 助跑跨跳 跳绳 跳皮筋 跳竹竿 在儿童蹦床上进行弹跳等

不同的跳跃形式，锻炼价值也略有不同（见表 3-6）。利用不同形式的跳跃活动进行动作练习，能从多方面促进幼儿身体与运动机能的发展。

表 3-6　不同跳跃形式锻炼价值对照表

跳跃的形式	主要的锻炼价值
原地纵跳	增强腿部的肌肉力量 发展平衡能力等
纵跳触物或拍物	提高动作的协调性、平衡能力 提高视觉运动协调能力等
双脚连续向前跳	增强腿部的肌肉力量 发展协调能力、耐力等
单脚连续向前跳	增强腿部的肌肉力量 发展平衡能力、协调能力、耐力等
立定跳远	提高下肢的爆发力 发展协调能力、平衡能力等
由上往下跳	发展平衡能力、自我保护能力等
单、双脚轮换跳 双脚交替跳 双脚开合跳 转身跳 侧跳	发展动作的协调性、灵敏性等
助跑跨跳	发展动作的协调性、灵敏性 提高视觉运动协调能力等

续表

跳跃的形式	主要的锻炼价值
跳绳	提高动作的协调性、灵敏性 锻炼上肢和下肢的关节、韧带、肌腱 发展力量、耐力 提高视觉运动协调能力等
跳儿童蹦蹦床	发展平衡能力 提高动作的协调性、灵敏性等

四、投掷

投掷不仅是日常生活中较实用的动作技能，而且具有很高的锻炼价值。学前儿童通过多种形式的投掷活动，可以增强上肢、腰、背等部位的肌肉力量，锻炼上肢部位的各个关节，提高其柔韧性，促进动作的准确性、协调性以及视觉运动协调能力的发展。

(一)投掷的特点与基本要求

投掷的动作属于非周期性动作。投掷动作通常可以分为两类：一类是掷远，另一类是掷准。

1. 掷远

掷远，也称投远，其目的是将投掷物尽可能投得远一些。

这一动作属于速度型力量动作。一方面，需要用力投掷。在此过程中，挥臂、甩腕的动作十分关键，要善于合理地利用上肢及腰、背等部位肌肉的力量。另一方面，在挥臂、甩腕时，动作要快，这样才能获得较大的爆发力，从而将物体掷得较远。掌握合适的出手角度与出手时机也很重要，它们直接关系到投掷物行进的方向与远度。投掷物出手早，角度就大些；相反，出手晚，角度就小些，过早或过晚都会使投掷的距离较近，因此，把握较好的出手时机，便能达到较理想的出手角度。

学前儿童掷远的动作有多种，如正面投、背后过肩投、半侧面投、半侧面转体肩上投掷等。较理想的投掷动作是半侧面转体肩上投掷。可以根据幼儿的年龄和能力特点，由易到难地进行学习和练习。

学前儿童掷远动作的教学重点、难点是挥臂动作和转体动作。

2. 掷准

掷准，也称投准，要求尽可能使投掷物击中指定的目标。

掷准动作不仅需要具有一定的肌肉力量，还需要具有良好的目测能力以及动作的准确性，因此，掷准的动作比掷远的动作相对要难一些。

学前儿童掷准的动作也有多样，如肩上投、胸前上抛、胸前下抛，还有地上抛滚球等。投掷的目标称为"靶"。"靶"一般有静止的和活动的之分。静止的"靶",如前方投掷架上的"大灰狼"、地面上竖起的积木块以及头顶上的小篮球网架等。活动的"靶",如用一只球击地面上滚动着的另一只球、用沙包击正在圈内跑动的其他幼儿等。

(二)学前儿童投掷能力的发展

幼儿在 3 岁以前,一般已学会简单的投掷动作,如正面胸前抛、肩上投掷等,但投掷能力较差,投掷力量小,不太会挥臂,投掷物出手角度过小,往往是将投掷物向下扣或扔,投掷的方向也掌握不好,忽左忽右、忽上忽下。通过教师的指导与个人的练习,幼儿四五岁以后,投掷能力便有了较好的发展,逐渐学会投掷时挥臂、甩腕等动作,动作较有力、较协调,投掷的距离也较远,投掷的方向掌握较好。通常,男幼儿比女幼儿的掷远能力要强一些。

在掷准方面,由于幼儿目测能力和动作的准确性较差,因而掷准的方向把握得不够准确、不够稳定。相比之下,幼儿掷准能力的发展相对较差。

(三)学前儿童投掷动作的指导

1. 指导的基本要点

(1)在投掷的活动中,应尽可能让幼儿左手和右手都有机会参与练习,这样有利于促进幼儿身体两侧肌肉的协调发展。

(2)在掷准的练习中,幼儿掷准的距离应由近到远,掷准的目标应由大到小、由静到动,并让幼儿练习多种形式的掷准活动,丰富活动的内容,逐渐发展幼儿的掷准能力。

(3)为了提高和保持幼儿参与投掷活动的积极性,应经常变化投掷物和投掷目标(即"靶")。投掷物的选择要适合幼儿,注意其重量大小以及安全性。

2. 发展学前儿童投掷的能力及身体素质

学前阶段投掷能力发展的主要目标是:

(1)单手肩上掷远时,能用力挥臂,并逐步学会侧身转体动作,动作较协调,投掷的角度基本适宜;

(2)能掌握多种掷准方式,如击打前方投掷架上的固定目标、将物体投进前方或上方的筐里或篮里等,近距离掷准时动作较准确。

不同年龄段的学前儿童应选择不同的投掷活动,具体可参见表 3-7。

表 3-7　学前儿童投掷的参考活动对照表

年龄(班)	参考活动
2~3 岁 小　班	自然地往前上方或远处挥臂掷物(如掷小沙包、抛小球、投纸卷) 将粘球粘到前方的粘球板上 滚球击物或滚球进网 将沙包投进前下方的小筐里等

续表

年龄(班)	参考活动
中 班	肩上掷远 玩"打雪仗"的游戏 滚球击物 用沙包、球等物击打前方投掷架上的"大灰狼" 将沙包、球等物投进前方的网兜里等
大 班	半侧面转体肩上掷远 玩"打雪仗"的游戏 将沙包、小球等物投进前方的网兜里 用小圈套住前方的物体 投篮游戏 用球或沙包击打移动着的"靶"等

不同的投掷形式，锻炼价值也略有不同(见表3-8)。利用不同的投掷形式进行动作练习，能从多方面促进幼儿身体与运动机能的发展。

表 3-8 不同投掷形式锻炼价值对照表

投掷的形式	主要的锻炼价值
肩上挥臂掷远	锻炼上肢部位的关节 增强上肢、肩、背等部位的肌肉力量 提高上肢动作的爆发力 发展协调能力等
将物体投进前方的网兜里或用小圈套住前方的物体	发展目测能力、手眼协调能力 提高动作的准确性等
用沙包击打静止的和活动的"靶"	增强手臂的肌肉力量 活动上肢关节 发展目测能力、判断能力、手眼协调能力 提高动作的准确性等
玩"打雪仗"的游戏	发展力量和耐力 发展目测能力、判断能力 提高动作的协调性、灵敏性 提高自我保护能力等

五、攀登

攀登是实用性较强的身体运动，也是锻炼幼儿身体、提高幼儿身体素质的重要手段。通过攀登活动，幼儿能增强四肢的肌肉力量和耐力，尤其是手的握力和手臂的肌肉力量，发展平衡能力、协调能力、灵敏性等身体素质，增强自我保护的意识和能力，培养勇敢、沉着、冷静等心理品质以及自信心和独立性。

(一)攀登的特点与基本要求

攀登一般属于周期性动作，种类很多，按照参与动作的身体部位来划分，可以分成以下三种。

1. 双手的攀登

如消防队员用手攀绳或攀杆的动作，这种攀登动作不常用，也不适合幼儿。

2. 双脚的攀登

如登台阶、登小山坡等。练习登台阶是幼儿掌握攀登技能的基础。

3. 双手和双脚共同的攀登

人们通常所说的攀登，主要是指这种形式的动作，幼儿非常喜欢这类攀登活动。

常用的攀登方法有两种，以攀登肋木为例：

一种是并手并脚地攀登。这种攀登是指两手先后都握住同一格的横木，两脚也先后踏上同一格的横木。这种攀登的方法属于较初级的水平。

另一种是交替手、交替脚地攀登，或是手脚交替攀登。这种攀登指两手和两脚都先后握住和踏上不同格的横木，而且手脚的动作是交替进行的。这种攀登方法难度较大，水平较高，对动作协调性的要求较高。

攀登动作的基本要求是：上下肢动作协调。引导幼儿掌握手握横木的正确动作，如大拇指与其他四指分开握住横木，这种握法较牢固和安全。

(二)学前儿童攀登能力的发展

幼儿在很小的时候就表现出对攀登活动的喜欢。例如，喜欢在小竹车里攀登，喜欢登台阶，喜欢爬到椅子上、沙发上等。

幼儿在2岁左右的时候，开始学习登台阶，2~3岁的幼儿在上下台阶时，多为并步(即并脚)。4岁左右的幼儿逐渐学会在上台阶时使用交替脚的方法，但在下台阶时有时仍然使用并步，这是因为下台阶交替脚的动作比上台阶交替脚的动作难度要大一些，因而幼儿在此方面的发展也就相对晚些。

从双手双脚的攀登来看，3~4岁的幼儿多半为并手和并脚，动作不够灵敏，协调性较差，手握横木的姿势有的不正确。经过成人的指导以及自己的不断练习，5~6岁的幼儿在攀登时已能表现出手脚交替的动作，但从攀登设备上面下来时，多数幼儿仍然使用并手并脚的方法。不过，这时幼儿已能在攀登设备上较熟练、较灵活地做钻爬、移位、悬垂等动作，动作较灵敏、协调，这表明幼儿控制身体的能力已有了较好的发展。

(三)学前儿童攀登动作的指导

1. 指导的基本要点

(1)必须教会幼儿手握横木动作的正确姿势，这是保证攀登安全的基础。

(2)在幼儿攀登的过程中，成人既要注意保护幼儿，又要让幼儿懂得有秩序攀登、不互相推挤的重要性，并让幼儿学会躲避危险，提高幼儿的自我保护意识和能力。

（3）不要进行攀登比赛，以免幼儿因求胜心切而忽视活动的安全性。

（4）当幼儿登上攀登设备以后，可以鼓励幼儿在保证安全的情况下，适当地观察一下周围的空间环境，体验攀登过程的艰辛与乐趣。从攀登设备上下来后，可以鼓励幼儿进行交流，以丰富幼儿的运动经验和情感体验，增强幼儿的自信心。

2. 发展学前儿童攀登的能力及身体素质

学前阶段攀登能力发展的主要目标是：

（1）攀登时，能掌握手部握杠的正确动作，上下肢动作较协调；

（2）能在攀登设备上平稳地做一些位移动作；

（3）能较灵活地攀登多种适合幼儿的攀登设备；

（4）在攀登过程中能做好自我保护。

不同年龄段的学前儿童应选择不同的攀登活动，具体可参见表 3-9。

表 3-9　学前儿童攀登的参考活动对照表

年龄（班）	参考活动
2～3 岁	上下台阶 玩低矮的滑梯等
小　　班	攀登肋木 攀登较低的攀登设备等
中　　班	在各种类型的攀登设备上自由攀登等
大　　班	在攀登设备上做钻、爬等位移动作 尽可能用交替手、交替脚的方法在攀登设备上攀上爬下，攀登低矮滑梯的斜坡等

不同的攀登形式，锻炼价值也略有不同（见表 3-10）。利用不同的攀登形式进行动作练习，能从多方面促进幼儿身体与运动机能的发展。

表 3-10　不同攀登形式锻炼价值对照表

攀登的形式	主要的锻炼价值
上下台阶	增强腿部的肌肉力量，提高耐力 发展平衡能力、协调能力等
攀登各种攀登设备	增强力量、耐力 发展动作的协调性、灵敏性 提高自我保护能力等
在攀登设备上做钻、爬、移位等动作	发展动作的灵敏性、协调性和平衡能力 提高自我保护能力等
攀登低矮滑梯的斜坡	增强力量、耐力 发展动作的灵敏性、协调能力 提高视觉运动协调能力等

六、钻

钻是日常生活中很实用的身体活动技能，也是锻炼学前儿童身体的良好手段。钻的活动能增强幼儿腿部和腰背部的肌肉力量，发展幼儿身体动作的协调性、灵敏性、柔韧性、平衡能力等身体素质。

(一)钻的特点与基本要求

钻的方法一般有两种：正面钻和侧面钻。正面钻，要求身体面向障碍物，屈膝下蹲，低头弯腰，紧缩身体，慢慢地移动双脚，从障碍物的下面钻过。侧面钻比较复杂，难度比较大。要求身体侧对着障碍物，两腿屈膝，前腿从障碍物下伸过，然后低头弯腰，侧身从障碍物下钻过。钻过的同时，前腿改为屈膝并将身体的重心移到前腿上，然后后腿再跟着伸出障碍物。侧面钻的动作要领除了与正面钻有类似之处(如低头、弯腰、紧缩身体)，还需要注意两腿屈与伸的交替以及身体重心的移动。钻属于非周期性动作，尤其是侧面钻。

(二)学前儿童钻的能力的发展

正面钻的动作通常比侧面钻的动作要容易、简单些，因此，幼儿一般先学习正面钻，然后再学习侧面钻。

3岁左右的幼儿通过学习和练习，基本上能掌握正面钻的动作要领，但在钻的过程中，有时还不能较好地掌握屈膝、弯腰和紧缩身体的动作。4～5岁的幼儿正面钻的动作掌握得较好，并且基本上学会了侧面钻的动作，但在两腿屈与伸的交替动作方面，有时还不够灵活。5～6岁的幼儿，钻的能力发展较好，已能较灵敏、协调、正确地钻过各种障碍物。

(三)学前儿童钻的动作的指导

1. 指导的基本要点

(1)在进行钻的练习时，教师所提供的辅助器械的高低一定要适宜，这样才能促使幼儿运用相应的身体动作。例如，用于正面钻的器械的空隙应在幼儿的胸部以上、耳部以下，宽度要大于幼儿的体宽；用于侧面钻的器械的空隙则应该在幼儿的胸部以下。

(2)应充分利用废旧材料开展钻的活动，这既能满足幼儿活动的需要，又能激发幼儿的好奇心和探索精神。如将包装用的硬纸盒的下部剪掉一个大洞，让幼儿钻来钻去；把废旧自行车轮胎竖立起来，让幼儿练习钻的动作等。

2. 发展学前儿童钻的能力及身体素质

学前阶段钻的能力发展的主要目标是：

(1)钻时，能低头、屈膝、弯腰、紧缩身体，动作较协调、灵敏；

(2)学会侧面钻的动作。

不同年龄段的学前儿童应选择不同的钻的活动，具体可参见表3-11。

表 3-11　学前儿童钻的参考活动对照表

年龄(班)	参考活动
2～3 岁 小　班	正面钻 钻过小山洞等
中　班	钻过长长的小山洞 侧面钻等
大　班	在各种障碍物下面灵活地运用各种钻的动作等

不同形式的钻，锻炼价值也略有不同(见表 3-12)。利用不同形式的钻进行动作练习，能从多方面促进幼儿身体与运动机能的发展。

表 3-12　不同形式钻的锻炼价值对照表

钻的形式	主要的锻炼价值
正面钻	增强腿部的肌肉力量 发展平衡能力、协调性、灵敏性、柔韧性等
钻过长长的小山洞	增强腿部的肌肉力量、耐力 发展平衡能力等
侧面钻	发展动作的协调性、灵敏性等

七、爬

爬的动作是日常生活中较实用的身体活动技能，也是锻炼学前儿童身体的良好手段。爬能增强幼儿四肢肌肉的力量以及背肌、腹肌的力量，提高幼儿动作的协调性和灵敏性，发展耐力素质。

(一)爬的特点与基本要求

爬的动作种类很多，有手膝着地的爬，有手脚着地膝盖悬空式爬(或称小猴子式爬)，还有身体俯卧在地面上的匍匐爬等。

在爬的过程中，如果遇到障碍物，又有爬越和钻爬的动作。爬越的动作也有两种。一种是要求身体任何部位都不能碰到障碍物的爬越，这类障碍物的体积较小或高度较低，如从积木块上爬越过去，从一根绳子上爬越过去等。另一种是身体的任何部位都可以碰到障碍物的爬越，这类障碍物体积通常都较大或高度较高，如从较高的垫子上爬越过去、从矮桌上爬越过去等。在遇到中等或较大的障碍物，并且中间或下方有较大的空隙或洞时，可以使用钻爬的动作。

无论是何种形式的爬，重点关注的都是幼儿爬行动作的协调性。

(二)学前儿童爬的能力的发展

爬是学前儿童非常喜爱的一种身体活动。

婴儿在只有七八个月大的时候，就已经开始学习和练习爬的动作了。开始时，婴儿只是腹部着地爬，这种爬的动作很吃力，而且爬不远。当婴儿能自主地屈膝跪着并撅起臀部后，便开始学习手膝着地爬。

处于幼儿期的儿童，手膝着地爬的动作一般都掌握得比较好，动作较协调和灵活，但爬越、手脚着地膝盖悬空式爬的动作还显得有些笨拙，匍匐爬的动作则需要一定的学习、体验和练习才能逐渐掌握。经过多次练习，幼儿也能使动作变得协调和灵敏起来。

(三)学前儿童爬的动作的指导

1. 指导的基本要点

(1)创造条件让幼儿多练习爬的动作。

婴儿在七八个月大的时候，成人就应该有目的、有意识地帮助他们学习手膝着地爬的动作，这对他们身体与动作的发展以及心理的健康发展都很重要。可以让婴儿在地板或地毯上爬，如果是在床上爬，则要保证他们的安全。

(2)引导幼儿学习、体验和练习多种形式的爬行动作，并不断提出新的要求，逐渐增加动作的难度，注意发展幼儿动作的协调性和灵敏性。

2. 发展学前儿童爬的能力及身体素质

学前阶段爬的能力发展的主要目标是：

(1)能做多种类型的爬行动作，如手脚着地膝盖悬空式爬、倒退着爬、匍匐爬、爬越障碍物；

(2)爬行动作较协调、灵敏。

不同年龄段的学前儿童应选择不同的爬的活动，具体可参见表 3-13。

表 3-13　学前儿童爬的参考活动对照表

年龄(班)	参考活动
7个月至1岁	手膝着地爬
1～3 岁	手膝着地爬 从低障碍物(如有一定高度的垫子)上爬越过去等
小　班	手膝着地爬 从低矮障碍物(如有一定高度的垫子)上爬越过去 倒退着爬等
中　班 大　班	手脚着地膝盖悬空式爬 匍匐爬 钻爬过障碍物 爬越一定高度的障碍物等

不同形式的爬，锻炼价值也略有不同(见表 3-14)。利用不同形式的爬进行动作练习，能从多方面促进幼儿身体与运动机能的发展。

表 3-14　不同形式爬的锻炼价值对照表

爬的形式	主要的锻炼价值
手膝着地爬	增强四肢的肌肉力量以及背肌力 发展动作的协调性、灵敏性等
钻爬过障碍物	发展动作的协调性、灵敏性、柔韧性等
手脚着地膝盖悬空式爬 匍匐爬 爬越障碍物	发展动作的协调性、灵敏性 发展力量、耐力等

八、推、拉、搬运、悬垂

推、拉、搬运的动作是日常生活中较常用也较实用的身体活动技能，悬垂的动作在攀登活动中有时会用到，而且，在某些危急关头，或许具备一定的悬垂能力就能保障生命安全。推、拉、搬运和悬垂动作的练习也是促进学前儿童身体机能协调发展、锻炼学前儿童身体的良好手段，尤其能较全方位地锻炼学前儿童上肢、躯干、下肢部位的肌肉力量和耐力，提高身体对物体的操控能力，发展动作的协调性等身体素质。

(一)推、拉、搬运、悬垂的特点与基本要求

推、拉、搬运都属于人体上肢部位对物体进行操控，以使该物体在空间上发生位移变化的动作。悬垂是指人体肩轴低于器械轴并对握点(如手抓握横杠的点)产生拉力的一种动作。双手抓握单杠或平梯的横杠将身体悬空吊起来的方式就是最常见的悬垂动作。

推、拉、搬运和悬垂动作，看似是上肢部位的大肌肉在做功，实际上也需要躯干和下肢部位的肌肉同时协调发挥作用。此外，这些动作还需要手部小肌肉群的参与。

幼儿在进行推、拉、搬运活动时，关注的重点应放在：身体的相关部位能协调用力并采取适当的方法(如双手推、单手拉、两手搬运)，将一个物体(大小、重量较适宜)从一个地方平稳地、安全地移动到另一个地方，具有一定的操控物体的能力，动作较协调、平稳。

幼儿悬垂动作的基本要求是：两手同时抓握单杠或平梯的横杠，身体自然下垂，处于悬吊状态，并坚持一段时间；放手下来时，能轻轻落地，保持身体平稳，最好有屈膝缓冲动作。对于悬垂能力较强的幼儿，可以引导他们尝试在处于悬垂状态时，身体做前后的自然摆动动作或安全地做一定的位移、前行等动作。

(二)学前儿童推、拉、搬运、悬垂能力的发展

由于 2～3 岁的幼儿握住物体的手部力量较弱，手腕、手指等关节的发育不够完善，而且平时上肢部位的锻炼也相对较少，因此，推、拉和搬运物体的能力比较弱。

可以引导幼儿尝试推、拉、搬运一些较轻、不太大的物体，如玩具车、娃娃家中的儿童车、玩具盒，自己坐的小凳子、小椅子等。随着幼儿年龄的增长以及适当的练习和锻炼的进行，5～6岁的幼儿通常能推、拉和搬运一些体积较大、重量较重的物体（如大垫子、长凳、轮胎），也能与他人合作一起推、拉、搬运有一定重量的物体，肌肉的力量和耐力有所增强，操控物体的能力也有了较大的提升。

婴儿出生后就具有一定的抓握和悬垂能力，但由于此后与悬垂相关的活动和锻炼很少出现，而且，随着年龄的增长幼儿的体重不断增加，因此，幼儿自然成长中的悬垂能力还是较弱的，发展进程也十分缓慢，手部握力较差，悬垂于杠上的持续时间较短。但通过适当的悬垂锻炼，5～6岁的幼儿能较快地提高悬垂能力，不仅悬垂持续的时间有明显的增加，而且力量和耐力有了一定的发展，能力较强的幼儿还能学会在悬垂的过程中做身体前后摆动或在平梯下做两手交替抓横杠向前位移等动作，动作的协调性和灵敏性有了较大的提高。

(三)学前儿童推、拉、搬运、悬垂活动的指导

1. 指导的基本要点

(1)为学前儿童多提供推、拉、搬运、悬垂练习的机会。

在生活中，成人应鼓励幼儿做一些力所能及的事，如搬运自己的物品，也可以鼓励幼儿帮助成人或与成人一起做一些事，利用一切机会引导幼儿体验和练习相关动作。

成人也可以有意识地为幼儿提供一些推、拉的活动材料和玩具以及能进行悬垂活动的运动器材，鼓励幼儿进行游戏和活动，鼓励幼儿尝试练习悬垂动作。

(2)提供的活动材料和器材应安全适宜。

为幼儿提供的推、拉、搬运的活动材料和玩具应考虑其安全性，大小和重量也一定要适宜。

为幼儿选择的悬垂器材也要考虑安全性和适宜性，横杠的粗细要适合幼儿手掌的大小，便于幼儿握住，器材的高度要多样化，以适合不同年龄段幼儿的身高及个体的需要，目前市面上可供低龄幼儿进行悬垂的器材还是比较少的。此外，悬垂器材下方的地面要有弹性，最好是沙土地，或铺上软垫，幼儿从器材上下来或落下时能起到保护作用。

(3)活动过程中应进行适宜的指导，应尊重幼儿。

幼儿在进行推、拉、搬运和悬垂活动前，应充分做好上肢部位的准备活动，以防受伤。

幼儿在进行悬垂练习时，成人应多鼓励幼儿，同时做好安全保护工作。幼儿每次进行悬垂练习的时间不宜过长，次数不宜过多，要循序渐进地进行锻炼。若某些幼儿不愿意做悬垂动作或有畏惧心理，应给予尊重，不可勉强。也不要做任何比赛，应尊重个体差异。对于幼儿的参与行为应及时给予表扬和肯定，增强幼儿的自信心，培养幼儿勇敢、坚持的良好意志品质。

幼儿推、拉、搬运、悬垂的活动，应以游戏情境创设或角色扮演的方式进行，

也可以选择和创编一些体育游戏,使幼儿在自主、快乐的活动与游戏中锻炼身体,提高动作能力。

幼儿进行推、拉、搬运和悬垂活动后,应带领幼儿做一些上肢部位的放松活动。

2. 发展学前儿童推、拉、搬运和悬垂的能力及身体素质

学前阶段推、拉、搬运、悬垂能力发展的主要目标是:

(1)能独自或与他人一起较平稳地推、拉和搬运某一物体,如玩具盒、小推车、废旧轮胎、小椅子、垫子,具有一定的操控能力,动作较协调;

(2)能用双手抓住横杠将自己悬空吊起来(即悬垂动作),并尽可能保持较长的时间,下来时能注意安全,避免受伤。

不同年龄段的学前儿童应选择不同的推、拉、搬运、悬垂的活动,具体可参见表 3-15。

表 3-15 学前儿童推、拉、搬运、悬垂的参考活动对照表

年龄(班)	参考活动
2~3 岁 小 班	推重量较轻的物体,如玩具盒、娃娃车 拉重量较轻的物体,如纸盒、玩具车 独自或与他人一起搬运体积较小、重量较轻的物体,如小凳子、小桌子 做短暂的悬垂等
中 班 大 班	独自或与他人一起推有一定重量的物体,如轮胎 独自或与他人一起拉有一定重量的物体,如小推车、放小型器械的车 独自或与他人一起搬运有一定重量的物体,如垫子、长凳子 做一定时间的悬垂;悬垂时身体做前后自然摆动;悬垂时两手做交替抓横杠向前位移的动作等

推、拉、搬运、悬垂的锻炼价值见表 3-16。

表 3-16 推、拉、搬运、悬垂活动锻炼价值对照表

形式	主要的锻炼价值
推、拉、搬运	提高上肢部位操控物体的能力 增强四肢和躯干的肌肉力量、耐力 发展动作的协调性、灵敏性、平衡能力等
悬垂	增强上肢和躯干的肌肉力量、耐力 提高手部的抓握能力 培养勇敢、坚持等良好的心理品质等
悬垂时身体做前后摆动或两手做交替抓横杠向前位移的动作	增强上肢和躯干的肌肉力量、耐力 提高手部的抓握能力 发展动作的协调性、灵敏性、平衡能力 培养勇敢、坚持、不怕困难等良好的心理品质等

第二节　学前儿童体育游戏的开展

一、学前儿童体育游戏的含义

学前儿童体育游戏，是指由各种基本动作或身体活动组成，以一定的角色、情节、玩法和规则建构起来的，以激发学前儿童运动兴趣和愉快情绪，促进学前儿童动作技能和身体素质发展的一种游戏。

学前儿童体育游戏既是体育活动的重要内容，也是实现幼儿园体育活动目标的方法或组织形式，即通过游戏的方式，有目的地促使幼儿在愉快的运动中获得体能、认知、个性、情绪情感和社会性等方面的发展。

二、学前儿童体育游戏的主要价值

(一)促进运动能力的发展

学前儿童通过反复游戏，可以使身体动作更加熟练，从而使动作技能和身体素质得到提高和发展。学前儿童在体育游戏活动中承受适宜的活动量，能增强身体相关器官与系统的机能，促进生长发育，增强体质。

(二)获得良好的情绪体验

体育游戏的一个重要特征，就是能使学前儿童情绪愉悦。良好的情绪体验可以进一步激发学前儿童对体育活动的兴趣，提高其参与运动的积极性和主动性，并能培养其活泼开朗、积极向上的性格。

(三)促进社会性的发展

体育游戏有一定的规则要求，这些规则要求是保证游戏顺利进行的必要条件。这就需要学前儿童学会控制自己的行为，遵守游戏的规则，因而体育游戏对培养学前儿童的自我控制能力具有较好的促进作用。体育游戏还要求学前儿童与同伴相互配合、协作才能达到最终目的，因此，这又是培养学前儿童良好的社会适应能力和集体观念的极好机会。体育游戏还能培养学前儿童勇敢、果断、诚实等良好的品质。

(四)促进认知能力的发展

体育游戏活动要求学前儿童集中注意力，具有一定的观察能力、记忆力、想象力，思维要积极活跃，这些都有助于学前儿童智力的发展。体育游戏中还包含许多简单的、基础的知识，如基础的物理知识、安全知识、颜色的辨别、空间方位的知觉、数概念等，这能有效地丰富和加深学前儿童对周围事物的认识。

三、学前儿童体育游戏的分类

学前儿童体育游戏的内容很丰富，形式也多样，依据不同的标准，其分类也有所不同。常用的分类方法有以下几种。

按游戏组织的形式分类，可分为集体游戏、小组游戏、分散游戏等。

按动作内容分类，可分为走的游戏、跑的游戏、跳跃游戏、投掷游戏、攀登游戏、钻的游戏、爬的游戏、推拉游戏、悬垂游戏等。

按不同的运动器械分类，可分为球类游戏、圈的游戏、绳子游戏、沙包游戏、平衡板游戏、垫上游戏等。

按游戏的性质分类，可分为规则性游戏、主题性游戏、探索性游戏、表现性游戏等。

按游戏来源分类，可分为一般体育游戏和民族民间传统体育游戏(如跳房子、跳皮筋、丢手绢、老鹰捉小鸡)等。

按照参与人群的属性分类，可分为幼儿体育游戏(以教师和幼儿为主体进行的体育游戏)和亲子体育游戏(以父母为代表的家长或抚养人与孩子共同进行的体育游戏)等。

四、学前儿童各年龄阶段体育游戏的特点

由于学前儿童在身体、心理等方面的发展具有明显的年龄差异，因此，学前儿童各年龄阶段的体育游戏体现出不同的特点。

(一)小班

小班幼儿的体力较弱，身体的基本活动能力较差，动作不够平稳、灵敏、协调，思维活动带有具体形象性，喜欢模仿，对游戏中的情节、角色、动作过程容易产生兴趣，自我控制能力较差，注意力不易集中。因此，小班幼儿体育游戏(如"老猫睡觉醒不了""小孩小孩真好玩"等)的内容比较简单，动作也简单，活动量较小；多是有具体情节和角色的游戏，角色不多，通常是幼儿熟悉的，主要角色一般由教师来担任；常常是全体幼儿做同一种动作或完成一两项任务；游戏的规则也很简单，一般不带有限制性，有的规则是从游戏的内容中引申出来的；幼儿对游戏的结果不太注意，没有较强的胜负意识，所以游戏结束时最好是皆大欢喜。

(二)中班

中班幼儿在体力、智力以及社会性等方面都有明显的发展，体力逐渐增强，动作比以前显得灵活、协调，空间知觉有了一定的发展，注意力也比较集中，具有一定的自我控制能力，初步学会了与同伴友好合作，集体观念有所增强。因此，中班幼儿体育游戏(如"老鼠笼子""切西瓜"等)的内容开始变得复杂，幼儿喜欢情节较复杂的游戏和活动量较大的追捉性游戏；游戏的角色也有所增多，角色通常由幼儿自己来担任，同时，也增加了一些无情节的游戏；游戏的规则较严格，较复杂，带有一定的限制性；出现了两人或小组的合作性游戏；幼儿对游戏的结果已开始有所注意，喜欢自己获胜。

（三）大班

大班幼儿的基本活动能力已发展较好，动作更加灵敏、协调，体力较充沛，知识范围扩大，理解能力有所发展，具有较强的自我控制能力，有一定的责任感和集体观念，相互合作的能力有所提高。因此，大班幼儿体育游戏（如"人枪虎""两人三足走"等）的动作难度增大，动作增多，内容更加丰富，游戏的活动量也增大。幼儿喜欢竞赛性的游戏以及需要体力与智力相结合的游戏；游戏的角色和情节的关系可以更加复杂；游戏的规则也可以较复杂；合作性的游戏增多；幼儿对游戏的结果较注意，喜欢有胜负的结果。

教师在为幼儿选择和创编体育游戏时，应该考虑以上这些特点，以便使所选编的体育游戏能受到幼儿的喜爱，让幼儿百玩不厌；同时，又能有目的、有意识地促进幼儿的身心健康发展。

五、学前儿童体育游戏的选择、创编与组织

（一）选择和创编体育游戏的基本要求

在选择和创编学前儿童体育游戏时，应考虑以下基本要求。

1. 每个游戏必须有明确的、具体的目的

游戏的目的在游戏中具有定向性的作用，是确定游戏内容、游戏过程、活动方式以及规则要求等方面的主要依据。游戏目的必须明确而具体，如发展幼儿哪些身体素质和基本活动能力，培养幼儿哪些能力或良好的个性品质等。

2. 在游戏的内容、活动方式等方面，必须符合该年龄班幼儿的发展水平、特点与实际情况

在选择和创编游戏时，有关游戏的动作、内容、情节、角色、规则、活动量、组织与活动方式等方面，都需要考虑本班幼儿的实际水平、特点和具体情况，既使体育游戏吸引幼儿、激发幼儿参与活动的兴趣，又能通过游戏达到预期的教育与发展目的。

3. 对游戏场地以及器材的要求要适宜

应充分利用幼儿园现有的条件和场地资源，因地制宜，自己动手，修旧利废，选择和创编切实可行、便于普及开展的游戏。例如，利用废旧报纸玩"打雪仗"的游戏，利用附近的小土坡或台阶玩攀登的游戏等。

4. 选用的游戏要由易到难，从简单到复杂

学前儿童体育游戏的选择，要考虑幼儿的认知特点和身体机能的发展水平，应从较容易的、简单的游戏开始，然后逐渐过渡到较难的、较复杂的游戏。这对逐步发展幼儿的身体素质和基本活动能力，不断提高幼儿活动的积极性等都是十分重要的。不论是同一活动内容的不同要求，还是同一目标的不同发展水平，都应该考虑到这一点。

5. 编写学前儿童体育游戏的基本内容要求

学前儿童体育游戏的编写，应包括以下几方面的基本内容。

——游戏的名称；

——适用于哪个年龄阶段的幼儿；

——游戏的目的或目标(包括任务、要求)；

——游戏的准备(包括场地、器材、能力基础)；

——游戏的方法(包括游戏的活动过程、组织要求)；

——游戏的规则；

——活动建议及注意事项；

——配以简图或示意图。

(二)学前儿童体育游戏的组织要点

1. 既重视良好体验，又重视目标达成

在组织幼儿体育游戏时，既要考虑激发幼儿运动的兴趣，调动幼儿参与游戏的积极性，也要把握好游戏的重点和难点，使幼儿在快乐的游戏中充分体验和练习相关的动作，以达成游戏的目标。

2. 关注不同能力水平幼儿的活动需要

由于幼儿的能力发展具有较大的个体差异，因此，在组织体育游戏的过程中，应考虑到幼儿动作发展水平的差异性，尽可能为幼儿提供不同发展水平的运动器材和游戏环境，以满足不同能力水平的幼儿动作练习的需要，使幼儿获得自信和成功感。例如，在助跑跳跃游戏中，可以为幼儿提供不同宽度、不同高度的障碍物；在练习走平衡的游戏中，可以为幼儿提供不同高度、不同类型的平衡器材等。

3. 讲解中把握好重点

一般来说，在向幼儿介绍新的体育游戏时，讲解的重点应放在游戏动作和游戏规则上；在组织幼儿再次玩体育游戏时，讲解的重点则应放在幼儿容易出现的问题上，同时，在幼儿动作要领的掌握上可以酌情提出进一步的要求。教师讲解的语言还要考虑不同年龄段幼儿的理解能力和接受能力，语言要清晰、准确、精练，必要时，还应该配合动作示范。

4. 游戏过程中灵活把握活动量

通常来说，幼儿都是很喜欢玩游戏的。在参与体育游戏时，幼儿会比较投入，尤其是跑、跳类的游戏，幼儿特别爱玩。由于跑、跳类的游戏活动量相对较大，因此，在游戏过程中教师应关注幼儿集体和个体的游戏状况以及在身体、动作上的变化，灵活调整活动量(如游戏次数、游戏时间等)，注意动静交替，避免让幼儿的活动量过大、生理负荷过重。

第三节　学前儿童运动器械活动

一、学前儿童运动器械活动的含义

学前儿童运动器械活动是指利用运动器械的结构与功能特征而开展的，以促进学前儿童动作技能和身体素质发展、丰富学前儿童运动体验为主要目标的一种身体活动。

学前儿童运动器械活动常常与体育游戏活动相关联，活动方式多样，既可以集体进行，也可以自主进行；活动玩法可以是固定的，也可以自主进行探索或创编出多种玩法。

二、学前儿童运动器械活动的主要价值

(一)丰富运动经验，促进动作技能和身体素质发展

学前儿童运动器械的种类多样，每一种运动器械在结构、动作形式、锻炼功能等方面都有独特的价值。为学前儿童提供内容丰富、形式多样、大小不同且适合不同年龄段及身高差异的运动器械，能很好地激发学前儿童的运动兴趣，满足学前儿童的不同需要，同时，也能利用运动器械本身的特点和功能开展适宜的身体练习和锻炼，促进学前儿童动作技能和身体素质的发展。不仅如此，学前儿童在参与多种运动器械活动与游戏的过程中，还能获得丰富的运动体验，积累多样化运动的经验，提高运动适应能力，奠定良好的运动基础。

(二)激发好奇心和探究欲望，获得能力感和自信

学前儿童的好奇心强，喜欢动动这、玩玩那，而学前儿童的运动器械又是丰富多样的，有的还充满了挑战性，这些都能激发学前儿童尝试和探究的欲望。许多大中型、固定的运动器械虽然玩法比较固定，但仍然会吸引学前儿童一遍又一遍地去感受和体验，待相关动作逐渐熟练、对器材掌握得比较娴熟时，他们还会想出不同的玩法。例如，有些幼儿在熟悉滑梯的基本玩法后，便会尝试和探索不同的滑行姿势(如仰躺着自上往下滑)。当然，还有很多的运动器械本身也具有低结构的特征(如球、圈、沙包)，学前儿童可以根据自己的兴趣和能力，探索和创造出不同的玩法。例如，可以向上抛、向前滚球，可以用脚踢、用手拍球，可以从球上面跨跳过去，还可以坐在球上自转圈等。

学前儿童在快乐的体验和操作中，能满足探索的欲望，增加对器械特点、运动形式等多方面的了解和认识，激发想象力和创造性，这有助于认知能力的发展。另外，活动中愉快的经历以及成功的体验，还有助于学前儿童获得能力感、成就感以及自信心。

(三)促进社会性的发展

学前儿童在选择和使用运动器械的过程中，很多时候会与同伴接触和交往，这时，需要学习等待和忍耐，克服冲动；需要学会轮流、有秩序地活动；有时，也需要学会与同伴合作游戏，共同探索。这些体验与经历，均有助于促进学前儿童社会性的良好发展。

三、学前儿童运动器械的分类

(一)固定性运动器械

这类运动器械主要包括滑行类、摆动类、旋转类、颠簸类、攀登类、钻爬类、弹跳类等大中型运动器械。

1. 滑行类

滑行类运动器械指顺着斜面由高处往下做滑行动作的运动设备，如各类滑梯、小滑板等。

2. 摆动类

摆动类运动器械指悬挂在空中，可以做前后或左右摆动动作的运动设备，如秋千、荡船等。

3. 旋转类

旋转类运动器械指围绕着一个中心轴做旋转运动的设备，如转椅、宇宙飞船等。

4. 颠簸类

颠簸类运动器械指用来做上下颠簸运动的设备，如摇马、跷跷板等。

5. 攀登类

攀登类运动器械指用手和脚做攀爬上升或登高的运动设备，如各类攀登架、爬网、肋木等。

6. 钻爬类

钻爬类运动器械指用来做钻或爬的动作练习的运动设备，如铁架地道、塑料小球池等。

7. 弹跳类

弹跳类运动器械指专门用于弹跳动作练习的运动设备，如蹦床、充气小城堡等。

(二)中、小型移动性运动器械

例如，平衡板、拱形门、木制台阶、投掷架、三轮脚踏车、脚蹬车、摇摇车、手推小车、垫子、各种大小的皮球、木球、塑料球、气球、儿童羽毛球、塑料圈、绳子、橡皮筋、小飞碟，以及各种自制的体育活动器材(如毽子、沙包、绳圈、小高跷、小纸镖、小竹马、铁环)等。

四、几种运动器械的活动对学前儿童发展的影响

(一)摆动类、颠簸类运动器械

在很小的时候，婴儿就喜欢被成人抱着轻轻地摇摆，这种摆动能使他们的情绪渐渐平静下来，而且让他们感到舒适、愉快。长大后，他们仍然想通过类似的活动来体验这种良好的感觉，因此，有必要为幼儿提供一些能够体验摆动或颠簸的运动器械，如秋千、摇马、荡船等。

这类活动给予幼儿的价值主要体现在以下几个方面。

第一，摆动、颠簸的运动，有助于发展幼儿整个身体的动态平衡能力。在摆动的过程中，随着运动器械的变化，幼儿需及时调整自己的身体位置，以保持身体平衡。

第二，摆动、颠簸的运动，可以使幼儿获得各种生理和心理的感受，丰富幼儿的感知经验，增强幼儿前庭器官的机能。在摆动、颠簸的运动过程中，幼儿能体验到特殊的视觉、听觉和动觉感受以及平衡感觉。当运动器械由低到高摆动时，幼儿会感到兴奋、激动、惊险、刺激，像是被高高地抛向空中似的；而当运动器械由高转低或是由一边荡到另一边时，这种有节奏的快速下降运动，又会使幼儿体验到内脏下沉的特殊感觉以及一种放松感。这种自我感觉能使幼儿获得极大的满足，他们会反复地探索这些经验，不断地体验和享受随之而来的感觉。同时，这种运动对幼儿前庭器官的平衡机能也能起到较好的促进和增强作用。

第三，摆动、颠簸的运动，尤其是需要幼儿依靠自己的力量来使运动器械动起来的运动，能使幼儿产生对自己能力的确信，体验靠自己的力量摆动或颠簸的成功与乐趣，从而有利于幼儿建立起较强的自信心和独立感，发展幼儿的自主性。

第四，摆动、颠簸的运动所带来的有关肌肉的紧张和放松的感觉，可以使幼儿更容易理解周围事物的变化以及自己身体的感觉。

第五，摆动、颠簸的运动，为幼儿提供了广阔的想象空间。在摆动、颠簸中，虽然幼儿所坐的位置是固定的、受限制的，但是他们所想象的事物是无限的，他们可以想象自己是在乘一只船、一架飞机甚至是一艘宇宙飞船。他们如果再唱上一首有关荡船或划船的歌曲，就会更开心、兴奋、激情满怀。

(二)攀登设备

七八个月的婴儿，一旦开始学习爬行，就会喜欢在任何一个物体的上面做攀爬的练习。例如，攀爬小床四周的围栏，往叠整齐的被褥、枕头上爬。当父母把他抱在怀里的时候，他甚至会在父母的身上攀爬，恨不能爬到父母的头顶上……当婴儿能独立站、独立行走以后，更是酷爱攀爬的活动，沙发、铁栅栏、台阶、桌椅等，都是他们寻求活动的目标。成人应该理解他们，在保证安全的前提下，允许他们自由地活动。

对于开始学习走步的学步儿来说，提供一种高度较低、脚踏面较宽、独立的木制台阶设备，将有助于他们进行最初的探索。经过一段时间的练习以后，幼儿就能挑战更难的台阶了。当年龄再大一些的时候，幼儿可以去攀登各种类型的攀登设备，去登小山坡乃至大山坡。有可能的话，还应该鼓励幼儿去尝试爬树。

攀登活动对于幼儿整个身体、心理，尤其是空间知觉等方面的发展，都将不断地提出挑战。

1. 攀登活动能增强幼儿的肌肉力量，发展幼儿身体的控制能力

幼儿在攀登设备上攀上爬下，从这边移动到那边，需要靠双手和双脚不停地用力和支撑，还需要不断地调整身体的角度和位置，以便能调节重力的牵拉，保持身体平衡。这种调整是通过以下两个方面建立起来的：一是通过动觉，动觉可以帮助幼儿知道自己身体各个部位所处的准确位置；二是通过对身体精确的协调，使幼儿身体各个部位所处的位置变得更加稳定、合适、协调，从而保持幼儿身体处于安全和平衡状态。幼儿从一个位置移动到另一个位置时，还必须判断应该首先移动身体的哪一个部位，以及必须把身体的重心放在哪一个部位才能保持平衡。这时，对整个身体的控制，尤其是对大肌肉的控制，便是对幼儿的一个重要挑战。因此，攀登的过程能有效地促进幼儿身体与运动机能的发展。

2. 攀登活动为幼儿提供了难得的感知觉体验，并能有效地促进幼儿空间知觉的发展

当幼儿登到攀登设备的顶端时，他们的视野会变得相当开阔，他们可以眺望远处、环视四周以及俯瞰身体下方的所有事物。当幼儿在不同位置观察周围环境时，这些不同的位置会使他们逐渐适应变化了的环境透视。幼儿会逐渐认识到，自己所看到的东西，虽然在每一个新的位置看上去好像是很不相同的，但是它们在某些方面有着共同的、不变的地方。幼儿还会认识到，当他们登到高处时，所听到的声音也会发生变化——当听者离声源较近时，声音会变得响亮而清晰，相反，声音会变小，甚至听不清楚。

在攀登过程中，幼儿必须确定攀登的方向，如向上移动、向下移动、向左移动、向右移动或向斜方向(对角线方向)移动等。幼儿需要确定自己想要到达的空间位置：在……上面、在……下面、在……之间、在……前面、在……后面、在这一边、在那一边等。幼儿还需要判断空间的大小，以便确定自己的身体是否能够钻过或通过某一个较狭窄的地方。同时，幼儿还必须学会认识这样的空间关系：他所占据的地方与正在移动着的其他幼儿所处的位置之间的关系，或者与其他幼儿想要攀登到的某一个位置之间的关系。

所有这些在攀登设备上所体验到的和获得的经验，能促进幼儿感知觉的发展，尤其是空间知觉的发展。

3. 攀登活动能促进幼儿心理健康发展

当幼儿攀登到高处时，难以名状的兴奋、新奇之感便会产生。他们会觉得很有

趣、很新鲜，会觉得自己很高大、很能干，因而十分得意和自豪。经常进行攀登活动能使幼儿克服胆怯、害怕和恐惧的心理障碍，增强幼儿的自信心和自我意识，这是建立肯定的、健康的自我所必需和重要的条件。

(三)各种车辆玩具

第一次骑上小三轮脚踏车，对幼儿来说是一件十分激动的事，他们会感到，这是靠自己的努力才使得小车向前移动的。车辆玩具品种很多，如小三轮脚踏车、大轮子车、独轮小手推车、三轮运货车、四轮小汽车、摇摇车、电瓶车等。在幼儿园里，提供各种类型的车辆玩具让幼儿活动是非常必要的，具有多方面的教育价值。

1. 使幼儿有机会锻炼身体不同部位的肌肉，促进大肌肉以及身体控制能力的发展

各种手推车的练习，可以让幼儿锻炼上肢部位的肌肉，发展手部动作对物体的操纵与控制能力，乃至全身动作的协调性。而骑坐在小车上时双脚的用力动作以及脚踏板的有节奏的运动，有助于幼儿整个身体的活动与这种节奏协调、统一起来，从而发展幼儿均衡地使用身体两侧肌肉力量的能力。车辆玩具活动有助于发展幼儿身体动作的协调性、灵敏性和反应速度，提高幼儿掌握控制物体平衡的技能。

2. 使幼儿获得视觉运动经验，发展幼儿的空间知觉和判断能力

当幼儿的双脚踩在脚踏板上、一圈一圈地推动着车轮向前移动时，他们的目光也会随着双脚有节奏地运动而不断转换方向，这有助于幼儿身体的每一侧都与视觉的运动协调起来。幼儿通过观察双手与双脚的这些运动状态以及控制小车前进的方向，获得丰富的视觉运动经验，使视觉运动能力得到发展。当幼儿骑在小车上四处移动时，他可以逐渐理解自己与静止的物体及人或与运动着的物体及人之间的空间关系。例如，他会懂得他与其他的车辆什么时候是在"相反的方向"移动，什么时候是在"相同的方向"移动；小车需要往什么方向移动或移动得多快才不会与别人或物体相撞等。而当不安全的情况将要发生时，幼儿也必须学会很快地作出决定，使小车迅速让开危险的物和人，从而避开危险。

3. 使幼儿产生极大的独立感和自豪感

幼儿会逐渐意识到，依靠自己的努力，可以使小车从一个地方移动到另一个地方，而且移动的快慢与方向完全可以由自己独立控制和掌握，这将会使幼儿产生一种极大的独立感、满足感和自豪感。

4. 激发幼儿愉快的情绪和想象力

幼儿在玩车辆玩具时，尤其是驾驶一辆小车四处跑动时，会觉得愉快、兴奋和自由自在，并能从中获得许多角色游戏的体验。如幼儿会假装自己在驾驶一列火车、一艘轮船、一架飞机、一辆警车，或是骑在一匹飞奔的马上。

5. 使幼儿熟悉基本的交通规则

在游戏活动场地上，设置一些岗亭、红绿灯等标志架，画一些人行横道线、

十字路口、机动车道和人行道，便成了一个假想的"大马路"，一个大型的角色游戏活动便由此产生。幼儿可以分别装扮成交通警察、司机或行人等角色。在这些练习中，幼儿能逐渐熟悉和理解有关的交通标志，学习掌握最基本的交通规则。

(四)平衡板

平衡板是一种普通的幼儿运动器械，可以是移动式的，也可以是固定式的，其结构很简单，但它对幼儿所产生的影响却是很大的，包括身体和心理两个方面。

在最初练习走平衡板时，许多幼儿会有胆怯、害怕的心理表现，因此，平衡板的练习活动可以先从直接摆放在地面上开始，再将其放置在一定的高度进行。成人应该鼓励幼儿大胆实践，必要时可以用一只手扶着幼儿的一只小手，帮助其保持身体平衡。这时，成人也可以对幼儿说："这个活动比较难，但不要放弃它，我相信你一定能完成好。"

平衡板运动的价值主要表现在如下几个方面。

1. 促进幼儿身体两侧肌肉力量的协调发展

在平衡板或教师专门为幼儿设置的狭窄的"小路"上行走，这种平衡运动要求幼儿身体两侧用力均匀、相等，以保持平稳的身体姿势，这能促进幼儿身体两侧肌肉力量的协调发展。教师也可以通过观察幼儿在平衡板上行走的姿势和表现，来判断每个幼儿身体两侧肌肉发育的水平与状况。

2. 发展和完善幼儿控制身体的平衡能力

当沿着狭窄的平衡板往前行走时，幼儿需要协调地移动和变换自己身体的重心位置，以保持身体平衡。通过沿着各种狭窄的"小路"向前移动或倒退着、侧着身移动，幼儿的平衡能力会逐渐得到提高，方位知觉也会得到发展。

如果平衡板是倾斜摆放的，那么对幼儿来说便是一种更难的挑战。幼儿需要根据平衡板倾斜的角度，来合理地移动自己身体的重心。若是向上移动，幼儿就要学会身体向前弯曲，以便把身体的重心移向前方，平衡板倾斜的角度越大，身体向前弯曲的幅度也就越大；若是向下移动，则要学会后仰着身体，把身体的重心移向后方，同样的道理，若平衡板的倾斜角度越大，身体后仰的幅度也就越大。经过多次练习与实践，幼儿可以逐渐学会怎样根据需要来调整和控制身体重心的移动。为幼儿提供宽度适宜的平衡板是十分重要的。若平衡板过宽，幼儿就会在平衡板上走或跑得过快，在这一移动过程中，身体重心所产生的动量就有助于幼儿身体的平衡，而不能达到让幼儿有意识地锻炼控制身体平衡技能的目的。当然，平衡板也不能过窄，否则幼儿会失去信心。其宽度的选择，应以幼儿需要较仔细、较谨慎地慢慢移动才能从上面走过去为宜。

除了可以让幼儿在较窄的平衡板上练习行走，还可以利用较宽的平衡板，让幼儿在上面做爬行的活动，即从木板的一端慢慢爬行到另一端。等幼儿对这种身体运动熟练以后，还可以将木板的另一端稍稍抬高，形成一定的倾斜角度。幼儿通过在这种倾斜的木板上爬上爬下，可以逐渐学会不同类型的平衡技巧。不过，教师要注意器材以及幼儿活动过程中的安全问题，保护幼儿与鼓励幼儿同样重要。

3. 促进幼儿感知觉的发展

当幼儿在平衡板上行走时，会逐渐获得一种对时间的知觉。幼儿会认识到，从木板的一端走到另一端比在宽阔的平地上行走要难得多，所花费的时间也要长。若是侧着身体走或是向后倒退着移动，需要花费的时间就会更长。他们还会知道，在轮流活动时，需要等待一定的时间才能轮到自己玩儿。一些与测量的原理相类似的知觉感受也可以提供给幼儿。例如，当年龄较小的幼儿在平衡板上行走时，最初，他们两只脚的距离相隔很近，前脚的脚跟与后脚的脚尖几乎是在平行的位置上，他们不会或不敢迈开步子移动，即移动的步幅很小，因此，移动的速度也就很慢。经过经常、反复的练习，幼儿逐渐学会把步子迈得大一些，将两脚的前后距离加大一些，即增大步幅。这样，幼儿不知不觉就在这一步与紧接着的下一步之间测量着相等的距离。

让幼儿学习在一个逐渐升高的平衡板上慢慢地、仔细地走，要比让幼儿快速在上面走更难，因为这种仔细、谨慎的运动需要高度地协调视觉、听觉以及触觉的刺激，因此，也能促进幼儿的这些感知觉得到一定的发展。

4. 培养幼儿良好的心理品质

让幼儿在平衡板上移动，对幼儿是一种心理上的挑战。通过这种活动，可以有效地培养幼儿胆大勇敢、仔细谨慎、坚持到底等方面的意志品质，可以增强幼儿的自信心。随着这种运动技能的发展，幼儿对自己的身体意识与自我认识也有所增强，这两者是幼儿自我建构中很重要的方面，从而有助于幼儿良好个性品质的形成。

五、学前儿童的球类活动

可供学前儿童使用的球很多，如各种大小的皮球、塑料球、大笼球、气球、乒乓球、儿童保龄球、儿童曲棍球等。利用这些球，幼儿可以进行滚、抛、拍、踢、击、吹、托、顶等各种形式的身体运动。其中，滚球、抛接球、拍球、踢球等活动，是幼儿常见的身体运动，也是幼儿非常喜欢的活动。它们对于发展幼儿的四肢肌肉、韧带的力量和关节的柔韧性，提高幼儿的视觉运动能力以及动作的灵敏性、协调性和准确性，都具有重要的锻炼价值。

(一)滚球

滚球的动作一般可以分为单手滚球和双手滚球两种形式。如果是小球，幼儿喜欢采用单手滚球动作，双手滚球动作通常用于中等或较大的球。

幼儿双手滚球动作的基本要领是：两手的手掌与球体要基本吻合，利用手臂（主要是前臂）、手腕前摆的力量以及手指等部位的协调用力，将球沿着地面向前滚动，两只手及手臂的用力要均匀。

托班及小班的幼儿较喜欢滚球的活动。但由于他们手部的肌肉力量较弱，两臂用力不够均匀，控制球滚动方向的能力较差，不能将球较准确地滚动到预定方向，滚球时还常常会出现手指将球挑起的现象，而不是将球沿着地面滚动。中班幼儿经过练习，基本上能掌握滚球的动作要领，也逐渐能把握滚球的方向，因此，能较好地进行相互滚球的活动。大班的幼儿则能将球从小门或小洞中滚过，或是滚球击物，其滚球的技能有较大的提高和发展。

滚球的活动，能有效地增强幼儿手指、手掌、手臂等部位的肌肉力量，提高幼儿手腕关节的灵活性，发展幼儿双手动作的协调性、准确性和视觉运动的能力。而要想接住对方滚过来的球，幼儿需要及时、灵活而又准确地调整自己的身体位置和手的动作，这又能促进幼儿动作灵敏性的提高。

(二)抛接球

抛接球的动作可以具体地分为抛球和接球两种动作。

幼儿抛球的活动内容比较丰富，可以用两只手将球抛进前上方的小篮子里或小篮球网中，可以抛过前方横挂的彩绳，可以自抛自接球，可以两人相互抛接球，还可以用一只手抛小球等。

幼儿双手抛球动作的基本要领是：两手在胸前托住球，用摆臂、抖腕的力量将球向前上方抛出，两臂的用力要均匀。

小班幼儿在学习抛球动作时，不单是手臂用力，常常是整个身体都处于紧张、用力状态，抛球的方向不够稳定，不够准确，时高时低，时左时右，时近时远，很难将球抛往正确的方向或抛到正确的位置。随着幼儿动作能力的逐步发展以及经常的练习，到了中班，幼儿抛球的动作技能已有了较明显的提高，基本上能较准确地把球抛到所预期的方位。

接球的动作一般有两种：一种是主动接球，另一种是被动接球。对幼儿来说，主要是练习并学会被动接球的动作。幼儿双手被动接球动作的基本要领是：两臂向前伸出，手指自然分开，手心向上，等球抛到胸前时两臂迅速屈肘收回将球抱住。

小班幼儿在接球时，常常是两臂僵直地伸向前方，等球触到手臂以后才开始有屈肘抱球的动作。由于幼儿反应的速度慢，做动作的速度慢，因而经常接不住球，球打在手臂或胸部后滚走或球从两手臂中间漏掉的现象很常见。幼儿一般不是主动地去接球，而是站在那里等着球抛到自己的面前。有的幼儿怕被球打着，接球时甚至会躲着球，不敢去接球。中班幼儿一般能较迅速、较准确地接住对方抛过来的球。

总的来说，小班幼儿相互抛接球和自抛自接球的能力比较差。经过练习，到了中班，幼儿才能较成功地进行自抛自接球和短距离相互抛接球的活动。

抛接球的活动，不但有利于幼儿两手臂肌肉力量的协调发展，提高身体动作的准确性和灵敏性，发展幼儿的反应速度，还能很好地锻炼幼儿手腕的关节。

(三)拍球

拍球活动是幼儿非常喜欢的体育活动。

幼儿拍球动作的基本要领是：前臂、手腕、手指等部位的肌肉协调用力将球拍起，当球从地面上反弹起来的时候，手要自然地随着球向上抬起缓冲，然后再向下拍球。

幼儿在最初学习拍球动作时，用力的部位往往使用得不够正确。有的幼儿只使用手指的力量拍球，有的幼儿则是用整个手臂来打球；手随球抬起的缓冲动作以及手腕的弹性用力动作也掌握得不好，常常是将球越拍越低。成人应注意在拍球动作的难点和要点处多做动作示范与讲解。掌握拍球动作的要领以及经常练习、体会，是提高幼儿拍球动作技能的关键。一般来说，幼儿经过一段时间的练习，能较成功地拍十余下球。待幼儿能较轻松、自如、熟练地拍球以后，可以让幼儿练习花样拍球，如在指定的圆圈内拍球、边走边拍球、两手交替拍球、拍球越过障碍物，在拍球的过程中做一些额外的身体动作（如拍一下手掌、原地转一个圈）等。这样既可以丰富幼儿拍球活动的内容，发挥幼儿的主动性和探索、创新的精神，又可以进一步提高幼儿拍球动作的技能，使其更加娴熟。

拍球活动能增强幼儿上肢部位肌肉的力量，有效地锻炼手指、手腕、肘、肩等部位的关节，发展动作的准确性、灵敏性以及手眼协调的能力。

大班幼儿在较熟练掌握拍球动作的基础上，可以尝试练习拍球后将球投进篮筐的掷准动作。教师还可以组织开展小篮球的游戏活动，以激发幼儿对小篮球活动的喜爱，丰富幼儿的球类活动，进一步提高幼儿掷准动作的能力以及动作的灵敏性和协调性，同时培养幼儿团结友好、互助合作的态度和能力。

但同时要特别注意：为幼儿提供的球应该是大小与重量适宜、软硬适度的儿童球。此外，幼儿每次进行拍球练习、投球入篮练习以及小篮球游戏的时间不宜过长，以免手部关节、手腕等部位的负荷过重，影响幼儿骨骼和关节的正常发育。

（四）小足球活动

小足球活动深受幼儿的喜爱。

幼儿小足球活动的内容很丰富，可以让幼儿学习和练习使用脚来控制球的简单技能，如用脚背踢球，用脚内侧踢球，用脚掌踩球，用脚尖把球挑起，用脚转动球，比一比看谁用脚玩球的花样多、技巧高，看谁踢球入门准，看谁能用脚挡住踢过来的球，看谁能保护球不被别人抢走等。

对于特别喜欢踢球的大班幼儿，可以酌情考虑布置一个小小的活动场地，其中放置两个小球门，组织幼儿进行小小的足球游戏赛。在此游戏活动中，以幼儿体验与同伴一起愉快、友好地踢球为主，同时引导幼儿遵守游戏规则，如不推人、不撞人等。此游戏活动的时间不宜过长，以免活动量过大。

这种活动能增强幼儿腿部的肌肉力量和耐力，提高下肢关节的灵活性和柔韧性，发展腿部动作的控制能力以及整个身体的灵敏性、平衡能力和协调能力；同时还能激发幼儿对足球活动的兴趣，培养幼儿机智、果断、勇敢、顽强的良好品质以及集体意识和公平竞争意识。

同样，为幼儿提供的球应该是大小与重量适宜、软硬适度的儿童球，便于幼儿用脚踢且不致伤害脚。小足球门可以自制，也可以用拱形门代替。

第四节　学前儿童基本体操的练习

学前儿童基本体操是锻炼幼儿身体、促进幼儿机体协调发展的一套形式简便、易于普及的动作。根据年龄特点，学前儿童基本体操可以分为婴儿体操和幼儿基本体操。

一、婴儿体操

（一）婴儿体操的意义

婴儿体操是婴儿体格锻炼中最常用的一种方法和手段。它能促进婴儿正常的生长发育和身体机能水平的提高，促进婴儿基本动作的适时产生和发展，激发婴儿愉快的情绪，增进婴儿身心的健康。具体来讲，它能锻炼婴儿上下肢的关节、肌肉和韧带，增强肌肉组织的功能；能促进血液循环，加深呼吸，增进食欲；能使婴儿身体的免疫能力得到加强；能促进脑部发育，使婴儿的神经系统反应灵敏，改善动作的协调性，增强身体各部分动作的共济作用；能促进婴儿认知的发展，激发良好的情绪反应等。

婴儿体操的锻炼应从小开始，坚持不断，动作由简单到复杂，活动量由小逐渐增大，循序渐进。

（二）婴儿体操的种类

婴儿体操大致可分为婴儿被动操和婴儿主、被动操两类。

1. 婴儿被动操

婴儿被动操适用于 2～6 个月的婴儿。婴儿在做操的过程中，处于被动状态，其动作完全由成人来操纵和控制。成人可以帮助带动婴儿的手臂、腿脚等部位做屈伸、扩展、抬举等动作，同时，还可以增加一些适度的按摩动作。

在帮助婴儿做被动操以前，成人应将两手洗干净，手指甲不宜过长。在做操的过程中，成人的动作要轻柔、缓慢，不要过度牵拉或用力，并注意与婴儿之间的情感交流，如对婴儿说说话、笑一笑等，如果此时能播放一些优美、轻柔的音乐那就更好了。婴儿做操时所穿的衣服要稍微少一些、宽松些，以动作起来舒适、自如、不出过多的汗为宜；当婴儿情绪低落时，最好不要勉强婴儿做被动操，以免引起婴儿的反感。

2. 婴儿主、被动操

婴儿主、被动操一般适用于出生 6 个月以上的婴儿。6 个月左右的婴儿，动作已有了一定的发展，成人可以在婴儿被动操练习的基础上，通过对婴儿动作的操控和引导，使其配合动作，进行主、被动操的练习。婴儿主、被动操的动作范围也有所扩大，可以增加躯干部位的弯曲、手的抓握与挥臂、手膝着地的爬动、脚的蹬伸与弹跳、迈步等动作。

二、幼儿基本体操

(一)幼儿基本体操的类型及其特点

幼儿基本体操由体操动作的练习以及排队和变换队形两个部分组成。

1. 体操动作的练习

幼儿体操动作的练习的目的是：活动和锻炼幼儿的肌肉、关节和韧带，促进幼儿动作协调性、灵敏性、平衡能力、力量、柔韧性等身体素质的发展，培养幼儿正确的身体姿势和一定的节奏感，发展幼儿的空间知觉和时间知觉等。

幼儿体操动作的类型主要包括徒手体操和器械体操。徒手体操，是根据人体各部位的特点，按照一定的程序，由举、振、屈与伸、转、绕、蹲、跳跃等一系列的徒手动作组成的动作练习，它不需要使用任何器械或材料。幼儿的徒手体操应该根据幼儿身心发展的水平与特点专门设计与创编。

幼儿徒手体操主要包括徒手操、模仿操、拍手操、韵律操、武术操等。除模仿操外，徒手体操的练习一般需要有一定的基本要求，如要求站成直立的姿势来做，要求队列排得较整齐，注意与他人的距离，以免相互碰撞、干扰；做操动作的方向和角度要基本保持集体的一致；动作要有节奏、要合拍，并要尽可能正确和准确等。

模仿操较适合年龄较小的幼儿。它是将日常生活中常见的各种活动、成人的劳动、自然界的各种现象、动物的动作与姿态、军事训练中的动作等挑选出来，编成很形象的体操动作，让幼儿进行模仿练习，从而有目的、有针对性地促进幼儿身体的发展。例如，模仿拍皮球、洗手绢的动作，模仿摘苹果、射击的动作，模仿太阳高照、刮大风的自然现象，模仿小兔跳、小鸟飞、大象走的动作等。模仿操的主要特点是：形象性强，常常与儿歌相配合，幼儿容易理解、记忆；对动作准确性的要求不高，只要模仿得像即可，幼儿容易学会和掌握；形式和内容丰富多样，自由活泼，幼儿可以自由发挥。

韵律操，是将简单的舞蹈动作或律动动作与徒手体操的动作有机地组合在一起的体操动作。幼儿韵律操的练习，一般都伴有轻松活泼、旋律简单优美、节奏感较强的儿童音乐。其特点是欢快活泼，节奏鲜明，对幼儿动作的协调性、灵敏性的发展以及优美的身体姿势的培养等都具有较好的促进作用。依据幼儿骨盆发育的特点，幼儿韵律操的动作应尽量减少髋关节(即臀部)的振动、扭动或摇摆，以保障幼儿身体的健康发育。

武术操主要是根据武术中最基本、最简单的动作(如推、冲、踢、蹬等)编排而成的。动作要求有力，快慢相结合。武术操一般在大班开展，深受大班幼儿的喜爱。幼儿通过学习和练习武术操，既能了解和传承中华民族的优良文化，又能表现出勇武有神、豪情万丈、团结向上的精神风貌。

幼儿器械体操，是指借助一定的器械所做的体操动作。器械体操又可分为轻器械操(如哑铃操、小圈操、小旗操等)和辅助器械操(如椅子操、垫子操、皮筋操等)。其中轻器械操在幼儿园中使用得最多。

轻器械操，是指幼儿在徒手体操的基础上，手持较轻的器械做各种体操动作。轻器械操除了具有徒手体操的动作要求，还需要幼儿根据所持器械的特点，做一些特殊的体操动作。例如，哑铃操需做各种击铃动作，小旗操需做刚劲有力的挥臂动作，球操需做托球、举球的动作等。这样不仅增加了体操动作的难度，加大了活动量，而且能提高幼儿参与活动的兴趣和积极性。轻器械操的练习，一般适用于中、大班的幼儿。幼儿常做的轻器械操有哑铃操、小圈操、小旗操、球操、花操等。也可以利用一些废旧物品或生活用品、玩具等来做操，如易拉罐操、纸棒操、绳圈操、筷子操、手铃操、积塑操等。应该注意的是，所选用的材料和器械必须安全，体积和重量都要适合幼儿年龄特点，以幼儿动作起来感到灵活、方便为宜。

2. 排队和变换队形

排队和变换队形，也称基本的队列队形练习。它是指全体幼儿按照统一的口令，站成一定的队形，从事协同一致的队列动作。幼儿排队和变换队形练习，是保证幼儿体育活动和其他集体活动顺利进行的一项重要组织措施；同时，还能培养幼儿的组织纪律性，以及促进幼儿在集体活动中养成迅速、整齐、步调一致的良好习惯，形成正确的身体姿势，发展空间知觉。

排队和变换队形练习中的口令，一般由预令和动令组成。例如，"向前看——齐"的口令中，"向前看"是预令，"齐"是动令，但也有的口令中没有预令，如"稍息""立正"等。教师在喊口令时，预令要稍微拉长一些，让幼儿做好准备，使幼儿明确他们要做什么动作，而动令则要短促些，要果断有力。整个口令要洪亮、清晰、有精神。

幼儿基本的排队动作主要包括：立正，稍息，向前看——齐，手放——下，原地踏步——走，齐步——走，跑步——走，向左——转，向右——转，向后——转，立——定，站成两路纵队，站成四路纵队等。

幼儿基本的队形变换有：走成圆圈队形，走成一路纵队，分队走(如由一路纵队走成四路纵队)，并队走(如由四路纵队走成一路纵队)等。

幼儿排队和变换队形的具体内容，应根据不同年龄班幼儿的特点及其实际能力水平来确定。小班幼儿入园时间不长，还不习惯集体生活，不懂得排队，空间概念较差，不能清楚地记住自己排队的位置，通过教师的帮助和不断练习、实践，才能逐渐学会做简单的排队动作。中班幼儿在集体中已生活了一段时间，空间知觉也有了初步的发展，控制自己行为的能力有所增强，一般能按照要求进行排队，并学会基本的队列队形变换。到了大班，幼儿在集体生活中已经形成了较强的集体观念和意识，空间知觉有了较好的发展，通过学习与练习，通常能掌握一些较复杂的队形变换，如左右转弯分队走、螺旋走、开花走等。

需要注意的是，教师不要过分强调幼儿排队和队形变换动作上的步调一致，如要求统一先出哪一只脚、后出哪一只脚，也不要过分要求幼儿掌握复杂的队形变换。因为幼儿空间知觉的发展水平还很有限，进行枯燥、单调、重复的队形练习，会使幼儿产生厌烦的情绪，影响幼儿参与活动的积极性，而且会使幼儿的身体过于疲劳。

(二)选择和创编幼儿体操动作的基本要求

1. 要依据幼儿的年龄特点来选择和创编

总的来说，幼儿的体操动作要简单易学，舒展大方，活泼可爱，协调优美，节奏鲜明，动作形象化、幼儿化，并具有较好的锻炼价值。

由于不同年龄班的幼儿在身心发展水平和特点上有一定的差异性，因此，应选编不同类型的体操动作，在节数、拍数、活动量、难度、节奏的选择上也要有所不同。具体的要求可参见表 3-17。

表 3-17　各年龄班幼儿体操动作的特点

班	体操动作类型	节数	拍数	节奏	活动量
小班	以模仿操、拍手操为主，开始学习简单的徒手体操	每套 4～5 节	4 个四拍或 2 个八拍	较慢	较小
中班	以徒手体操为主，开始学习简单的轻器械操；动作有一定的难度	每套 5～6 节	2 个八拍	有快有慢	增大
大班	学习较难些的轻器械操，可适当增加一些韵律操和辅助器械操等；动作变化较多，动作难度较大	每套 6～8 节	2 个八拍或 4 个八拍	变化较多，快慢相间	较大

2. 选编成套体操动作时，要注意幼儿身体的全面锻炼与发展

一套较好的幼儿体操动作，应该能全面地锻炼幼儿的身体。因而要将幼儿身体各部位(如头颈、四肢、躯干等)的动作有机地组合起来，锻炼幼儿的肌肉、骨骼、韧带等，使幼儿动作的灵敏性、协调性、柔韧性和平衡能力全面而协调地发展。

3. 合理地安排动作程序及活动量

编排成套的幼儿体操动作的顺序是：上肢或四肢伸展的动作→扩胸、转体的动作→腹背的动作→下肢及全身的动作→放松、整理的动作。动作的速度应先由慢到快，再由快到慢。整套动作的活动量也应先由小到大，再由大到小。

4. 尽可能配有简单而合理的伴奏乐曲

伴奏乐曲要与每节体操动作的强度、节拍特点相适应(如伸展、转体、扩胸、腹背、放松等动作的节奏要慢些,跳跃动作的节奏则要相对快些),节奏要鲜明,音乐与动作在时间上要保持一致。

(三)幼儿基本体操的组织要点

1. 活动中注意调动幼儿的积极性和良好情绪

在组织幼儿学习与练习基本体操的过程中,应注意调动幼儿的积极性和主动性,激发幼儿的积极情绪。例如,可以邀请幼儿参与操节动作的编排;可以根据幼儿做操的具体情况,进行动作上的适当调整,尊重幼儿的能力水平和兴趣;也可以适当增加幼儿的一些呐喊声,加强做操时的互动性等。

2. 合理安排活动量

在进行基本体操练习时,幼儿的活动量应由小逐渐增大,以避免肌肉、肌腱、韧带等部位被拉伤。一般来说,排队动作及队形队列变换通常会放在操节活动之前或之后,这也可以起到调节活动量的作用。总体而言,幼儿做基本体操的活动量不宜过大。

3. 教师的动作示范与指导要到位

在组织和带领幼儿做操时,一方面,教师应以积极愉快的情绪和饱满的精神状态影响幼儿,同时,动作示范要准确到位,有力度且优美,给幼儿树立良好的榜样,使幼儿在积极、愉快的参与过程中得到身体上的锻炼。另一方面,教师应根据幼儿年龄特点及活动的不同阶段,对幼儿进行适当的动作指导或提出适宜的动作要求。例如,在组织小班幼儿做基本体操时,应以引导幼儿进行动作模仿、积极参与动作练习为主;而对于大班幼儿,当幼儿能比较熟练地掌握操节动作后,则应要求幼儿尽量动作到位,这样才能更有效地锻炼身体、促进动作技能和身体素质的发展。

学前儿童体育活动的内容丰富多样,除了上述最基本的内容,还包括利用环境开展的幼儿体育活动、民族民间传统的幼儿体育活动等。

利用环境开展的幼儿体育活动,是指利用当地地理与社会环境、自然环境资源而开展的幼儿体育活动,以此来锻炼幼儿身体,增强幼儿体质,丰富幼儿生活。这类活动一般包括:利用当地的地理与社会环境资源开展的活动,如爬小山坡、登台阶、走田埂、爬树、绕树林、逛公园、去附近的沙滩玩等;利用空气、阳光、水和冰、雪等自然资源开展的"三浴锻炼"以及嬉水、游泳、滚雪球、堆雪人、打雪仗、滑冰等活动。利用环境开展幼儿体育活动,其特点主要表现在:具有一定的地域性特征和季节特征;由于是因地制宜,就地取材,因此能节省开支;这类活动还可以与日常生活、游戏以及主题活动有机结合,丰富幼儿的体验与生活。在组织这类活动时,应抓住时机,提前做好具体的规划和活动方案,同时注意活动中的安全。在开展幼儿"三浴锻炼"（日光浴、空气浴、水浴）时，应讲究适宜性和科学性，加强医学观察，做好保健工作，把握好各类外界因素对幼儿机体的刺激量，做到循序渐进地开展，同时还应注意活动前后幼儿机体的变化和反应。

民族民间传统的幼儿体育活动，是指根据当地的民族特点和地区特点长期以来逐渐流传下来的适合幼儿开展的体育活动。它是锻炼幼儿身体、弘扬民族精神、传承优秀传统文化的重要内容和手段之一。我国是一个有着悠久历史与文化、众多民族聚集且地域辽阔的国家，不同民族、不同地域有大量的民族民间体育活动与游戏。适合幼儿开展的民族民间传统的体育活动主要有：放风筝、踢毽子、踩高跷、滚铁环、抽陀螺、跳绳、跳皮筋、跳房子、跳竹竿、抖空竹等。这些活动与游戏具有地方性、民族性强，内容丰富、生动有趣，形式活泼，材料简单等诸多特点，深受广大儿童乃至成人的喜爱，成为丰富幼儿体育活动内容乃至幼儿生活的重要来源。在为幼儿选取活动内容时，应考虑其年龄的适宜性。在因地制宜地开展幼儿民族民间传统的体育活动时，可以结合当地的风土人情、文化习俗等方面的介绍或主题活动进行。活动中除了采取传统的游戏方法，还可以启发幼儿利用传统材料进行大胆的探索和创新。对于有一定危险性的体育活动，如摔跤、抽陀螺等，应教会幼儿正确的玩法，并注意幼儿活动时的安全性。这类活动可以邀请家长参与，调动家长的积极性和主动性，进而密切亲子关系，丰富幼儿的家庭生活。

思考题

1. 引导学前儿童学习和练习基本动作有何重要意义？学前阶段应发展哪些基本动作？

2. 学前儿童基本动作的发展特点是怎样的？教师在指导中应关注哪些要点？

3. 如何理解学前儿童体育游戏的内涵？开展体育游戏有何重要意义？组织中的要点有哪些？

4. 开展学前儿童运动器械的活动有何重要意义？适合学前儿童玩的运动器械有哪些？请举例说明其发展价值及如何进行指导。

5. 学前儿童进行基本体操练习有何重要意义？学前儿童基本体操包括哪些类型，各有什么特点？在选择、创编和组织学前儿童基本体操方面应注意哪些基本要求？

6. 如何利用环境来开展幼儿体育活动？请举例说明。

7. 开展民族民间传统的幼儿体育活动有何重要价值？

建议的活动

1. 观察不同年龄段幼儿在走、跑、跳跃、投掷、攀登、钻爬等动作方面的基本特点，并进行比较和分析。

2. 观察和了解学前儿童喜欢玩哪些运动器械，尝试分析这些运动器械是否适合学前儿童以及活动的价值与指导上的要点。

3. 讨论本地区可以开展的、适合幼儿的民族民间体育游戏，并亲自进行尝试和体验，在此基础上，交流若组织幼儿开展这些活动应把握哪些要点。

第四章　学前儿童体育活动的组织

学习目标▶

1. 了解组织学前儿童体育活动应遵循的基本原则和规律。
2. 了解幼儿园常见的体育活动组织形式、各自的特点以及组织时的要点。

学习导入▶

幼儿体育活动应该怎样组织

如果到幼儿园去观摩幼儿体育活动，你可能会看到幼儿在进行早操锻炼，或在户外自由地玩运动器械，当然，你也可能会看教师组织的一节体育课……那么，幼儿园每天应怎样安排户外体育活动呢？若是天气不好，是否能在室内开展体育活动呢？

本章，我们将围绕组织学前儿童体育活动应遵循的基本原则、规律以及学前儿童体育活动的组织形式进行阐释。

为了使教师所组织的体育活动既能实现学前儿童体育活动的目标，又能满足学前儿童身心多方面发展的需要，学前儿童体育活动必须遵循一些基本原则。在幼儿园中，最常见的幼儿体育活动的组织形式是早操活动、幼儿体育课、户外体育活动。此外，幼儿园还可以根据本园具体情况，开展区域体育活动、室内体育活动、远足活动、幼儿运动会等形式的体育活动。每种组织形式都具有不同的特点和价值，科学地进行规划和组织，有助于充分发挥各自的优势，相互补充、相互配合和相互促进，以期全面实现幼儿园体育活动的目标，更好地促进幼儿身心全面发展。

第一节　组织学前儿童体育活动的基本原则

为了实现学前儿童体育活动的目标，教师必须有目的、有计划地安排和组织一系列相应的教育活动。如何使所组织的活动适合学前儿童，并且卓有成效？首先必须遵循以下四个基本原则：日常性原则、适量性原则、多样性原则和身体全面协调发展原则。

除了上述四个基本原则，在组织学前儿童体育活动时还应该遵循从实际出发的原则、区别对待的原则、循序渐进的原则、直观性原则、兴趣性原则等。这些原则是教育过程中应该普遍遵循的原则，在学前儿童体育教学中也不例外。

一、日常性原则

日常性原则指学前儿童体育活动的时间应该合理地安排在幼儿每日的生活之中。在具体落实这一原则时，应注意以下两方面问题。

(一)每日都应该让幼儿进行适当的体育活动

从身体锻炼的特点看，只有经常地、坚持不断地参加身体运动，才能逐渐提高幼儿身体的机能水平和适应能力，促进幼儿机体的生长发育，并使幼儿的身体素质和基本活动能力得到一定的发展。幼儿具有好动的特点，如果每日都能适时地让幼儿参加一些身体运动，便能满足幼儿身心多方面发展的需要，激发幼儿愉快、积极的情绪，使幼儿活泼开朗、精神饱满。这对幼儿心理的健康发展十分有益。

《幼儿园工作规程》明确规定，"在正常情况下，幼儿户外活动时间(包括户外体育活动时间)每天不得少于2小时，寄宿制幼儿园不得少于3小时；高寒、高温地区可酌情增减""正常情况下，每日户外体育活动不得少于1小时"。

(二)注意幼儿一日生活中动与静的交替安排

为了保证幼儿身心健康，避免幼儿神经细胞过于疲劳，教师应交替安排幼儿一日生活中动的活动与静的活动。这可以起到积极休息的作用，其主要依据是大脑皮质镶嵌式活动的原则。因此，在幼儿进行完较安静的活动之后，尤其是在进行完智力活动以后，应该安排幼儿参加一些体育活动，从而使幼儿的生活有节奏、有规律、富于变化。

二、适量性原则

适量性原则指学前儿童体育活动应该保证适宜的运动负荷。

(一)运动负荷的有关概念

运动负荷，指进行身体运动时，人体所承受的生理负荷量和心理负荷量的总和。

我们常说的活动量(或称运动量)，主要是指运动中人体所承受的生理负荷量，它反映了运动过程中身体生理机能的变化状况。活动量的大小，直接影响幼儿身体的发育与发展，影响幼儿体育活动的成效。若活动量过小，运动对身体的刺激也就较小，就起不到锻炼和增强身体机能的作用；若活动量过大，运动的刺激超出了幼儿身体所能承受的限度或范围，就会有损于幼儿身体的健康。只有适宜的活动量，才能使幼儿的身体承受适宜的生理负荷，从而有效地增强幼儿身体器官、系统的适应性，提高幼儿机体的功能，促进幼儿的生长发育与身体健康。因此，合理、科学地安排和调整幼儿的活动量，是开展幼儿体育活动最关键的方面。

实际上，在身体运动的过程中，不仅人体要承受一定的生理负荷，而且心理也要承受一定的负担，因为身体运动并不是单纯的人体运动，还伴随着人的认知、情感和意志等方面的心理过程。因此，在幼儿体育活动与锻炼中，既要考虑运动对幼儿身体生理机能所产生的影响，也要考虑运动对幼儿心理方面产生的负荷。

(二)影响幼儿心理负荷的因素

在幼儿体育活动中，影响幼儿心理负荷的因素是多方面的，主要包括心理活动的强度和时间(如注意的强度及持续时间、记忆的质量与广度、思维的水平、意志的努力、情绪的变化等)、教材内容的难易程度、教师的教态与教育方式方法、教学的条件(如环境、用具)等方面。

例如，大班"人枪虎"体育游戏，由于人、枪、虎三个角色之间的关系较为复杂，游戏过程与情节的发展变化也较为复杂，幼儿在初学此游戏时认知的负荷比较大。当幼儿对游戏的内容、玩法以及角色之间的关系比较熟悉以后，认知的负荷才逐渐减轻。

再如，意志的负荷主要表现为幼儿克服主、客观困难时所做的意志努力的程度和持续时间的长短。当小班幼儿学习和练习攀爬攀登设备或走平衡板的时候，对初学者或性格比较胆怯的幼儿来说，他们的情绪通常会处于较紧张的状态，为了克服胆怯的心理以及维护身体平衡与安全所做的意志努力是比较大的，也就是说，其情绪的负荷、意志的负荷以及注意力的负荷均较大。

幼儿体育活动的目的主要是锻炼身体，因此，在体育活动中，心理的负荷不应过大、过多，但这并不意味着不需要考虑身体运动对幼儿心理发展的价值。一方面，教师应该充分发挥和利用身体运动对幼儿心理发展的价值，促使幼儿全面、和谐地发展；另一方面，教师在活动过程中的态度与教育方法也至关重要，会直接影响幼儿在运动中的心理负荷。教师对幼儿的鼓励、对幼儿的关心与帮助、对幼儿成功的赞赏以及允许幼儿自由地选择、探索与创造等，都将成为积极的因素影响幼儿，促使幼儿克服心理上的负担，能心情愉快、轻松而又主动、自信地参与活动。

(三)影响幼儿活动量大小的因素

影响幼儿体育活动量大小的因素很多，主要包括运动数量、运动时间、运动强度、运动密度以及活动项目的特点等。

1. 运动数量

运动数量是指身体进行运动的次数、距离等。例如，幼儿连续向前跳跃的次数越多、跑步的距离越长，其活动量就相对越大。

2. 运动时间

运动时间指身体运动所持续的时间的长短。例如,幼儿参加体育游戏活动的时间越长,其活动量就相对越大。

3. 运动强度

运动强度指完成身体运动所用力量的大小和机体紧张的程度。例如,与一般速度的步行相比较,快跑运动的强度相对要大得多。因为快跑过程中肌肉需要快速而有力地收缩,而且肌肉收缩与放松的交替要快(即动作的速度要快),这时,机体所用的力量就大,紧张的程度就高。

运动强度的大小,一般可以通过测定此项活动后的即刻心率来加以判断。如幼儿进行四散追逐跑的游戏后,心率可达 170 次/分,甚至更高,而进行短距离慢跑后的心率只有 130 次/分左右。很明显,前者的运动强度较大,后者的运动强度较小。运动的强度较大,就表明活动量相对较大。

4. 运动密度

运动密度有时也称练习密度,指在一次体育活动中,幼儿身体实际练习的时间之和与活动总时间的百分比。其公式如下。

$$运动密度 = \frac{身体实际练习的时间之和}{活动总时间} \times 100\%$$

练习密度越大,表明活动量相对越大。

5. 活动项目的特点

不同的活动项目,对身体不同部位的影响是不一样的。例如,跑和跳跃的活动,对幼儿下肢部位肌肉造成的负荷较大,对血液循环以及呼吸系统造成的负荷也较大。如果用心率的指标作为活动量评断的依据,那么,此项活动的活动量就相对较大。而投掷的活动,对幼儿下肢部位肌肉以及血液循环、呼吸系统的影响不大,但对幼儿上肢部位肌肉造成的负荷却较大。因此,在分析幼儿体育活动的活动量时,应该考虑不同项目的活动对幼儿身体的具体影响,避免幼儿身体的某些部位的负荷过大。

影响活动量大小的这些因素之间又是相互联系、相互作用的。改变其中任何一种因素,都会带来活动量大小的变化,因此,它们也常作为调节活动量的方法。

(四)幼儿活动量的测定

活动量的测定,实质上就是生理负荷量的测定。这是一项复杂而细致的工作,需要测定者掌握多方面主、客观材料,运用基本的生理医学知识来加以分析与判断。

常用的活动量的测定方法有两种:生理指标测定法和观察法。

1. 生理指标测定法

这种方法要求在身体活动前、活动过程中以及活动后,分别对受测者进行若干项生理指标的测定与检查,并依据测查结果及受测者的生理机能特点进行分析。需要测查的生理指标主要包括心率、血压、尿蛋白、血红蛋白、心电图等，这些生理指标能较客观、较全面、较准确地反映出人在身体运动中生理机能的变化状况。但由于这种测定方法比较复杂，需要专门的仪器设备及专业人员进行，因此难以普及推广。

在幼儿园的教育实践中，如果仅对心率进行测定，还是切实可行、容易普及的。心率测定也是生理指标测定中最为基本和必要的方面，测定的结果具有一定的科学性和参考价值。

心率测定法，主要是测定运动过程中人体心率的变化状况，也称脉搏测查法。

对幼儿进行心率测定的具体方法是：选择班级中活动体质状况与活动的积极性均处于中等水平的幼儿一名，分别在其参加身体活动前、活动过程中以及活动后测定心率。最好多测定几名这种类型的幼儿，根据这几名幼儿心率的变化情况(取平均值)，来分析此次活动的活动量，以便测定数据更客观、更真实。

具体测查的内容有：

(1)活动前的心率；

(2)较大活动量的活动之中的心率；

(3)活动后的心率；

(4)活动后心率恢复到活动前心率所需要的时间(简称心率恢复时间)。

之后，对测查所得的数据进行必要的处理。需要用于分析比较的数据(即统计项目或内容)包括：

(1)活动前与活动后的心率之差；

(2)活动过程中的最高心率；

(3)心率恢复时间。

对幼儿进行心率的测查，主要目的是检查教师在组织幼儿开展体育活动的过程中掌握和控制活动量的情况，了解和分析此项活动的组织与安排对幼儿身体所产生的负荷大小。

2. 观察法

教师在组织幼儿开展体育活动时，为了掌握并控制幼儿的活动量，最常用的方法就是观察法。这种方法简便易行，可以在幼儿体育活动的过程中普遍加以运用，并具有一定的参考价值。

观察法，主要是观察幼儿在体育活动过程中的呼吸状况。若幼儿在活动过程中，呼吸显得急促但仍较有规律，则表明他们此时的活动量较大但仍然合适，只是这种状况持续的时间不宜长。如果发现幼儿呼吸急促并且有些紊乱，出现了上气不接下气的现象，就说明活动量过大，需要及时地加以调整。

除了上述观察内容，教师还可以利用自己的工作经验，观察幼儿在活动中的出汗状况、面部颜色及表情、动作质量等方面的表现，以此来判断活动量的大小。

但由于幼儿之间存在较大的个体差异性，而且这些方面又受到多种因素的影响，故此类观察也只能作为判断活动量大小的一种参考，不可作为观察法的主要内容或方面。

（五）适合幼儿的活动量的特点

不论是何种形式的幼儿体育活动，一般来说，较适合幼儿的活动量的特点包括以下几个方面。

第一，活动量应由小到较大，然后再由较大到小，活动前的心率与活动后的心率之差不应超过 50 次。

第二，运动后心率的恢复时间应在 5 分钟以内，如果是早操活动，心率恢复时间最好在 3 分钟以内。

第三，运动的强度不宜过大，练习密度则应该稍大一些。

第四，幼儿在活动中的心率最好是在 130 次/分以上，但最高心率最好不超过 180 次/分。

第五，注意在活动中动与静、急与缓的交替，使运动具有一定的节奏性。

三、多样性原则

多样性原则指幼儿体育活动的组织形式应该是多种多样、丰富多彩的。

遵循多样性原则的好处主要有两个：一是弥补各种组织形式的不足；二是激发和提高幼儿参加体育活动的积极性，丰富幼儿的运动体验，丰富幼儿的生活。

在幼儿园，最常见的幼儿体育活动的组织形式是早操活动、体育课和户外体育活动。这几种组织形式都具有各自的特点，所要实现的具体目标也不完全相同。任何一种组织形式都不可能实现所有的幼儿体育活动的目标，只有多种组织形式相互补充和相互配合，才能更好地促进幼儿健康发展。

例如，早操活动的主要目的是锻炼幼儿的身体，使幼儿逐渐养成积极锻炼身体的良好习惯，因此，通常以一般性身体锻炼和幼儿基本体操的练习为主要内容。体育课以教学和身体的动作练习为主，即通过游戏的形式，有目的、有计划地逐步提高幼儿的身体素质，发展幼儿的基本活动能力，并要学习一些新的内容(如幼儿体育游戏等)。这两种组织形式都具有较强的计划性、较具体的目标与要求，不足之处是幼儿不能完全根据自己的兴趣、爱好和能力水平自选活动的项目和内容。而户外体育活动就是要弥补这一不足，尽可能给予幼儿更多的自由选择的机会，同时也可以安排一些复习的内容以及教师的个别帮助和指导。

除了上述常用的组织形式，还可以开展区域体育活动、室内体育活动、体育游艺活动，也可以组织小型的幼儿运动会和外出短途旅游或适当的远足活动，以激发幼儿参加体育活动的积极性，丰富幼儿的生活，开阔幼儿的视野，更好地促进幼儿身体和心理的健康发展。

各种幼儿体育活动的组织形式都带有一定的局限性，同时又都具有一定的价值，没有好坏、优劣之分，关键在于能相互补充、相互配合、相互促进，以求全面地实现幼儿体育活动的目标，促进幼儿身心和谐发展。因此，幼儿体育活动的组织形式应该是丰富多样的。

四、身体全面协调发展原则

身体全面协调发展原则指在幼儿体育活动与身体锻炼中，应该使幼儿身体各部位、各器官、系统的机能以及各种基本的身体素质和基本活动能力，得到全面的锻炼、协调的发展。

促进幼儿身体的正常发育和机能的协调发展，是幼儿体育活动的主要任务。幼儿体育活动必须贯彻身体全面协调发展原则。

人体是在大脑皮质统一支配、调节下的有机整体，人体的各个部位、各个器官、系统的机能、各种身体素质以及各种基本活动能力之间是相互联系、相互影响的。注意幼儿身体的全面锻炼，有助于幼儿各器官、系统机能活动协调，相互促进、共同提高，最终使幼儿身体得到全面、协调的发展。因此，在制订幼儿体育活动计划的时候，应考虑幼儿各项体育活动内容和教材的相互搭配和有机结合，考虑多种形式和方法的灵活运用与综合利用。在具体组织幼儿的一次体育活动时，也应该尽可能使幼儿上肢部位的活动与下肢部位的活动相结合，多种身体素质的培养与发展相结合，全面地锻炼幼儿的身体。

第二节　学前儿童体育活动应遵循的规律

体育活动需要幼儿的身体直接参与，这就应该考虑幼儿身体以及动作在运动过程中变化的一些特点。因此，学前儿童体育活动和体育教学，还必须遵循两个规律：第一，人体生理机能活动变化的规律；第二，动作技能形成的规律。

一、人体生理机能活动变化的规律

人体在运动过程中，生理机能的活动能力是在不断变化的，并且呈现出一定的规律性。身体运动开始时，人体机能活动能力较低，然后随着身体的运动而逐渐上升，达到最高水平，并在一定的时间内保持最高水平，而后由于疲劳的出现，人体机能活动能力便呈下降的趋势，从而形成了一个上升——稳定——下降的规律。这就是人体生理机能活动变化的规律（如图4-1）。

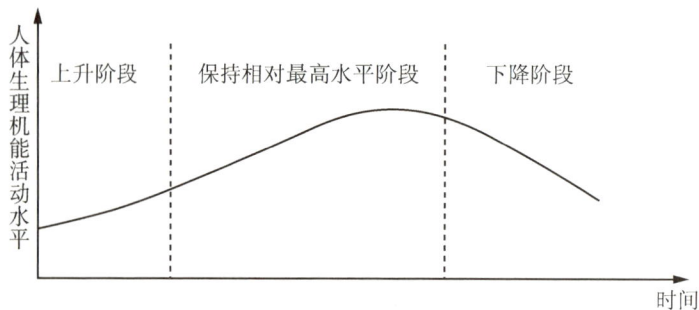

图 4-1 人体生理机能活动能力变化曲线

人体生理机能活动变化的规律以及幼儿在此方面的特点，对于幼儿体育活动的组织过程是很重要的，尤其是在幼儿早操活动和体育课的组织中，它是安排活动结构的重要依据。

在运动过程中，人体生理机能活动变化的状况通常可以具体地分为上升阶段、平稳阶段和下降阶段。

(一)上升阶段

上升阶段一般包括两个过程。

1. 生理与心理上的适应性准备

这是指在没有进行身体运动前，幼儿已经知道或想到将要开始运动了，这时，幼儿的生理和心理就会产生相应的变化或反应。例如，有的幼儿表现出很兴奋，情绪高涨，积极踊跃，心跳频率和呼吸频率有所加快，或身体有一种跃跃欲试的感觉，有的人血液中的葡萄糖含量会增加等。这些变化可以说都是积极的适应性反应，能加速身体各器官克服惰性，使机体的活动能力较快地上升，以适应即将开始的身体运动。但也有一些幼儿在生理和心理上的变化是消极的。例如，当他们知道要进行身体运动时，会变得焦虑、不安，情绪低落，表现出退缩或胆怯，甚至会使身体变得软弱无力、僵硬或动作迟钝、不协调等。引起幼儿身体与心理产生消极变化的原因是多方面的，主要是不爱运动或惧怕运动的心理，如有的幼儿身体活动的能力比较差，或是过于肥胖，动作起来比较笨拙，怕被同伴笑话。

教师应该充分认识到这个过程，要注意观察每个幼儿的反应，尤其是要关注那些具有消极反应的幼儿；同时，要设法运用语言或体育环境的创设来吸引幼儿，激发幼儿参与活动的愿望和积极性，使幼儿在身体运动之前能产生积极的适应性反应，以积极、饱满的情绪投入活动之中。这些均与幼儿教师的教育技巧、言语艺术以及给予幼儿在身体运动过程中获得愉快情绪体验的经历与机会等方面有密切关系。

2. 进行一些必要的身体准备活动

这是指通过一些准备性的身体活动，帮助幼儿逐渐克服身体各器官的惰性，提高幼儿机体的活动能力，使之较快地上升到较高的水平。进行身体准备活动的目的主要有两个：运动开始时，能适应身体的机能活动能力尚处于较低状态；加速阶段到来时，使身体的机能活动能力较快地上升，以适应活动量较大的身体运动。

对幼儿来说，身体器官的惰性相对较小，比较容易克服，机能的活动能力上升较快，因此，准备活动的时间可以短些，活动量可以稍快地增大。

准备活动的内容可以是全身性的活动，如活动上肢、躯干、下肢的各部位肌肉、关节和韧带等；也可以是有针对性的专门的准备活动，如在进行跳跃活动以前，专门活动下肢部位的关节、肌肉和韧带，以防在正式活动中受损伤。

（二）平稳阶段

在平稳阶段，幼儿各器官的活动能力已经逐渐达到较高的水平，处于积极工作的状态。这时，身体运动的效率比较高，能适应一些较剧烈的运动，而且学习和练习动作的效果也较好。这一阶段所持续的时间长短因人而异，与每个人的年龄、体质状况、心理状态以及活动的具体情况等方面有关。由于幼儿的神经细胞和肌肉组织都较容易疲劳，所以这一阶段所持续的时间比成人的要短，而且保持相对最高水平的阶段也要短。但如果幼儿在此阶段情绪很愉快，再加上活动量不是很大，那么，幼儿疲劳感的出现也会相应地晚一些。

根据这个规律及幼儿的特点，教师可以将运动强度较大的、较剧烈的或难度较大的活动内容安排在此阶段，同时应注意活动内容与方式的多样化和变化性，以激发和保持幼儿积极高昂的情绪。为了使这一阶段的活动量较适宜，不致过大，注意活动中动与静的交替、急与缓的结合也是十分重要的。

（三）下降阶段

幼儿经过一段时间的身体运动之后，尤其是在进行较大活动量的运动之后，体内的能量消耗较多，体力恢复不足，身体开始出现疲劳的感觉或现象，机体的活动能力逐渐下降。此时，教师应该组织幼儿逐渐结束活动。结束活动的过程，主要是做一些身体放松的活动，尤其是在较剧烈的运动之后，更应该重视这一环节。这一缓冲阶段很重要，有利于消除幼儿身体的疲劳，使幼儿的身体得到放松，促进能量的恢复与心率的恢复，并使幼儿的情绪逐渐平稳下来，不过于兴奋，这些均有益于幼儿身心的健康以及随后活动的安排。

遵循人体生理机能活动变化的规律，在组织幼儿开展体育活动时，活动量安排的总趋势是由小到较大，然后再由较大到小。身体的准备活动和身体的放松活动都是不可忽视、不可缺少的环节。

二、动作技能形成的规律

动作技能，也称运动技能，是指人体在运动中掌握和有效地完成专门动作的能力，或理解为按一定的技术要求完成的动作。

身体运动的种类多样，虽然各自具有不同的特点，但一般来讲，随着某种身体运动练习次数的增多，如果具备了掌握该身体运动所需的基本的身体素质和机能的活动能力，那么，这一身体运动是能做得比较正确的。这样，某种特定的身体运动能以较高的准确性、较少的时间、较小的能量消耗和能够达到目的的合理方法予以完成，即为获得了动作技能。

动作技能的形成是一个复杂的过程，是条件反射建立和巩固的过程。激发活动者的兴趣，提高其活动的积极性，使大脑皮质处于最适宜的兴奋状态，并且具备掌握该动作所需的基本的身体素质和机能的活动能力，是形成动作技能的重要条件。

动作技能的形成具有一定的规律性，通常要经历相互联系的三个阶段，或称三个过程。

(一)粗略掌握动作的阶段

在这个阶段，大脑皮质的兴奋和抑制过程都呈现出扩散的状态，条件反射的暂时性神经联系不稳定、不精确，出现"泛化"现象，故此阶段有时也被称为"泛化"阶段。这个阶段的动作通常表现为：比较僵硬、紧张、不协调、不准确，缺乏灵活的控制能力，多余的动作较多，动作起来比较费力、不够自然。这一阶段在认识上是处于感知和表象阶段，主要是依靠视觉表象来控制和调节动作的。

因此，在学习动作技能的初期，教师要抓住动作的主要环节进行必要的示范与讲解，使幼儿对动作的整体性有一个初步的知觉和印象；同时，提供给幼儿较多的练习机会，让幼儿亲自去体验和实践，初步学会做此动作，而不要过多地强调动作的细节或是过多地纠正幼儿的错误动作，只要幼儿做得基本对即可。

(二)改进和提高动作的阶段

在粗略掌握动作的基础上，通过经常、反复的练习过程，大脑皮质运动中枢的兴奋和抑制过程逐渐集中，尤其是抑制过程得到了发展，使动作由"泛化"进入"分化"，此阶段也被称为"分化"阶段。在这一阶段，幼儿紧张的动作或多余的动作明显减少，大部分的错误动作得到纠正，身体的控制能力有所增强，能较顺利、较正确地完成整个动作，逐步形成动作概念。这时，可以认为幼儿已初步建立起动力定型。但这种动力定型还不是很稳定，动作仍不够熟练和巩固，在一些复杂、变化的情况下(如遇到新异的刺激或活动条件发生了较大的变化等)仍较容易出现动作变形的现象，原有的多余动作或错误动作有可能随之重新出现。

因此，在这一阶段，应让幼儿多进行实践和练习，注意对幼儿错误动作的纠正，帮助幼儿逐步掌握动作的细节，促进分化抑制的进一步发展，增强幼儿动作的节奏感，使幼儿能轻松自如地、协调正确地完成动作，促使幼儿动作日渐完善。

(三)动作的巩固和运用自如阶段

在反复练习的基础上，大脑皮质的兴奋与抑制在时间、空间上变得更加集中和精确，从而形成了较为巩固的动力定型。幼儿在这一阶段的动作表现是：能较准确、熟练、协调、省力地完成动作，甚至能出现动作的自动化(即在做动作时，不需要有意识地去加以控制也能顺利、正确地完成)。

在这一阶段,教学活动的主要任务是巩固和发展已形成的动力定型,经常加以复习和巩固,设置各种变化的环境和条件,使幼儿能在各种变化的条件下自如地运用这些动作技能,提高幼儿动作的适应性。如果中断或停止对动作的复习和巩固,那么,已经形成的动力定型也有可能会出现消退的现象。

以上对动作技能形成过程的三个阶段的划分是相对的。实际上它们是有机联系起来的,各个阶段之间没有明显的界限,是逐步过渡、逐步发展的。每个阶段的出现以及持续时间的长短,与幼儿的发展水平、特点以及教材内容的特点、教师的教学方法等有很大的关系,不能一概而论或是统一规定、要求。

为了使幼儿能够掌握一些实用的、基本的动作技能,进而发展幼儿的身体活动能力和提高身体素质,教师应为幼儿多提供条件和机会,鼓励他们积极地、经常地参加身体运动。经常不断地练习,是形成动作技能的基本途径。但对于幼儿来说,必须避免进行单调的重复练习,教师应该设法采取多种形式,使活动富于变化。只有这样,才能吸引幼儿,不断地激起幼儿参与活动的兴趣和愿望。

第三节 幼儿早操活动

幼儿早操活动,是指在早晨开展的、以幼儿基本体操的练习等为主要内容的一种集体形式的体育活动。它是幼儿园体育活动的一种基本的组织形式,是幼儿园一日生活开始时的体育活动。它不能简单地被看成在早晨做一些幼儿基本体操,而应该被理解为"在早晨进行身体锻炼的活动"的总称。因此,使用"早操活动"一词来代替"早操",更能概括其实质和内容。

一、早操活动的意义

(一)早操活动是锻炼幼儿身体、增强幼儿体质的良好手段

早操活动一般是在户外进行的。早晨的空气相对来说比较凉爽、清新,特别是冬季,在较寒冷的空气中进行适当的身体锻炼,可以有效地提高幼儿机体对外界气温及其变化的适应能力,增强抗寒能力和抵抗力,减少呼吸道疾病的发生,预防感冒。

早操活动通常以幼儿基本体操的练习和一般性的身体锻炼(如慢跑、深呼吸等)为主要内容。这些均能使幼儿的运动系统、心肺系统等得到有益的锻炼,使幼儿的动作更加有节奏、准确、协调而优美,并有助于幼儿逐渐形成良好的身体姿势。

(二)早操活动能使幼儿的整个机体逐步进入工作状态

早操活动可以消除睡眠后神经系统的抑制状态,激发和恢复幼儿机体主要器官、

系统的机能和工作能力，提高整个机体的活动能力，使其逐步进入较好的工作状态，从而使幼儿能精力充沛、精神饱满、情绪愉快地开始一日的生活。

(三)早操活动能培养幼儿积极锻炼身体的良好态度和习惯

坚持每天都进行早操活动，尤其是在冬季，不仅能培养幼儿不怕寒冷、不怕困难、坚持不懈的良好意志品质，而且能培养幼儿积极参加身体锻炼的良好态度与习惯，使幼儿的生活有规律，这将使幼儿终身受益。

二、早操活动的组织要点

(一)早操活动的内容

在幼儿早操活动中，经常开展的活动内容主要包括以下几个方面。

第一，慢跑或走跑交替的活动，尤其是在冬季，常常作为幼儿身体锻炼的重要组成部分。

第二，做一些简单的模仿动作、律动动作或跳活泼愉快而又简单的舞蹈。通常配有相应的幼儿音乐。

第三，幼儿基本体操的练习，这是幼儿早操活动的主要内容，可以起到全面锻炼幼儿身体的作用。

第四，有目的地开展一些体能锻炼活动，如利用做操时的基本队形做跑、跳、钻等动作，或者利用做操中使用的手头材料(如积塑、短绳)做绕障碍跑、跨跳等动作，体现出一物多玩的特点。

第五，安排一些分散的体育活动，如提供给幼儿一些小型的运动器械，像球类、毽子、小高跷、绳子等，让幼儿自由选择、自由活动(即开展一般的晨间活动)。

幼儿早操活动的内容应尽量做到轻松活泼。主要的活动内容可以相对固定些，半学期左右更换一次，其他方面的内容可根据幼儿活动中的具体情况进行适当的变化，以便保持和增强幼儿参与活动的兴趣。

(二)活动量的安排

幼儿早操活动的时间一般为15分钟左右。如果包括晨间活动，则可以适当延长时间，也可以根据幼儿的年龄和季节等方面的特点进行适当增减。

依据人体生理机能活动变化的规律以及幼儿早操活动的特点，幼儿早操活动的活动量安排应是由小到中等，然后再由中等到小。

幼儿早操活动的活动量不宜较大的原因有两个。其一，幼儿早操活动后通常要进行一些智力方面的教育活动。如果早操的活动量较大，幼儿的体力消耗也就较大，情绪会过于兴奋和激动，注意力也不易集中，这样会影响随后进行的智力活动。其二，在寄宿制幼儿园里，早操活动一般安排在幼儿起床以后进行。幼儿机体从抑制状态过渡到工作状态需要一定的时间，在幼儿生理机能处于尚未完全清醒和工作状态时，其动作是不够灵活和协调的。这时若活动量较大，幼儿的机体就不易适应，而且很容易造成肌肉、关节或韧带受伤。而早操以后幼儿又要立即吃早餐，若活动量较大，也会影响幼儿的食欲以及肠胃对食物的消化吸收。全日制的托幼机构一般是在吃完早餐后进行早操活动，为了保证幼儿的肠胃对食物的消化吸收，早操的活动量也不宜较大。

(三)组织早操活动时应注意的问题

第一，在冬季气温较低时，幼儿的早操活动也可以安排在上午较安静的教育活动之后进行，可以将其看作"课间操活动"。

第二，冬季在室外进行早操活动时，可根据需要让幼儿戴上帽子；如遇大风或雨雪天气，可让幼儿在室内做早操，但要注意保障室内空气流通以及活动时的安全。

第三，早操活动的队列、队形练习要简单，主要是为幼儿做体操动作服务，不要一味地强调队形的变换练习。

第四，早操活动中所做的操节动作或律动、舞蹈动作，应该是幼儿已经学会的，并且是掌握得较熟练的内容。

第五，在幼儿进行体操动作练习时，教师应尽可能要求幼儿做得认真、正确，注意对幼儿身体姿势的培养。

第四节　幼儿体育课

幼儿体育课，是指围绕各年龄段幼儿体育活动目标与幼儿的发展需要而开展的、以教学和有目的的指导为特点的一种集体形式的体育活动。它是幼儿园体育活动的一种基本的组织形式。

一、幼儿体育课的特点

幼儿体育课有自己的特点。

(一)与幼儿体育活动的其他组织形式相比较

幼儿早操活动以锻炼身体、提高机体的活动能力、培养良好的习惯为主要目的，其活动内容短小、活泼，相对固定化。幼儿户外自由体育活动以幼儿自选的活动项目为主，考虑到了幼儿不同的兴趣、爱好和能力的需要。幼儿体育课则是一种有目的、有计划、有组织的教育活动，以身体动作的练习为主要内容，注重幼儿身体的全面锻炼与发展，有目的、有计划地提高幼儿的身体素质，发展幼儿的基本活动能力，增强幼儿的体质。同时，它也包括一定的教学活动，重视幼儿身体、认知以及社会性等方面的全面发展。因此，幼儿体育课是实现幼儿体育活动目标的基本途径之一。

(二)与幼儿园其他教育过程相比较

在幼儿体育教学中,幼儿同样需要学习和掌握一定的知识、技能,发展智力。这与幼儿园的其他教育过程相似,即都与幼儿的认识过程相联系,均需要考虑并遵循幼儿认知的特点和发展规律。但是,幼儿的体育活动不仅需要认知活动的参与,而且需要幼儿身体的直接参与。因此,在幼儿体育教学和活动中,还必须遵循人体生理机能活动变化的规律和动作技能形成的规律。由此可见,幼儿体育教学和活动体现出幼儿体力活动与智力活动一体化的特点。

(三)与其他年龄组的体育课相比较

幼儿的体育课必须符合幼儿的生理、心理特点及发展水平,避免小学化或成人化。从活动的形式上看,幼儿体育课必须体现游戏性的特点,即以游戏的形式进行,或以幼儿体育游戏为主要的活动形式。让幼儿参加活动,则是为了更好地促进幼儿动作技能和身体素质的发展,激发幼儿进行运动探索的欲望,以及体验与同伴一起运动与游戏的快乐,因此,没有统一的达标要求。这些都与中、小学的体育课有着本质的区别。

二、幼儿体育课的游戏性

幼儿体育课的一个重要特点,就是要体现游戏性。幼儿体育课的游戏性的体现主要有两种:一种是直接开展幼儿体育游戏的活动,如玩"老鼠笼子""小松鼠换家""老猫睡觉醒不了"等游戏;另一种是以游戏的形式来组织各种身体动作的练习和活动。

幼儿体育课中常用的游戏形式有以下几种。

(一)各种模仿性的动作

例如,让幼儿模仿小兔跳、大象走、猴子爬、小鸟飞、小熊过河、雪人化了、火车开动、大风吹等动作。这类游戏形式主要适用于年龄较小的幼儿,也可以作为身体的准备活动以及放松、整理的活动等。

(二)用头饰、玩具或新颖、变化的器材等物来吸引幼儿参加活动

例如,练习走平衡板时,让幼儿手拿一把小花伞或手抱一个布娃娃,幼儿会非常喜欢,同时也增加了难度;在悬挂着的绳子上放置一些小铃、彩色小球等物,让幼儿练习纵跳拍物等动作;在活动场地上设置一些障碍物,让幼儿练习钻爬或跳跃等动作。材料的新颖、多样、变化,能激发幼儿参与活动的积极性。

(三)适当加入比赛环节

中、大班的幼儿比较喜欢进行比赛,因此,可以在游戏中适当地加入比赛环节,以增加幼儿活动的积极性,使幼儿在参与身体活动时更加努力和投入,注意力更加集中。在为同伴鼓劲、加油的过程中,幼儿还能培养集体意识。活动的气氛既激烈、紧张,又欢快、热烈和友好。例如,开展个人与个人之间的比赛、小组与小组之间

的比赛，看谁投得准、滚得准，看哪一组最早完成任务等。当然，这种小比赛只是一种手段，教师要做积极的引导和适宜的评价。

（四）鼓励幼儿创造新的玩法

这种方法也称探索法，即让幼儿通过亲身实践和探索，来发现各种游戏的方法或是创造出新颖的玩法，然后幼儿之间相互交流、学习。这种游戏的形式比较轻松、自由，能激发幼儿参与活动的主动性、积极性和创造性。每个幼儿都是一个小小的探索者、创造者和发明者，从而使幼儿的身体活动多姿多彩、花样众多。例如，让幼儿探索各种球的玩法、绳子的玩法、沙包的玩法；探索可以运用哪些身体动作或运动的形式来钻过前方的各种障碍物；探索使自己的身体保持平衡的各种方法等。

（五）主题法

主题法即将故事情节或某一主题活动贯穿在整个活动之中，身体活动的内容始终围绕情节的发展或主题的深入而展开。这种游戏形式能使幼儿对活动过程有一个完整的印象和认识，增加身体活动的连贯性，便于幼儿理解和记忆，而且能使幼儿不断地为接下来的活动做好身心两方面的准备。因此，这种活动较能吸引幼儿。例如，在"小兔上山采蘑菇"的主题活动中，幼儿扮成小兔子，要跳过"小河沟"（一根粗绳）、走过"独木桥"（一块平衡板）、钻过"小山洞"（一个拱形门），才能从大森林里采回蘑菇，然后"小兔子们"一起"吃蘑菇"，一起欢快地跳舞。在这种情境主题的吸引下，幼儿既能体会到收获的艰辛和愉快，又能练习相应的身体动作，发展有关的身体素质和动作能力。

无论使用哪一种游戏形式，目的都是设法使幼儿对活动的过程以及具体动作的练习感兴趣，注意发挥幼儿活动的主动性、积极性和创造性，并通过幼儿积极、主动的身体练习，促使幼儿的身体机能和运动机能得到协调发展。

三、幼儿体育课的组织要点

（一）幼儿体育课的基本结构

课的结构指一节课教学活动环节的安排以及各环节中的教学活动内容、组织工作的安排顺序和时间的分配等。

幼儿体育课的结构，主要是依据人体生理机能活动变化的规律以及活动中幼儿身心变化的特点等方面来确定的。一般可以分为三个部分，即开始部分（或热身活动）、基本部分和结束部分（或放松活动）。

1. 开始部分（或热身活动）

开始部分的主要任务是迅速地将幼儿组织起来，集中幼儿的注意力，并从生理和心理上动员幼儿。

生理上的动员，主要指做一些身体的准备活动，逐步提高幼儿机体的机能活动能力，使幼儿身体各器官、系统的机能逐步进入工作状态，为开展活动量较大的身体运动做好准备。

心理上的动员主要指激发幼儿参与活动的积极性和活动愿望，使幼儿精神振奋、情绪饱满、跃跃欲试。教师的情绪、语调、姿态等会直接影响幼儿的情绪和兴趣，所以教师要格外注意自己的一言一行对幼儿的影响和感染力。教师所设计的准备活动应尽量做到轻松愉快、新颖活泼。

开始部分的时间不应过长，通常以幼儿身体舒展、活动开以及情绪逐渐激昂为宜，占幼儿体育课总时间的10%～15%。

2. 基本部分

基本部分的主要任务是完成此节课的主要教育和教学任务，即通过一定的身体动作的练习与游戏活动，提高幼儿的身体素质，发展幼儿的动作能力，以及促进幼儿其他方面的发展等。

如果此节课有新的教学内容，根据幼儿认知活动的特点，应该将此内容安排在该部分的开始阶段，以便幼儿能有较集中的注意力、饱满的情绪、充沛的体力去学习和练习。能引起幼儿高度兴奋或活动量较大的游戏活动，则应该放在该部分的后半段，以便与幼儿身体机能活动的水平相适应。

基本部分活动的时间一般占幼儿体育课总时间的75%～85%。

3. 结束部分（或放松活动）

结束部分的主要任务是有组织地结束一节课，缓解幼儿身心高度兴奋或紧张的状态。

其内容一般包括两个方面：一是做一些身体放松的游戏活动或动作，帮助幼儿放松肌肉、消除疲劳，使幼儿的身体和情绪由高度的紧张、兴奋、激动状态逐渐过渡到相对平静的状态，尤其是要促使幼儿心率的恢复；二是进行本节课的简单小结，肯定、称赞幼儿的努力和成功，同时继续激发并保持幼儿参与身体活动的兴趣和积极性。

结束部分活动的时间占幼儿体育课总时间的5%～10%，并视具体的活动情况而增减。

以上体育课的三个部分之间是相互联系的。虽然各个部分都有自己的主要任务、内容，但它们又是一个紧密结合的统一整体。上一个部分是下一个部分的准备，下一个部分又是上一个部分的自然延续或发展，它们的中心目标是共同完成本节课的教育任务。

当然，幼儿体育课的结构并不是固定不变的。各部分的内容、时间，都应该根据具体的活动目的、任务、幼儿的实际情况、季节气候的特点、场地及条件等灵活地组织和安排。其主要着眼点就是更好、更有效地达成幼儿体育活动的目标。

例如，如果体育课是安排在幼儿早操活动之后进行的，那么，体育课准备部分的活动时间便可以相应地缩短或者免去准备部分，直接开始基本部分的活动内容；

如果体育课基本部分的活动量不算大或者该部分结束时的活动量已逐渐减小，则结束部分的放松活动就可以减少或者免去结束部分。

除了以上常用的幼儿体育课的基本结构类型，还有一些其他类型的结构。例如，有的幼儿体育课是教幼儿玩一个或两个体育游戏，那么这种体育课的结构就是游戏的活动结构或由两个游戏组成的结构。再如，按游戏的情节或主题的发展而设计的课，其结构则是由几个围绕情节或主题展开的活动组成的。

幼儿体育课的结构可以是多种多样的，但不论是哪一种结构，都应该遵循一些基本的规律和特点。例如，人体生理机能活动变化的规律以及幼儿在此方面的特点、幼儿认知活动的特点等。

(二)幼儿体育课的活动量安排

1. 幼儿体育课活动量的基本特点

幼儿体育课不论采取何种类型，也不论结构如何变化，其活动量的安排都必须适应幼儿身体生理机能活动变化的规律和特点，活动量应由小开始，逐渐增大，最后再由大逐渐减小。根据一些科研资料及幼儿体育课的具体实践，较适合幼儿体育课的活动量的参考数据为：

课前心率与课后心率之差：40～50 次/分；

课的平均心率：130～150 次/分；

心率恢复时间：5 分钟以内；

课的练习密度：60%～70%；

幼儿体育课的总时间：小班 15～20 分钟，中班 20～25 分钟，大班 30 分钟左右。

2. 注意运动的强度与密度的合理搭配

为了保证幼儿体育课活动量的适宜，需对课中身体运动的强度和密度综合地加以考虑，注意其合理搭配与协调。如果运动的强度较大(如单脚连续跳跃的动作练习、快跑的练习等)，则运动密度可以适当减小一些，使幼儿有适当的休息时间；相反，如果运动的强度较小(如钻、走的动作练习等)，运动密度则可以适当增大些。一般来讲，幼儿体育课包含几种身体动作的练习或几种不同的活动，这时，更需要综合考虑运动的强度和密度的合理安排。

3. 注意上肢活动与下肢活动的有机结合

在一节幼儿体育课中，身体动作练习部位的选择应尽可能考虑到幼儿上肢与下肢的结合。例如，如果选择了跑的动作练习，就不要再选择跳跃的活动，因为它们均属于腿部的动作练习，否则幼儿腿部的生理负荷就会过大，最好是选择上肢部位的活动(如拍球、投掷)或全身的活动(如手膝着地的爬)等。

4. 注意季节、气候的特点

在不同的季节、气候条件下，幼儿体育课活动量的安排也应有所差异。例如，在冬季，幼儿体育课的活动量可以稍大一些，多选择一些奔跑或跳跃的动作练习，这样就能使幼儿在较寒冷的户外进行活动时不觉得身体冷。如果是在夏季，由于天气本来就比较热，身体稍加运动就会出汗，因此幼儿体育课的活动量就应该小一些，可以多选择钻、投掷等动作的练习。有条件的话，可以让幼儿在有树木遮挡的场地上活动，以免中暑。

四、幼儿体育课教案的参考编写体例

幼儿体育课教案的编写体例一般可以参考以下两种格式。

(一)三段式格式

活动名称

班级：

设计者(或教师)：

活动目标：

1.

2.

活动准备：

1.

2.

活动过程：

1. 准备部分

2. 基本部分

　(1)

　(2)

　(3)

3. 结束部分

活动建议：

附：场地布置简图(需要时)

(二)开放式格式

活动名称

班级：

设计者(或教师)：

活动目标：

1.

2.

活动准备：

1.

2.

活动过程：

1. 热身活动

2. 体验……(或练习……动作)

3. 游戏"……"

4. 游戏"……"

5. 放松活动

活动建议：

附：场地布置简图(需要时)

五、幼儿体育课的评价与分析要点

一般来说，评价与分析一节幼儿体育课的活动质量可以从以下几个维度入手，教师也可以围绕这几个维度进行活动后的反思。

(一)目标的陈述

- 条理清晰，概括性强；
- 目标陈述具体、适宜；
- 要点和重点把握到位等。

(二)准备工作

- 器材准备充足、适宜、安全；
- 场地布置适宜、安全等。

(三)教师的组织

- 器材选择、场地布置适宜；
- 语言讲述精练，活动要求明确、到位；
- 动作示范适宜、到位；

- 重点内容指导到位；
- 活动安排有条理、动静交替；
- 热身活动与放松活动适宜；
- 活动量安排适宜，并能灵活把控；
- 观察到位，能根据幼儿活动状况灵活调整活动进度；
- 兼顾全体和个体发展需要；
- 安全照护到位等。

(四)幼儿的活动状况

- 积极、主动、感兴趣；
- 重点内容练习充分；
- 每个幼儿都有机会得到适宜的练习，并获得一定的发展；
- 原定目标能够达成等。

第五节　户外体育活动

幼儿户外体育活动，是指以丰富幼儿运动经验、满足幼儿运动需要、促进幼儿体能个性化发展为目标的一种体育活动组织形式。它是幼儿园体育活动的一种基本的组织形式。

一、户外体育活动的意义

(一)有利于幼儿的生长发育和身体健康

幼儿在户外进行适当的身体运动，不仅能有效地锻炼身体，而且能直接受到日光、新鲜空气等自然因素的刺激，这对幼儿骨骼的发育以及呼吸系统、神经系统的健康尤为重要。

(二)弥补幼儿早操活动和体育课组织形式的不足

幼儿早操活动和体育课通常以集体完成一定的活动任务为主，其组织性、目的性较强，很难满足幼儿的不同需要。户外体育活动就是要弥补这一不足，充分考虑和兼顾幼儿的不同兴趣、爱好和能力水平。因此，幼儿户外体育活动应尽可能给予幼儿更多"自由""自主"的机会，即让幼儿自由选择运动项目和运动器械，自由结伴游戏。教师不要规定幼儿玩什么，也不要规定谁与谁玩，这样，幼儿便可以根据自己的需要来选择活动，在自选的活动中自觉地、主动地发展自己的动作能力和身体素质。同时，尊重幼儿的选择，还可以培养幼儿的独立性、自主性和目的性。幼儿自由结伴游戏，还能促进幼儿社会性的发展，幼儿会感到无比愉快、自由、轻松和尽兴。

二、户外体育活动的内容

一是各种大、中、小型幼儿运动器械的活动，这是幼儿户外体育活动的主要内容。大型运动器械最好围着活动场地摆放，并要注意互不干扰，尤其像秋千、荡船等摆动类的运动器械，更应该注意其周围的安全性。

二是幼儿体育游戏的活动，一般作为调节活动量的手段。

三是适当地组织幼儿复习某些身体活动，如幼儿基本体操等，但复习内容的时间应少于幼儿户外体育活动时间的三分之一。

四是晨间分散的体育活动，有时也可被看作幼儿户外体育活动的一种类型。教师可以为幼儿提供一些中、小型的运动器械，让幼儿自由选择。

三、户外体育活动的组织要点

教师在组织幼儿开展户外体育活动时应重点关注以下几点。

第一，积极创造条件，为幼儿提供丰富的户外体育活动的设备和器材，鼓励和支持幼儿自由、自主地进行探索和活动，并根据幼儿的活动情况灵活调整幼儿活动的区域以及使用的器材，充分利用幼儿园的资源。

第二，进行必要的引导和指导。例如，对于不爱运动的幼儿，应该鼓励他们选择活动项目或向他们介绍有趣的活动内容；对于动作比较笨拙而没有同伴配合游戏的幼儿，应该与他做伴或指导他如何与同伴交往和游戏；对于需要帮助的幼儿，可以进行适当的指导和帮助等。

第三，注意幼儿活动时的安全。活动前，应根据活动需要对幼儿提出一定的安全要求；活动中，在重点区域加强对幼儿的保护和指导，注意观察幼儿的行为，随时进行必要的安全指导与安全教育。

第四，灵活调节幼儿的活动量。例如，当某些幼儿的活动量较大时，教师应该将他们召集在一起，引导幼儿做适当的休息或开展活动量较小的体育游戏，如"熊和小孩"的游戏等；如果某些幼儿的活动量较小，教师可以带领他们一起玩活动量较大的体育游戏，如"老鹰捉小鸡""狡猾的狐狸你在哪里"等。这样，便可以使幼儿每次的户外体育活动都能保证较适宜的活动量，从而促进幼儿身体的健康发展。

第六节 其他形式的幼儿体育活动

除了幼儿早操活动、幼儿体育课、户外体育活动这三种最常见、最基本的幼儿体育活动的组织形式，幼儿园还可以开展区域体育活动、室内体育活动、远足活动、幼儿运动会等其他形式的幼儿体育活动。

一、区域体育活动

区域体育活动，是指以打破班级或年龄界限、在同一时间里为幼儿提供多样化体育活动区域的方式，引导幼儿自主进行运动的一种体育活动形式。它是幼儿园体育活动的一种组织形式。

这种组织形式是近年来幼儿园探索较多的体育活动形式，深受幼儿的喜爱。在区域体育活动中，教师通过分区域提供多类型、多层次、丰富的运动器械与游戏材料，引导幼儿自主地进行动作体验和身体练习，这对于激发幼儿体育活动的兴趣，满足幼儿不同的运动需要，丰富幼儿多样化的运动体验，促进幼儿多种动作技能和身体素质的发展，促进幼儿自主性、社会性等方面的发展具有十分重要的意义和价值。

一般按照年龄段来开设区域体育活动。开设的区域可依据幼儿的年龄特点、运动兴趣以及幼儿园的实际条件来定，通常开设的区域有平衡区、走跑区、跳跃区、钻爬区、投掷区、攀登区、球类区、小车区、合作区、主题活动区等。

教师分区域负责，每个区域可安排1～2名教师，负责提供与本区域运动内容相关的多种类型、多种水平的运动器械和辅助材料，带领幼儿一起进行环境布置，支持幼儿的自主活动和相互学习，必要时给予个别幼儿帮助和指导，并依据幼儿活动状况与运动需要灵活调整器材和环境，不断丰富幼儿运动体验，促进幼儿体能发展。

在组织幼儿开展区域体育活动时，应做好开始时的热身活动以及结束时的放松活动，并引导和带领幼儿参与到各区域的环境布置与材料收拾的过程中。每次活动时间可依据幼儿的年龄差异而有所不同，随着幼儿年龄的增加而逐渐延长，通常以30～45分钟为宜。

区域体育活动最主要的特色是打破班级界限，鼓励幼儿自主、结伴地进行运动，从而使幼儿充分体验到运动和游戏带来的快乐，并在其中获得多方面能力的提升。

二、室内体育活动

室内体育活动，是指在室内开展的，以补充性、丰富性为特征的一种体育活动组织形式。它是幼儿园体育活动的组织形式之一。

室内体育活动可以从以下两个方面考虑。

(一)开辟专门的幼儿室内体育活动场

有条件的幼儿园，可以开辟一个专门的幼儿室内体育活动场，以丰富幼儿的运动体验。这既可以作为平时户外开展体育活动的补充，也可以弥补由户外天气不好或户外场地有限等带来的不足。

在这个体育活动场中，最好能铺上有弹性的地板或地毯，放置一些中、小型固定的或移动的幼儿运动器械，如攀爬设备、小型滑梯、小蹦蹦床、台阶、平衡板、长木凳、木梯子、海洋球池、大小垫子、投掷架、自制的钻爬材料等，鼓励幼儿在此环境中自由、自主地进行探索、体验与活动。

幼儿在室内进行体育活动时，如有可能，最好是穿着袜子或者赤足进行，一方面可以减少室内的灰尘，保持空气及室内的洁净；另一方面对幼儿的脚底部也能起到按摩与锻炼的作用，并有助于幼儿触觉和运动觉的发展。当然，应格外注意运动器械和场地的安全性，以免幼儿的脚部被划伤或刺伤等。活动时，四周的窗户应尽可能打开，以保持空气的流通和新鲜。

在幼儿活动的过程中，教师要注意进行全面的观察和照料，在积极支持幼儿自主运动的同时，要引导幼儿遵守活动时的常规，注意保证室内活动的安全与卫生，对幼儿危险的行为应及时给予纠正和教育。

(二)充分利用室内空间，开展多种内容和形式的运动

幼儿园还可以利用楼宇中比较开阔的门厅、走廊、班级的活动室或睡眠室、多用途小礼堂、舞蹈房等，在需要的时候组织幼儿开展体育活动，以弥补由户外天气不好或场地有限等带来的不足。

例如，可以在比较开阔的门厅放一些小型的运动器材(如摇马、摇摇车)等，供幼儿自主活动；可以利用班级中的活动室或睡眠室开展一些钻爬、平衡训练等活动，或开展体育游戏活动(如用脚传球)；可以利用比较宽阔的走廊做幼儿基本体操，或放置一些简单的运动器材进行平衡训练或钻爬的活动；可以利用楼梯的台阶玩一些体育游戏等。

又如，可以利用小礼堂、舞蹈房等上幼儿体育课，或者在小礼堂中放置一些可移动的小型运动器械，鼓励幼儿进行探索和游戏；也可以利用舞蹈房进行一些表现性、创造性的身体活动，如探索和体验不同姿势的爬行活动、听音乐感受在雨中小跑等。

同样，在室内开展幼儿体育活动时，教师要注意保证室内活动的安全与卫生；同时，一定考虑室内体育活动的器材以及活动内容的选择要适宜，避免出现幼儿受伤的情况。

三、远足活动

远足活动，是指走出幼儿园、以进行较长距离徒步行走以及综合性教育为特征的一种户外活动。它也是幼儿园体育活动的组织形式之一。

幼儿园可结合当地的环境资源来开展。例如，到附近的一片开阔的空间如草坪上去玩玩，看看花，采集落叶；到附近的公园走走玩玩，攀登小山坡；到动物园去看看动物；到农场、果园去挖红薯、采摘水果等。这些都可以被称为愉快的远足活动。

开展幼儿远足活动是幼儿亲近自然、接触社会以及对幼儿进行综合、主题教育的极好时机，不仅能呼吸新鲜空气，促进幼儿体能的良好发展，而且能锻炼幼儿的意志品质，拓展幼儿的生活空间，开阔幼儿的视野，丰富幼儿的生活和体验，进一步促进幼儿对周围环境的认知，发展幼儿的多种能力。

依据远足活动地点的远近与交通状况，一般可分为两种活动方式。一是徒步行走到目的地，在目的地开展相关的活动。二是利用交通工具到达目的地，在目的地开展徒步行走及其他相关的活动。一定距离的徒步行走有利于锻炼幼儿的耐力。

幼儿远足活动的距离长短，应根据其年龄及体质状况来确定，遵循由近到远、逐步增长、循序渐进的原则。对于个别体质较弱的幼儿，应给予一些特殊的照料。

活动地点的选择以及远足过程，应充分考虑到幼儿的安全，在活动前应做好准备工作，如事先对远足路线与活动地点进行勘察，周密计划和安排各项活动。在幼儿徒步的过程中，教师要做好幼儿队伍的管理和组织工作，照顾好幼儿，培养幼儿良好的组织纪律性，进行必要的安全教育。活动中，最好配备一名保健人员随同，也可邀请家长参与，协助做好幼儿的安全与生活保障工作。

幼儿的远足活动还可以与环境教育、科学启蒙教育、社会性教育、爱国主义教育、语言教育等有机结合起来进行，成为综合性的教育课程，充分发挥教育价值。

四、幼儿运动会

幼儿运动会，是指以幼儿园为基本单位、鼓励全体幼儿参与的、以展示和交流幼儿体能发展状况为特征的小型体育比赛。它也是幼儿园体育活动的组织形式之一。

幼儿园每年可以开展一次幼儿运动会，并邀请家长参与。这种形式的活动，能激发和培养幼儿的运动兴趣，丰富幼儿的生活，培养幼儿的集体观念，加强家园交流，促进亲子互动。

（一）幼儿运动会的规模与形式

幼儿运动会应该开成小规模的，一般以一个幼儿园为基本单位来开展。如果幼儿园的规模较大，可以分年龄段进行，如小班亲子运动会、中班运动会、大班运动会等。

幼儿运动会的形式可以是将幼儿的基本体操表演与小型的体能比赛活动相结合，也可以是大型的角色游戏活动（如有的幼儿扮演运动员，有的幼儿扮演裁判员或场地管理员、服务员等，不管怎样，每个幼儿都应扮演一个相对固定的角色）。

（二）幼儿运动会的内容

幼儿运动会所选择的活动内容可以包括以下几个方面。

第一，每个年龄段都展示已经学过的幼儿基本体操，或简单的律动、舞蹈动作，或简单的动作技能（如拍球、猴子式的爬、钻圈等）等。要求班级中的每个幼儿都参加。

第二，每个年龄段都开展一两项简单的并适合本年龄段幼儿体能发展水平与兴趣的小型游戏比赛活动。如小班可以进行"送娃娃回家""小兔采蘑菇"等活动；中班可以进行过障碍接力、自我服务（如脱衣穿衣、换鞋）等活动；大班可以进行骑车、运球、"两人三足走"等活动。

第三，邀请家长与自己的孩子合作，开展班级之间的亲子体能游戏比赛，如家长与孩子合作一起搬运"大糖果"(自制的材料包),家长与孩子合作运球,家长背着孩子相互间玩揪尾巴的游戏等。

(三)幼儿运动会的特点

幼儿运动会面向全体幼儿,人人参与,每个幼儿都会参加基本体操的展示以及具体的体能游戏活动;准备工作较简单,运动项目和内容应是幼儿平时已基本掌握的,活动前可以再练习一两遍,不会影响幼儿园正常的生活与活动秩序;有的看似是比赛,其实更注重幼儿的参与感和体验,幼儿与教师都没有心理压力和负担;整个活动体现出积极与投入、轻松和愉快。

幼儿运动会结束时,应给每个班发奖,如友爱奖、合作奖、表演奖、优胜奖等,赠予每个幼儿一件小纪念品或小奖品(如运动用品、美工用品、儿童图画书等),幼儿会皆大欢喜,像过节一样。

思考题

1. 在计划和组织幼儿开展体育活动时,应遵循哪些基本原则?

2. 如何测定幼儿的活动量?

3. 怎样的活动量是适合幼儿的?如何把握幼儿的活动量?

4. 什么是人体生理机能活动变化的规律?如何根据这一规律以及幼儿在此方面的特点来组织幼儿的体育活动?

5. 如何理解幼儿的早操活动?

6. 幼儿体育课应如何体现游戏性的特点?

7. 如何组织幼儿的户外体育活动?

8. 如何理解幼儿园区域体育活动的特点与价值?

9. 如何开展幼儿园室内体育活动?

10. 开展幼儿远足活动有何意义?哪些活动属于远足活动?

11. 幼儿运动会应体现怎样的特点?如何组织幼儿运动会?

建议的活动

1. 观摩幼儿园的体育活动或观看相关的影像资料,结合本章学习内容,尝试分析教师在幼儿园体育活动的组织上有何特点,有何有益经验值得学习,以及还有哪些方面需要改进。

2. 观摩幼儿园的体育活动,尝试观察和分析教师在幼儿的活动中控制和把握幼儿活动量的情况。

3. 选择一套适合幼儿的基本体操,然后进行学习和练习,体验幼儿基本体操的动作和内容特点。

4. 尝试根据幼儿体育活动的目标,设计一个幼儿体育课的活动方案,并与他人进行交流。

第五章　幼儿体质的测定与评价

学习目标▶

1. 正确理解幼儿体质测定与评价的目的。
2. 了解幼儿体质测定的主要项目以及进行测定与评价的方法。

学习导入▶

幼儿的体质状况是否可以通过测量来分析？

有些教师或同学或许会问这样的问题：我们怎么知道幼儿通过体育锻炼后体质有所增强，能不能通过一些测量的项目来了解幼儿在体质方面的变化？当然可以。不过，在这一领域，我们还需要进一步探讨和研究。

本章，我们将围绕幼儿体质测定与评价的目的进行讨论，并结合相关研究介绍一些幼儿体质测定的内容与方法，供研究者参考。

第一节　幼儿体质测定与评价的目的

定期对幼儿进行体质测定与评价，可以了解和掌握幼儿体质的发展状况及其发展变化的趋势与规律，更好地检查和评定幼儿体育工作的实效，以此分析、研究影响幼儿体质强弱的各种因素，并从加强科学的体育活动与身体锻炼、改善营养和环境条件等方面出发，及时采取相应的措施，以便更加有效地增强幼儿的体质。

幼儿体质的测定与评价，是研究幼儿体质状况的两个紧密相连的环节。

幼儿体质的测定，就是选择若干客观、有效和切实可行的项目指标，运用准确经济、简便易行的测量手段，采取严密、科学的测试方法和程序，从若干方面对幼儿的体质特征进行测量的过程。通过测定，可以获得和掌握具有代表性的、准确可靠的、能够反映幼儿体质基本状况的原始数据资料，使体质这个抽象而又复杂的概念变得具体化和数据化。

幼儿体质测定的结果本身并没有什么意义可言，只有被分析、比较和评价之后，才具有实际的意义和价值。

幼儿体质的评价，是指依据所收集的定性和定量的数据资料，按照可靠的、有效的评价理论、标准和方法，评定幼儿体质强弱、优劣的过程。在此基础上，再进一步探讨和研究影响幼儿体质强弱的因素，提出增强幼儿体质、促进幼儿健康发展的相应措施与方法。

幼儿体质测定与评价的整个过程，可以通过图 5-1 反映出来。

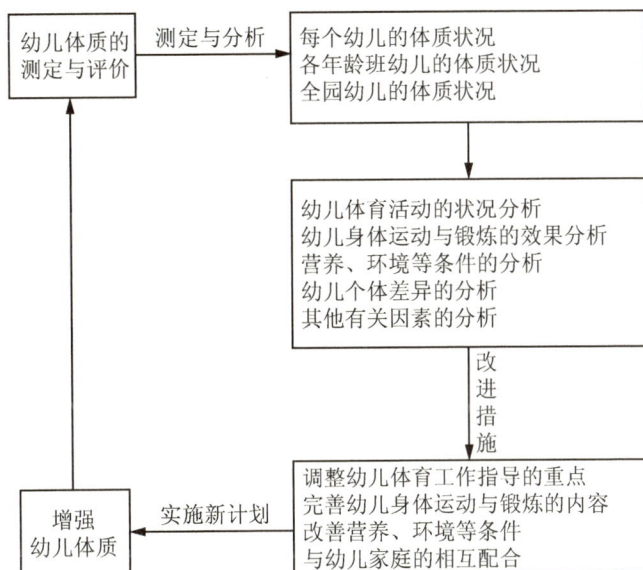

图 5-1　幼儿体质测定与评价的过程

做好幼儿体质的测定与评价工作，加强对幼儿体质的调查研究，既是了解幼儿健康状况、改进和完善幼儿体育工作的重要方面，也是提高人口素质的一项重要措施。

第二节　幼儿体质测定的项目指标及测定方法

幼儿体质测定项目指标的选择是否得当，在很大程度上决定着幼儿体质调查研究的可信度与价值。因此，在选择或设计项目指标时，必须遵循以下五个基本原则：测定的有效性、测定的可靠性、测定的客观性、测定的经济性以及项目指标的规范化。

参照 1984 年由中央教育科学研究所（现名中国教育科学研究院）幼儿教育研究室主持开展的我国 16 省市幼儿体质测查的方案以及多年来的幼教实践与科研成果，幼儿体质测定的项目指标主要包括以下几个方面。

一、幼儿身体形态生长发育的项目指标

幼儿身体形态生长发育的项目指标主要包括身高、体重、坐高、胸围、头围等，以及由此派生出来的身高体重指数、身高胸围指数、上身长下身长比值和头围胸围比值。

(一)身高

身高反映了幼儿骨骼发育的情况，是幼儿身体纵向的生长发育指标。

身高用专门的身高计测量或将软尺钉在墙面上进行测量，零点要与地面平齐。受测幼儿需赤脚测量。以厘米为单位，保留一位小数。

(二)体重

体重反映了幼儿骨骼、肌肉、皮下脂肪以及内脏器官重量增长的综合情况，体现了幼儿身体的充实度。

体重用专门的体重计测量。受测幼儿只穿短裤测量。以千克为单位，保留两位小数。

(三)坐高

坐高一般用于表示躯干的长短，并通过适当的统计计算，以了解幼儿下肢部位骨骼的生长发育情况。

坐高用带调节座位的专用坐高计测量或将凳子附加于身高计上进行测量。受测幼儿处于坐姿，测量颅顶点至座位平面的垂直距离。以厘米为单位，保留一位小数。

(四)胸围

胸围指胸廓周围的量度，反映了幼儿胸骨、胸腔以及体态生长发育的状况。它是幼儿身体宽度和厚度最具代表性的测量值。

胸围用软尺测量。受测幼儿处于立位，裸上身，两手自然下垂，软尺绕经后背两肩胛骨下角至胸前两乳头上一圈，软尺的松紧度要适宜，取呼气时的周围量度与吸气时的周围量度的平均数，即为胸围的数值。以厘米为单位，保留一位小数。

(五)头围

头围反映了幼儿大脑的发育以及体态的生长发育情况。

头围用软尺测量。受测幼儿处于立位，软尺绕经枕骨突起处至额部眉脊间一圈，软尺要紧贴头皮。以厘米为单位，保留一位小数。

由以上五个最基本的测查指标可以派生出四项指数和比值，这些指数和比值可以从不同的角度反映幼儿基本体型的状况。

第一，身高体重指数 $=\dfrac{体重}{身高}\times 100$。

指数越大，表示体重相对较重。

第二，身高胸围指数 $=\dfrac{胸围}{身高}\times 100$。

指数越大，表示胸围相对较大，身躯相对较粗壮。

第三，上身长下身长比值 $= \dfrac{上身长}{下身长} = \dfrac{坐高}{身高-坐高}$。

反映了躯干与下肢之间的比例关系。

第四，头围胸围比值 $= \dfrac{头围}{胸围}$。

反映了基本体型的发育、发展趋势及状况。

二、幼儿生理机能发育的项目指标

幼儿生理机能发育的项目指标主要包括安静心率、血压、呼吸率、呼吸差、肺活量、背肌力、握力等。

(一)安静心率

安静心率反映了幼儿心脏发育的功能状况。

使用秒表或三针式台钟计时。受测幼儿在测查前要保持安静的状态，最好是在幼儿睡醒以后、起床之前测查。用听诊器采取心前区听诊法测查心率，也可以用手指切脉的方法测查。以 10 秒为单位，连续测查 3 次，若其中 2 次心率数相同并与另一次相差不超过 1 次，即可读数记录，否则还需继续测查。统计安静心率时以 1 分钟计算，单位为次/分。

(二)血压

血压反映了幼儿心脏、血管发育的基本情况。

主要测定动脉血压。此项指标的测查对象一般只限于 5 岁以上的幼儿。使用儿童水银血压计、听诊器测查。测前幼儿不要做任何活动量较大或情绪较激动的活动，最好是在幼儿睡醒以后、起床之前测查。记录其收缩压和舒张压。

(三)呼吸率

呼吸率反映了幼儿肺脏发育的功能状况。

使用秒表或三针式台钟计时。幼儿在测查前要保持安静状态。受测幼儿处于立位，测试者用一只手轻轻按在幼儿的上腹部，腹部一起一伏为呼吸 1 次，以半分钟为单位，连续测 3 次，若其中两次呼吸次数相同即可读数记录。统计呼吸率时以 1 分钟计算，单位为次/分。

(四)呼吸差

呼吸差反映了幼儿呼吸肌在呼吸时的活动能力。

将吸气时的胸围与呼气时的胸围相减，其差值即为呼吸差。以厘米为单位，保留一位小数。

(五)肺活量

肺活量指在一次深吸气后的最大呼气量，反映了幼儿呼吸机能的潜力。

此项指标的测查对象一般只限于 5 岁以上的幼儿。使用单浮筒式肺活量计测查。每人测 3 次，每次间隔半分钟，3 次均要记录，统计时选取最大值，单位为毫升。

测查前应向幼儿讲解操作的具体方法，并让幼儿练习一两次，待幼儿掌握基本方法以后再测。注意正确使用仪器的方法以及卫生要求。

(六)背肌力

背肌力反映了幼儿背部、腰部、腹部等部位肌肉的收缩机能。

此项指标的测查对象一般只限于4岁以上的幼儿。使用指针式背力计测查。每人测3次，每次均要记录，统计时选取最大值，单位为千克。可以让幼儿先练习一两次。在测查的过程中，要求幼儿的膝关节挺直。

(七)握力

握力反映了幼儿整个上肢部位肌肉，尤其是掌肌和前臂肌的收缩机能。

此项指标的测查对象一般只限于4岁以上的幼儿。使用指针式Ⅱ型握力计测查。幼儿左右手各测3次，每次均要记录，统计时选取最大值，单位为千克。注意正确使用仪器的方法。测查前可以让幼儿先练习一两次。

三、幼儿身体素质和基本活动能力发展的项目指标

这类项目指标也称作幼儿基本体育活动能力发展的项目指标，主要包括坐位体前屈、立定跳远、沙包掷远、单脚站立以及20米快跑和100米、200米、300米慢跑等。

(一)坐位体前屈

坐位体前屈的数据反映了幼儿躯干柔韧性的状况。

此项指标的测查对象一般只限于4岁以上的幼儿。准备工作：选用一张低矮的桌子，在桌子上面画出零点标志线(如图5-2)。测查方法：受测幼儿脱去鞋子，坐在桌面上，将两腿伸直，两脚后跟紧靠零点标志线，两脚稍分开15～20厘米；受测幼儿将两手置于两腿之间，上体尽可能向前弯曲，两手同时尽可能沿桌面向前伸展，这时的两腿不能屈膝(可以让协助者用双手按住受测幼儿的两个膝盖，以防弯曲)；在离脚底线(即零点标志线)最近的一只手的中指触摸点上用粉笔做记号，然后测量此点与零点标志线之间的垂直距离；若超过线即为正分，若不过线则为负分，若正好在线上即为零分。测3次，并做记录，统计时取最好成绩，单位为厘米，保留一位小数。

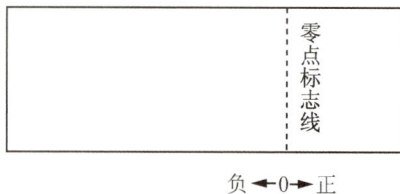

负 ◄—0—► 正

图5-2 坐位体前屈

(二)立定跳远

立定跳远的距离反映了幼儿下肢部位的肌肉力量、爆发力(爆发力体现了肌肉力量与速度的综合特征)以及身体协调能力的发展情况。

准备工作：在平整的土地上用粉笔画一条起跳线。测查方法：受测幼儿站在起跳线后面，做两手用力摆臂、两脚用力蹬地的同时向前跳远的动作，落地时要基本站稳；用软尺丈量离起跳线最近的一只脚的脚后缘到起跳线之间的垂直距离。测3次，并做记录，统计时取最大的数值，单位为厘米。

(三)沙包掷远

沙包掷远的距离反映了幼儿上肢部位的肌肉力量和爆发力的状况。

准备工作：找一块长约20米、宽约8米的开阔场地，在场地的一端画一条投掷线；自制不同重量的沙包，3~4岁组幼儿使用100克重的沙包，5~6岁组幼儿使用150克重的沙包。测查方法：受测幼儿站在投掷线后面，单只手拿着一只沙包，用肩上投掷的方法向远处用力投掷沙包；用软尺丈量沙包落地点到投掷线之间的垂直距离，落地点需在前方6米宽的区域内，越出此范围算作失败，不记成绩；受测幼儿左手、右手各投掷3次，记录每次成绩，统计时取各手所投的最大的数值，单位为厘米。

(四)单脚站立

单脚站立的时间反映了幼儿静态的平衡能力。

准备工作：自制一根小木条(长25厘米、宽5厘米、高5厘米)，秒表一块。测查方法：幼儿脱鞋穿着袜子，单脚站立在小木条上；正确的姿势是踩在木条上的支撑腿要伸直，另一条腿(称悬空腿)慢慢地离开地面；记录从悬空腿离开地面时起，一直到出现以下4种情况中的任何一种的失败动作为止的持续时间：第一，悬空的脚碰到地面、木条或另一条腿；第二，身体其他的部分碰到地面(如手)；第三，支撑腿移动或落到地上或木块移动；第四，支撑腿的膝盖出现弯曲。受测幼儿左脚、右脚各测定2次，统计时选取最大的数值。单位为秒，保留一位小数。

(五)20米快跑

20米快跑的用时反映了幼儿身体位移的速度。

准备工作：在一块平整的地面上画两条笔直的跑道，长约25米，每条跑道宽约1.5米；再在场地的两边分别画一条起跑线和一条终点线，其距离为20米；秒表2块。测查方法：请两名受测幼儿(若是能以快跑能力差不多的幼儿配对最好)站在起跑线后面，每人各站在一条跑道内；当听到起跑信号后幼儿立即跑动，秒表从每名幼儿出现抬腿动作时开始启动；当幼儿一只腿迈过终点线时，秒表即停止，记录幼儿快跑20米所用的时间。每名幼儿测2次，记录每次成绩，统计时选取最快的数值，单位为秒，保留一位小数。在测查过程中，应尽量招呼幼儿快点跑以及沿着跑道跑，也可以在超过终点线2米远的位置插上一面小红旗，以表示幼儿需跑的位置。

场地布置可参见图 5-3。

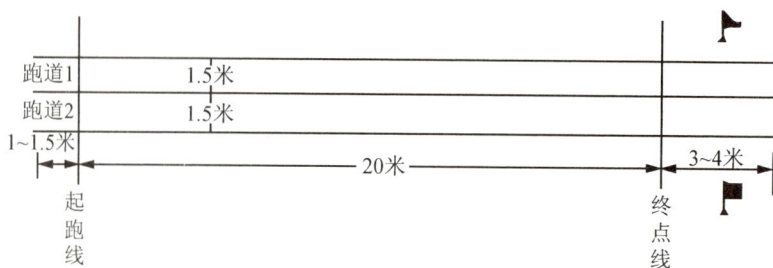

图 5-3　20 米快跑

(六)100 米、200 米、300 米慢跑

慢跑主要测定幼儿在身体运动过程中的耐力以及心肺系统的功能状况。

准备工作：根据幼儿园的具体情况，选择慢跑的场地及路线(例如，可以绕着幼儿园的建筑物跑，可以绕着户外活动场地的四周跑，如果能在附近较正规的运动场的跑道上跑，当然最好)，地面要求平坦，丈量的距离要准确，注意设置起跑线和终点的标记，秒表若干块。3 岁半至 4 岁半组的幼儿测 100 米慢跑，5 岁至 5 岁半组的幼儿测 200 米慢跑，6 岁以上的幼儿测 300 米慢跑。在跑前需测受测幼儿 10 秒的心率数(用脉搏测查法)，待其跑到终点后再测其即刻心率，仍测其 10 秒的心率数，然后领幼儿散步，每隔 1 分钟测其 10 秒的心率数，直到恢复跑前心率为止(为了测查时的方便，也可以连续测幼儿跑后 6 分钟内的心率数，在统计时再看其几分钟内才恢复到跑前的心率)。统计时需将 10 秒的心率数换算成每分钟的心率数。此项目只测定 1 次。值得注意的是，在幼儿跑步的过程中，不应要求幼儿快跑，而应要求幼儿轻松地、自然地慢跑。

四、其他方面的测查

除了上述三个基本的测查项目，还应该对幼儿进行体质方面其他有关项目的测查。例如，幼儿脊柱、视力的发育状况，幼儿是否缺钙、缺铁、缺锌或患有龋齿，幼儿机体对外界气温变化的适应能力、对疾病的抵抗能力，以及有关的心理状况等。这样便可以比较全面地了解和评价幼儿体质发展的状况与趋势。当然，有的项目指标比较难选定，还需要进行深入的探讨与研究。

五、统计参考表

幼儿体质测定的统计参考表，主要是参照 1984 年由中央教育科学研究所主持开展的 16 省市幼儿体质测查的方案设计，表 5-1 至表 5-6 供大家参考。

表 5-1 各年龄组正常男、女幼儿体质测定项目一览表

年龄/岁	形 态					生理机能							基本体育活动能力					慢跑		
	身高	体重	坐高	胸围	头围	安静心率	血压	呼吸率	呼吸差	肺活量	背肌力	握力	坐位体前屈	立定跳远	沙包掷远	20米快跑	单脚站立	100米	200米	300米
3	√	√	√	√	√	√		√	√					√	√	√	√			
3.5	√	√	√	√	√	√		√	√					√	√	√	√	√		
4	√	√	√	√	√	√		√	√	√	√	√	√	√	√	√	√			
4.5	√	√	√	√	√	√		√	√	√	√	√	√	√	√	√	√			
5	√	√	√	√	√	√		√	√	√	√	√	√	√	√	√	√		√	
5.5	√	√	√	√	√	√		√	√	√	√	√	√	√	√	√	√		√	
6	√	√	√	√	√	√		√	√	√	√	√	√	√	√	√	√			√

表 5-2 幼儿体质测查表

幼 儿 园_____　　班 级_____　　编 号_____
姓　　名_____　　性 别_____　　出生年月_____
测查日期_____　　测 查 者_____

形态	身高/厘米		坐位体前屈/厘米		
	体重/千克		立定跳远/厘米		
	坐高/厘米		沙包掷远	左	
	胸围/厘米		/厘米	右	
	头围/厘米		20米快跑/秒		

生理机能	安静心率/(次·分$^{-1}$)		基本体育活动能力	( )百米慢跑	单脚站立	左	
	血压/毫米汞柱				/秒	右	
	呼吸率/(次·分$^{-1}$)				跑前心率/(次·分$^{-1}$)		
	呼吸差/厘米				跑后心率/(次·分$^{-1}$)		
	肺活量/毫升				恢复时间/(次·分$^{-1}$)	第1分钟	
	背肌力/千克					第2分钟	
	握力/千克	左				第3分钟	
		右				第4分钟	
						第5分钟	
						5分钟以上	

表 5-3　幼儿身体形态指标、生理机能指标测查的均值统计表

测查项目		3 岁		3.5 岁		4 岁		4.5 岁		5 岁		5.5 岁		6 岁	
		男	女	男	女	男	女	男	女	男	女	男	女	男	女
身高/厘米															
体重/千克															
坐高/厘米															
胸围/厘米															
头围/厘米															
安静心率/(次·分$^{-1}$)															
血压/毫米汞柱		/	/	/	/	/	/	/	/						
呼吸率/(次·分$^{-1}$)															
呼吸差/厘米															
肺活量/毫升		/	/	/	/	/	/	/	/						
背肌力/千克		/	/	/	/										
握力/千克	左	/	/	/	/										
	右	/	/	/	/										
各年龄组参加人数/人															

表 5-4　幼儿三项指数的统计表

性别	年龄	$\dfrac{体重}{身高}\times100$	$\dfrac{坐高}{身高-坐高}$	$\dfrac{胸围}{身高}\times100$
男	3			
	3.5			
	4			
	4.5			
	5			
	5.5			
	6			

续表

性别	年龄	$\dfrac{体重}{身高}\times100$	$\dfrac{坐高}{身高-坐高}$	$\dfrac{胸围}{身高}\times100$
女	3			
	3.5			
	4			
	4.5			
	5			
	5.5			
	6			

表 5-5 幼儿基本体育活动能力指标测查的均值统计表（一）

测查项目		3 岁		3.5 岁		4 岁		4.5 岁		5 岁		5.5 岁		6 岁	
		男	女	男	女	男	女	男	女	男	女	男	女	男	女
坐位体前屈/厘米															
立定跳远/厘米															
沙包掷远/厘米	左手														
	右手														
20 米快跑/秒															
单脚站立/秒	左脚														
	右脚														
各年龄组参加人数/人															

表 5-6 幼儿基本体育活动能力指标测查的均值统计表（二）

测查项目			3.5 岁		4 岁		4.5 岁		5 岁		5.5 岁		6 岁	
			男	女	男	女	男	女	男	女	男	女	男	女
跑前心率/(次·分$^{-1}$)														
跑后心率/(次·分$^{-1}$)														
恢复时间	第1分钟	人数												
		%												
	第2分钟	人数												
		%												
	第3分钟	人数												
		%												

续表

测查项目			3.5 岁		4 岁		4.5 岁		5 岁		5.5 岁		6 岁	
			男	女	男	女	男	女	男	女	男	女	男	女
恢复时间	第 4 分钟	人数												
		%												
	第 5 分钟	人数												
		%												
	5 分钟以上	人数												
		%												

第三节　幼儿体质的评价

　　幼儿体质的测定与评价，是相互联系的两个过程。测定的结果只能反映其现状，只有通过评价，才能对现状的意义加以判断。从信息论的观点看，如果幼儿体质的测定，属于采集反映幼儿体质特征的各种信息的过程；那么对幼儿体质测定状况的评价，则是通过对这些已得到的信息进行分析、处理，再对幼儿本人、家庭、社会以及幼儿园体育工作加以反馈的过程。因此，必须重视幼儿体质的评价工作。

一、幼儿体质评价的内容

　　从评价的对象来看，幼儿体质的评价包括个体评价和群体评价。

　　个体评价，主要是对幼儿个人的体质状况进行具体、全面的比较与分析。一方面，要将测查的结果与幼儿自己前一个阶段的体质情况进行比较，分析出个体体质发展的基本特点与趋势；另一方面，要将测查结果与正常幼儿的平均值(或同年龄幼儿测查的平均值)相比较，分析该幼儿的体质发展状况是否处于幼儿发展的正常范围。若发现有较大的差距，则应该进一步探究原因，寻找改进现状的具体措施和方法。

　　幼儿体质的群体评价很重要。它可以使我们对不同年龄阶段幼儿体质发展的总体特征与趋势有所了解，从中分析出幼儿体育工作的成效和不足，并为不断地改进工作、更好地增强幼儿体质指明有针对性的努力方向。

　　从评价的具体内容来看，幼儿体质的评价包含单项评价和综合评价。

　　单项评价，是指对幼儿体质测定中的某一个项目指标的测查结果进行具体分析评价，包括基本测试指标和由其派生出来的指数。单项评价有时也被称为单项指标评价。

　　综合评价，是对相关联的项目指标进行综合评定，如分析评价幼儿身体形态生长发育的总体特征，同时也包括对幼儿体质测定的各类项目指标的测查结果进行综合性分析，全面评价幼儿体质发展中的有利或不足之处。通过综合评价，可以对幼儿的体质发展状况有一个比较全面、完整的认识，对所发现的问题进行深入的分析，以便研究进一步促进幼儿体质增强的具体措施。综合评价是幼儿体质评价的核心和关键。

二、幼儿体质评价的基本思想

在进行幼儿体质评价时，必须明确评价的基本思想，也就是要确立一个正确的评价观念；同时，还应该考虑幼儿生长发育的规律、各类指标的特点以及理想的体质模式。

在进行单项评价时，必须考虑这些指标和由其派生出来的指数的特点及其特定含义。有些指标和指数是越大越好，有些则是越小越好；有些指标在生长发育的某个阶段是越大越好，而在另一个阶段就不一定是越大越好了；有些指标既不是越大越好，也不是越小越好，而是需要确定在一个合理的范围内或正常值范围内。

幼儿体质的综合评价是比较复杂的，因为构成体质的各种成分对体质的影响和作用的大小是不同的，而且各种成分本身所受到的影响又是多方面的，影响的大小也是各有所异的。因此，在进行体质评价的过程中，应当根据各类指标对体质影响和作用的大小，以及各类指标本身受遗传、环境等因素影响的大小，分别考虑它们各自应占的"权重"，从而确定它们各自在综合评价中的地位和价值。

一般来说，受先天遗传因素影响稍大的方面，其改变不是通过主观努力就能在短时间内奏效的，那么，在进行综合评价时，就应该给予这些指标较小的"权重"，适当降低它们在综合评价中的地位。而有些指标，受后天的生活环境、营养条件，特别是身体锻炼的影响相对较大，通过主观努力和加强科学的体育锻炼，就可以在相对较短的时间内有一定的提高。对于这些指标，在进行综合评价时，就应该给予较大的"权重"，适当地提高它们在综合评价中的地位。从鼓励幼儿积极参加体育锻炼、改善幼儿生活环境与条件等方面来看，这种评价的观念才是比较积极、合理的。

由此可见，评价的基本思想、评价的观念是否合理和正确，将会直接影响幼儿体质评价的效果。

在对幼儿的体质进行具体的评价时，我们还要抓住评价的重点和关键方面，结合评价的基本思想，更加客观、辩证地来看待和分析幼儿的体质。

对于幼儿身体形态生长发育的评价，应把重点放在综合的体型评价上。幼儿期是身体形态的生长发育处于稳步增长的阶段，是为以后人体正常体型发展打好基础的重要时期。因此，在进行评价时，不要一味地追求幼儿身高或体重等单方面的增长，否则很可能会人为地把幼儿养育成肥胖型或是瘦高型、豆芽型的非正常体型。对幼儿各项形态指标的单项评价不宜过细，不必分为各种等级，对正常发育的幼儿，只要他们的测定结果在正常的范围内即可。把重点放在求得幼儿各项形态指标的协调发展上，要比放在单项指标评价上更重要、更具有价值。

幼儿正常体型通常应具备两个基本条件：一是身高和体重的比例要合适、正常；二是上身长与下身长的比例要基本符合幼儿体型发育的特点。幼儿综合的体型评价，主要应参看幼儿五项形态指标引申出来的三项指数或比值，即身高体重指数、身高胸围指数、上身长下身长比值。将幼儿在这三项指数或比值方面的数值与我国同年龄组男、女幼儿的平均数值进行比较，数值若接近即正常，若相差较多，则再从身高、体重、坐高、下身长、胸围五项形态指标上寻找原因，进行具体分析。

幼儿期生理机能的正常发育，是幼儿终身健康的基础。由于幼儿生理机能的变化与功能的增强受到多方面因素的影响，如年龄、测定时的身心状态等，因此，一方面，要做好测查的工作，以求得到较为客观、可靠的数值；另一方面，在进行幼儿生理机能发育的评价时，不能在进行具体数值比较之后就简单地得出正常与否的结论，还需视具体情况加以分析。

在进行幼儿基本体育活动能力的评价时，应该注意不要单纯地追求"远"或"快"等，而应该考虑到最基本的动作要求和身体姿势，同时也要考虑到发展情况是不是与幼儿的身体形态、生理机能、心理状态等方面相协调。

幼儿体质其他方面项目的测定与评价也很重要，也是综合评价幼儿体质状况不可缺少的方面。

通过对幼儿体质的单项评价和综合评价，可以更全面地了解幼儿个体以及群体的体质状况，为幼儿园体育工作的完善提供有价值的建议。

幼儿体质评价的最终目的，仍然应该回归幼儿，即做好一切工作，进一步增强幼儿的体质。

三、幼儿体质评价的标准和方法

(一)制定评价标准的样本数量

一般来讲，制定全国性或地区性(如华东地区)的评价标准，同性别年龄组的幼儿样本量，不能少于500人，如果能在1000人以上更为理想。

省市的评价标准，其样本量不能少于300人。

基层单位制定评价标准，其样本量不能少于200人。

(二)幼儿体质的单项评价

幼儿身体形态发育和生理机能发育方面的评价，一般采用离差法、百分位法、指数法和相关法。

幼儿身体素质和运动能力方面的评价，一般采用标准百分法、百分位法、指数法、累进计分法和相关法。

(三)幼儿体质的综合评价

幼儿体质的综合评价，实质上就是用构成成分的各种指标的测查结果，定量地对幼儿体质状况进行全面评定和判断的过程。

确定各类指标在综合评价中"权重"的大小，可以运用统计学的定量分析方法，如简单的相关分析、逐步回归分析、主成分分析和判断分析等。

表 5-7、表 5-8 和表 5-9 是 1984 年由中央教育科学研究所主持开展的我国 16 省市幼儿体质测查的统计表，可供幼教工作者在进行幼儿体质评价时参考。

表 5-7　我国幼儿三项指数的各年龄数值

性别	年龄/岁	$\dfrac{\text{体重}}{\text{身高}} \times 100$	$\dfrac{\text{坐高}}{\text{身高}-\text{坐高}}$	$\dfrac{\text{胸围}}{\text{身高}} \times 100$
男	3	15.61	1.42	53.98
	3.5	15.20	1.36	52.94
	4	15.47	1.33	52.04
	4.5	15.70	1.32	51.15
	5	16.05	1.30	50.42
	5.5	16.46	1.29	49.82
	6	16.94	1.27	49.13
女	3	14.43	1.37	53.44
	3.5	14.76	1.35	52.39
	4	15.05	1.33	51.28
	4.5	15.38	1.31	51.08
	5	15.75	1.29	49.43
	5.5	16.09	1.28	48.89
	6	16.47	1.27	48.33

表 5-8　我国幼儿生理机能指标均值

年龄/岁		安静心率/(次·分$^{-1}$)	肺活量/毫升	动脉血压/毫米汞柱		$\dfrac{\text{脉压差}}{\text{收缩压}} \times 100$
				收缩压	舒张压	
3	男	105				
	女	107				
3.5	男	103				
	女	105				
4	男	102				
	女	102				
4.5	男	100				
	女	101				

续表

年龄/岁		安静心率 /(次·分⁻¹)	肺活量 /毫升	动脉血压 /毫米汞柱		脉压差/收缩压×100
				收缩压	舒张压	
5	男	99	831	92	58	38
	女	100	768	91	58	37
5.5	男	98	919	93	58	38
	女	100	832	92	58	37
6	男	96	1022	94	59	37
	女	98	908	93	59	37

表 5-9 我国幼儿基本体育活动能力部分指标均值标准差

年龄/岁		20 米快跑 /秒		立定跳远 /厘米		沙包掷远/厘米			
						左 手		右 手	
		X	S	X	S	X	S	X	S
3	男	8″	1″5	52.9	16.5	253.5	88	321.8	130
	女	8″5	1″6	47.7	15.5	213.4	66	253	91
3.5	男	7″2	1″2	63.3	16.6	301.7	102	400	156
	女	7″7	1″4	57.7	16.4	253	80	302	102
4	男	6″5	1″	73.7	16.7	352.4	128	479	180
	女	7″	1″2	67.4	15.7	290	86	348	113
4.5	男	6″1	1″	81.7	16.9	403	143	573	199
	女	6″5	1″	75.2	16	327	94	398	124
5	男	5″7	0.8″	91	17	430	190	629	241
	女	6″	0.9″	84	16.5	348	93	439	142
5.5	男	5″5	0.75″	98	18.8	478	150	728	256
	女	5″8	0.8″	90.5	18	383	101	484	155
6	男	5″2	0.8″	106.8	19	534	166	834	315.5
	女	5″6	0.8″	97.5	18	418	103	544	159

注：X 为均值，S 为标准差。

思考题

1. 幼儿体质测定与评价的目的是什么？

2. 幼儿体质测定的项目指标有哪些？

3. 如何进行幼儿体质的评价？

建议的活动

1. 阅读当前我国幼儿体质测查的项目指标，思考一下这些项目指标体现了幼儿哪些方面的发展状况。

2. 如果条件允许，尝试与幼儿园的保健人员一起，在幼儿园的某个班级或两个不同年龄段的班级里进行小规模的幼儿体质测查，并进行相关分析，了解幼儿体质的发展状况。

第六章 国外运动教育课程

学习目标▶

1. 了解国外运动教育的含义以及作用。
2. 了解国外运动教育的实施。

学习导入▶

运动中我们还能感受到什么

当欢快的音乐声响起时，我们的心情一般会是愉悦的，也许还会不由自主地随着音乐的节奏和旋律翩翩起舞。那么，小孩会有怎样的反应呢？或许你会看到有的小孩会做身体摆动的动作（或称简单的舞蹈），或做蹦跳的动作，或者一边转圈，一边做手的舞蹈……音乐就是如此神奇，而运动与舞蹈也是密切关联的。我们可以随着欢快的旋律做跑跳动作，感受运动的速度和力量；我们也可以随着缓慢的节奏做舒展动作，体验身体的放松和呼吸的调整。

本章，我们将围绕国外运动教育的含义、作用、特征以及课程类型与实施方法等做全面的介绍。

运动教育课程是一种同时提供有关身体的、情感的、认识的和社会性的活动的综合性课程。它能帮助我们进一步理解身体运动对学前儿童身心发展的价值，同时，它所蕴含的原理和思想也会给予我们启示。

第一节 运动教育的基本思想

实际上，运动教育并不是一个新的概念。早在 20 世纪 30 年代，运动教育就是英国学校教育的一个重要组成部分。

运动教育所蕴含的教育基本原理和原则，是其他学科领域教育的基础。运动教育的结果似乎是对学习的一种干预方式，而不是对技能和学科内容进行孤立的教学。通常教师在教室里向学生介绍一种思想或概念，然后学生再到体育活动场地上进行实操练习，或者反过来这样做。

20 世纪 50 年代初期，北美洲的体育教学受到了来自英国的新的教育活动方案的冲击与挑战。到了 60 年代左右，运动教育便逐渐成为北美洲小学体育的一个组成部分，而且，它也逐渐影响到幼儿园中的体育教学活动。

一、运动教育的含义

(一)什么是运动教育

一些学者认为，当儿童进入幼儿园或小学的时候，他们原有的混合学习的方式很快就被分离的、孤立的和表面上毫无联系的学习与活动所代替，"游戏""学习"等活动被割裂开来，具有其各自的目的；语言、数学、音乐等学科被孤立地进行教学……这种种现象和做法是不利于儿童发展的。对于儿童来说，不同的组成部分是相互依赖、相互影响的，某一方面的发展可以促使其他有关方面得到相应的加强与巩固。

在体育教学方面，大多数的活动只是强调身体方面的发展，而忽视了幼儿的情感、社会性、认知以及创造性的发展。而运动教育，正是要改变这些不利的现象，力图使幼儿成为一个完整的人。

对运动教育这个概念，不同的学者曾赋予它不同的具体含义。但总的来说，运动教育包括这样几个最为基本的思想：

——基础运动(basic movement)；

——教育性的体育(educational gymnastics)；

——创造性的运动(creative movement)；

——探索与发现(exploration and discovery)。

不过，一个完整的、全面的运动教育所包括的内涵，远不止这几个方面。

给运动教育下一个具体的定义，目的是明确这个概念的深层含义，并使它在教育课程中确立一个正确的地位。下面的解释就是运动教育这个概念的含义，同时，它也是形成这个概念的基础。

运动教育意指一个过程：

一是通过这一过程，可以获得对人的运动的功能以及表现形式的正确评价和认识；

二是通过这一过程，可以获得有目的地控制人的运动方面的技能；

三是提供给个人各种机会，让他用自己独特的方式去运用自己已获得的运动知识；

四是提供以"拉班的基本运动思想"为基础的系列经验；

五是把认识到个体的差异性作为教育环境方面的一个"有利的"因素，以引起新的概念和各种反应的产生。①

我们可以这样认为，运动教育是一种对儿童进行运动技能教学的、适应个人需要的、有主题的和促进其发展的方法。它包含着比儿童身体方面更多的内容，而且把儿童看作一个完整的个体。实质上，运动教育是同时提供有关身体的、情感的、认识的和社会性的活动的一种综合性的课程。

(二)运动教育与传统式教学的区别

运动教育与传统式教学的主要区别，可以从以下两个方面来讨论。

1. 教师的作用

在运动教育中，教师不仅仅是技能的示范者和传播者，更重要的是作为儿童发展的促进者和儿童学习过程的参与者。教师对儿童自身需要和能力的认识与感知，比教师本身所具有的技能水平更为重要。

教师在运动教育中应尽可能做到：

(1)提供一个环境，让儿童在这个环境中能自由地发明、创造；

(2)鼓励并指导儿童通过自己的探索去发现概念。

教师可以帮助儿童通过选择伙伴演示各种概念、技能以及对提出的要求作出反应来观察运动的形式。教师介绍运动的概念，提出要求，同时用语言给予儿童一定的支持和帮助。教师需要仔细地提出问题，帮助儿童把注意力引向技能的某个方面。教师要善于利用教学暗示，提供给儿童有关的信息，使儿童利用这些信息的引导来完成任务。

利用这种教师与儿童的相互作用与相互影响，一种具有援助性的学习环境便可以产生。在这一过程中，儿童成功的机会远远比失败的机会要多，而且，儿童也敢于去"尝试"新的事物。

2. 教学的方法

在运动技能的教学中，较为传统的方法实际上是分解式和积累式的，运动教育则是发展式的，而且认为，儿童应该具有广泛的运动经验。

在促进身体能力发展的教学方面，把传统的方法与运动教育方法进行比较，有助于我们对两者最基本的差异之处有更明确的认识与了解(如表6-1)。

表6-1　传统式教学与运动教育的比较

传统式教学	运动教育
重点放在一种具体的练习上或分析某一种技能的组成部分上	重点放在运动思想(主题)或概念上
要求立刻作出反应	问题解决，实验，儿童有时间来进行思考

① J. Wall，*Beginnings*，McGill University Business Office，1981.

续表

传统式教学	运动教育
要求反应一致	在反应的多样性方面，有个体的差异
重点放在教师作为知识技能的传播者、正确方法的示范者上	重点放在儿童的发现和学习上，教师对种类和特性等方面进行适当的讲解与示范

(三)运动教育的作用

运动在儿童的全面发展中起着极为重要的作用，这不仅表现在儿童身体方面的生长与发展上，而且表现在通过为儿童提供多种途径和方法，使儿童在其周围的环境中能成为"一个真正的人"上。

儿童在社会性方面健康与否，在一定程度上取决于他在集体环境里与同伴进行运动技能比赛时所表现出来的能力。儿童自我概念的发展，在很大程度上依赖他的运动技能的相应发展。一个儿童若在他生活的一个方面表现出是有能力的和成功的，那么，他就会趋向更加有能力，而且，在他生活中的其他方面也可能表现出成功和有能力去解决问题。

一般认为，如果儿童要成功地应付未来繁重的学习任务，那么，幼儿期所有的运动都应该有助于发展其必要的身体协调能力。有些心理学家甚至认为，其作用尚不止于此，他们假设它也可能是智力发展的一种先兆或属性。儿童是通过活动和游戏学习的，在早期大量的运动实践中，儿童抽象能力的发展也受到一定程度的影响，尤其是对周围事物的态度、解释自己行为的能力、处理事情的自信心、探究的兴趣以及空间想象能力和自我意识，所有这些都与家庭、托幼机构和小学在儿童出生后七八年内所提供的运动类型密切相关。

有关运动教育与儿童发展之间的关系，参见图 6-1。[①]

由此，我们可以这样认为：

第一，运动技能在我们生活的社会里是有价值的；

第二，儿童利用运动与其他人进行交往，这样，运动便为儿童提供了一种社会化的方式或手段；

第三，运动对于身体的生长与发育、朝气蓬勃、精力旺盛等方面都是必要的，它有助于保持身心健康；

第四，运动是一种愉快的体验，而且，这种享受应该存在于人的一生。

二、运动的分析

(一)鲁道夫·拉班的运动分析

提起运动教育，人们很自然地就会将它与鲁道夫·拉班（Rudolf Laban，1879—

---

① D. Fontana，*The Education of the Young Child* (Second Edition)，Basil Blackwell Publisher Limited，1984.

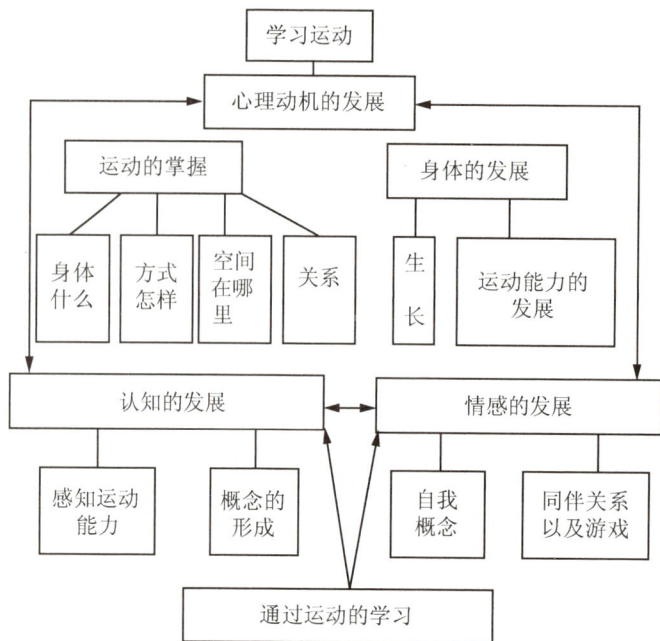

图 6-1　运动教育中心理动机、认知和情感发展之间的关系

1958)的"基本运动主题"相联系。运动教育的主要思想、理论，可以说与拉班的运动分析理论有着密切关系。为此，这里对拉班以及他的运动分析做一个简单的介绍，以便人们对运动教育有更深一步的理解。

拉班从早年开始，就对观察人的运动产生了浓厚的兴趣。他先后放弃了军人生涯和做一名建筑设计师的理想，开始从事一项成为他毕生为之奋斗的研究——人的运动。

经过深入细致的观察以及对不同种族的人在运动方式上差异的比较研究，拉班认为，在人的运动中具有某些共同的原理。后来，他系统地阐述了这些原理，从而形成了 16 个"基本运动主题"，每个主题都相应地阐述了一个运动思想，即处于生长过程中的儿童的运动感知发展状况。

在还年轻的时候，拉班就对运动的戏剧性形式产生了兴趣，那时候的戏剧主要是指芭蕾。后来他终于成为柏林歌剧院的动作指挥，并且成为举世闻名的舞蹈动作设计家。但是，他反对传统芭蕾的那种人为的、不自然的状态。因此，拉班在他的运动基本原理的基础上，又发展了一种新的技术。他的这种新技术的运用，远远超出了戏剧领域。不久，他组织了一个运动舞蹈队，但跳的不是被当时社会所接受的那种舞蹈，而是一种创造性的和表达感情的新的舞蹈形式。由于他的思想与纳粹主义的精神具有内在的冲突，因而他受到希特勒的迫害。

1937 年，拉班被迫离开德国，与一些学生和教师一同来到英格兰的达林顿。在达林顿，他继续从事研究，并且用自己对人类进行舞蹈的内在需要的理解来激励广大民众。他的思想在一般的身体教育方面，尤其是在舞蹈和体育领域，产生了深远的、广泛的影响。一些教育者认为，虽然拉班的思想观点直到那时仍然主要是在戏剧界被加以应用，但是，它对教育产生的潜在影响却是更多的。拉班还创建了一些"中心"，在这些"中心"里，他阐述了在体育中有关孤立的、不合人情的教学以及用成人的方式来对待儿童所产生的不利影响。

第二次世界大战的爆发，阻碍了教育的变革，这种阻碍一直持续到1948年。这期间，这些"中心"所强调的教学方法，几乎全部是指导性的。后来，拉班的《现代的教育性舞蹈》一书出版了，它对当时英国小学新教学大纲（课程）的制定产生了一定的影响。随后，他所著的《运动与成长》（1952年）和《方案的设计》（1953年）这两部书也相继出版。

20世纪50年代以来，拉班关于运动中的力（weight）、时间（time）、空间（space）、动态（flow）的概念，对体育教学产生了重要影响。

在英国和北美洲教育制度改革时期，拉班的思想和观点已被人们普遍接受。人们对儿童的生长和发展以及学习是怎样产生的等方面，有了进一步的认识，从而能更正确地评价体育教学，并且为儿童提供一系列有趣的体育活动方案，尤其是对幼儿园的幼儿。

拉班的运动分析实际上是描述性的，它首先提出了这样一个前提——对于每个个体来说，运动都包含以下两种形式。

1. 个体的"运动生活"——"做"

这是指用一种客观的方式来发展和维持生命的那些所有的需要。例如，沿着一条街向前行走、系鞋带、避免发生交通事故等。它包含操作性行为和非操作性行为。操作性行为，指那些你正在控制或操纵某种物体的活动，如握一支钢笔写字，或是拍一个球。非操作性行为，指那些不要求控制或操纵任何物体的活动，如走步。

2. 舞蹈

这是指那些与个体的运动生活有关的个体的感觉、个性以及个体生活的主观成分方面。在一个对话中，利用手势来表达一定的含义，这就是"舞蹈"的一个例子。这类活动主要是指非操作性行为。

这两种形式可以用图6-2① 加以说明。在拉班看来，无论是什么形式的运动，也无论运动的目的是什么，可观察到的运动都可以被分成以下四个主要的方面：身体意识、空间意识、效果、关系（如图6-3）。

----

① J. Wall, *Beginnings*, McGill University Business Office, 1981.

```
              运        动
        ┌──────────┴──────────┐
      "做"                  "舞蹈"
```

```
  客观的、功能的          主观的、表达感情的
  强调定量的方面          强调定性的方面
  ┌──────┴──────┐              │
操作性的    非操作性的      非操作性的
```

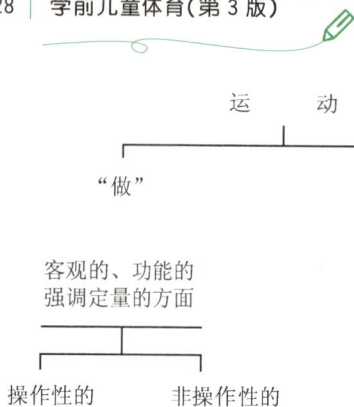

图 6-2　运动的两种形式

```
  关系          身体意识
     ＼      ／
       运动
     ／      ＼
  效果          空间意识
```

图 6-3　运动的四个主要方面

第一，身体意识(body awareness)，指在运动中身体的哪些部分参与了活动以及包括哪些活动的类型。

例如，身体的哪一部位移动了，哪一个部位承受了一定的重量，哪一个部位弯曲了、伸直了，整个身体出现了什么动作，身体呈现出什么样的形状等。通过把儿童的注意力引向身体运动的这些方面以及其他的有关方面，使儿童从中发展一种身体的意识感。

第二，空间意识(spatial awareness)，指运动发生在什么地方。

当儿童在地面上用创造的方式行走时，他可以在不同的高度移动，可以改变步幅的大小，可以意识到在他身后、身旁以及身体前方的空间状况。一个能很好地识别空间的儿童，可以认为他在空间的意识方面已经有所发展了，他知道怎样在他周围的空间里移动自己的身体，并知道怎样利用运动来通过他周围的空间。

运动的范围可以变化，运动的方向也可以不断变化，并且，可以以一些不同的水平高度来进行(如低的可以接近地面，高的则可达到空中)。这样就引出了直线的运动轨迹以及在空中或在地面上进行的运动方式。

第三，效果(effort)，指运动是怎样进行的。

当移动一个物体时，你有可能表现得不太费力、比较从容；你也有可能显得比较吃力、难以胜任……这样，我们就可以看出运动是否是有力的。有些动作需要快速地进行才能有效，而有时我们也需要比较慢的动作或行动。

在表现性的运动方面，用一只手慢慢地做手势与挥舞一只拳头所表示的含义是截然不同的。

在这一部分中，与我们关系最密切的是：

(1)速度(快速的或慢速的运动)；

(2)力量(用力较大的和用力较小的运动)；

(3)运动的开始和停止。

第四，关系(relationships)，指运动与其他人以及与物体之间的关系是什么。

我们有单独运动的时候，也有与其他人一起运动的时候。其他人可能是一个合

作者，也可能是一个对手或竞争者，在这两种情况下，他们之间的关系有着本质的区别。

运动过程中还包括集合与解散、包围与被包围、靠拢与拉开一定的距离等方面的关系。

有些动作还需要涉及人与物体之间的关系。例如，在体育活动中要击中某个指定的目标时，如果能对身体与物体之间的相互关系有所理解，那就会有助于技能的学习与掌握。

此外，有一些活动还要注意到物体与物体之间的关系。

以上四个方面的综合分析可参见表 6-2。①

表 6-2　拉班的运动分析图表（1960 年）

身体 （内容）	全身的运动 部分的运动 动作	 屈身 伸展 扭转
	活动	行进（包括重心移动） 平衡 跳跃 转动 用姿势示意
空间 （位置和范围）	个人的场地 公共的场地 身体形态 运动范围 方向 高度 轨迹	紧靠和环绕身体 地面所有的空间 弧形的、伸展的、卷曲的 小的或大的 向前、向后、向侧方 高的、低的、中等的 在地面上或在空中
效果 （怎样进行）	时间 牵力 动态 场地	突发性的、持续性的、快速的、慢速的 紧缩的、放松的、重的、轻的 平移的、摇晃的、启动、停止 直的、弯曲的
关系 （关系怎样）	距离关系 关联性 空间关系 依赖关系	附近的、较远的、靠近、离开、围住 有规则的、相配合的、对抗的 在上面、在下面、在侧面 举起、放下、推动、牵拉运送

---

① D. Fontana, *The Education of the Young Child* (Second Edition), Basil Blackwell Publisher Limited, 1984.

用万·威列特(Van Vliet)的话来说，"社会，尤其是教育者，他们更能充分地认识到人类运动的价值，即人类运动不仅是作为一个物理上的行动而始终应该是有效的，而且，它也是交流感情和创造性表现的一种方式。当它在日常生活中同艺术的以及创造性的运动之间保持平衡的时候，个体则经历着一种强烈的整体感受。他们可能会在整个生活中更加积极地去参与，每天都在'做'和创造，每天都在表达着'是'和'感受'"。[①]

(二)运动的要素

人类运动的形式和种类是复杂多样的，但它们都包含某些共同的、最基本的因素。运动的要素，是人类所有运动的基础。拉班关于运动中的力量、时间、空间和动态的概念，为人们进一步理解人类运动的实质与内涵奠定了基础。许多专家学者也以此为依据进行了运动要素的分类。

1. 身体

身体部分：头、颈部、肩膀、胸、腰、后背、脊柱、臀部、手臂、肘部、手、腕部、腿、脚、踝关节等。

身体表面：前部、后部、侧面等。

身体形状：身体可以形成的某种状态、姿态。例如，弯曲的、扭转的、有角度的、笔直的等。

2. 运动

位移的运动：从空间的一点移动到另一点的运动。例如，走、跑、单脚向前跳、越过、滑动、爬行、翻滚等。

非位移的运动：绕着身体的轴线运动或稳定地运动，在空间上不发生位移。例如，弯曲、扭转、伸屈、转身、躲闪、打击、倒下、坐下、推或拉、提起、摇动或摇摆、挥舞等。

3. 空间

自我空间：紧密环绕着身体的空间，当进行非位移的运动时所使用的空间。

一般空间：遍及整个房间的空间，当进行位移的运动时所使用的空间。

方向：向前、向后、向旁边(左边和右边)、向上和向下。在这些方向上，人通过空间时做身体的移动。

高度：高、中、低。身体或身体的某一部分处于空间的高度情况。

范围或区域：大、小、接近、离得远。身体的部分与其他人的关系。

移动路线：弯曲的、笔直的。一个人在地上或空中通过空间时所移动的路线。

4. 时间

速度：快、中速、慢。

---

① J. Wall, *Beginnings*, McGill University Business Office, 1981.

律动：一种不考虑速度的均匀的时间量度。

重音：一个运动要比前一个运动或后一个运动更加有力，就像音乐中放在一组连续音符中的某一拍上的附加的强音一样。

节律类型：运动的或变化的持续声音的一种连续。

5. 力量

程度：强、中度强、弱。肌肉的收缩越强烈，运用身体的部分就越多，并且运动的范围越大，发挥出来的力量也就越大；反之，就产生较弱的力量。

质量：支撑着地——力量平稳地、持续地流动；有强大振动地——力量大地、快地、爆发性地放出；振动地——力量不断地开始和停止的、断断续续的运动。

6. 动态

无拘束的或流畅的：不断进行的、持续的、流动的运动。

受束缚的：受限制的、需要控制的、平衡的运动。

由于任何一种运动都包含了若干基本要素，因此，运动教育对于帮助幼儿学习更多的有关身体方面的知识起着独特的作用。

它能帮助幼儿认识身体各个部位的名称，如手指、大拇指、颈部、膝盖、脚尖等；同时，能帮助幼儿认识这些部位的作用和功能。例如，可以用手臂做前后摆动的动作，可以用膝盖跪在地上，可以用手掌托住一只小球，可以用脚来踢一只大球等。此外，还能帮助幼儿认识到这些部位不仅能独立地、单独地发挥功用，而且相互配合起来能从事一些有趣的、复杂的活动。例如，骑小三轮车、在地面上做匍匐爬行的动作等。运动教育也为幼儿学习有关身体活动的词语，深刻理解这些词语的含义，以及获得更多的运动经验创造了良好的条件和提供了众多的机会。

通过运动的探索活动，幼儿可以获得广泛的身体经验和运动经验，同时也将自然地发展运动的技能和学习操纵自己身体的知识。

第二节 运动教育课程的实施

一、课程类型

幼儿运动教育课可以具体地通过以下三种类型的活动来实现。

第一类：体操的活动（即基本的运动技能）；

第二类：游戏的活动（即运动器械的活动）；

第三类：舞蹈的活动（即表现性的运动）。

(一)三类运动的基本特征

1. 第一类

这种运动主要通过一些具体的身体控制练习来达到对某种身体需要的自我控制。当作为具体的和客观的活动时，它的重点放在检查某人完成某一具体任务的能力上。例如，"我是否能用我的手做平衡？""我是否能跳过这个盒子？""我能从这块狭窄的木板上走过去吗？"，等等。这类活动包括攀登、跳跃、爬、翻滚等。随着儿童年龄的增长，这类运动可以发展成为"体操型"的运动。

在这类活动中，教师的目标是创设一种丰富的运动环境，以为幼儿提供必要的刺激和挑战。这种环境不但要为幼儿提供练习运动技能的机会，而且还要帮助幼儿建立起运动图式和概念。运动图式，即对由几个有关联的身体动作组成的一种特殊的运动进行内在关系的表述。例如，跳跃动作包括准备、起跳、腾空、落地这几个相关联的动作。

2. 第二类

这类运动主要是指利用器械来开展的运动，主要目的是取得某种胜利。它是非常客观和具体的。游戏可以是极为简单的，如在"幼儿捉人游戏"中，一个游戏者要设法通过奔跑来捉住另一个人，才能取得胜利，而被捉的人也要设法不让对方捉住，同样是运用奔跑的技能，但游戏者所要达到的结果是不同的。某些成人的比赛，如羽毛球比赛，虽然有着复杂的计分规则，但是活动者基本的目的与那些简单的游戏比赛是类似的，即都是为了获胜或者是避免让别人获胜。在这类运动中，不论是以协同合作的方式进行，还是与其他人按照一定的规则进行比赛，都是对力量和速度的一种考验。这类运动可以逐渐发展成运动技巧和技能。

对于这一类运动，教师应该为幼儿提供一些适合其发展水平的小型运动器械，以及能引起幼儿兴奋的活动。幼儿在参与追逐、滚铁环、投掷、从障碍物上跳过等活动时，可以使感知运动能力得到有效的发展。

3. 第三类

这类运动主要是指那些有节奏的和运用语言来表达的运动，常常需要利用声音来表达各种思想和情感。它是一种主观的、抽象的运动。舞蹈者居于支配地位，在运动过程中可以展现自己内心的激情。它可以用一种感人的方式（"我希望用动作来感受"）来表达，也可以用一种表现的方式（"我向观看者传达一种思想"）来反映。

对于这一类运动，教师应该为幼儿提供有关音乐的、韵律的等多方面的声音刺激物，使幼儿能在有节奏的声音伴奏下，表达自己的感受和思想。

(二)必要的运动经验

1. 提供给第一类和第二类运动所必要的运动经验

依据拉班对运动的分析，为幼儿提供的运动经验应该包括以下几个方面。

内容：

行进——行走、跑、滑动、爬行等。

平衡——身体的不同部位持物，把身体不同的部位悬于空中，身体倾斜而不失去平衡等。

跳跃——纵跳、向前跳、向后倒着跳、单脚向前跳、跳绳等。

转动——围绕身体旋转、滚动、扭转等。

用姿势示意——伸出手或脚来、挥手、弯腰等。

位置和范围：

在不同方向上移动，在不同高度上移动，攀上爬下，变换不同的身体姿势(如弧形的、伸展的、卷曲的、扭转的)，在空中或沿着地面做直线的或曲线的运动等。

怎样进行：

快速地或慢慢地移动，重重地或轻轻地移动，平稳地或摇摇摆摆地移动，悄悄地或大声地移动，流畅地或拘束地移动等。

关系：

与一名幼儿活动，与其他一些幼儿活动，使用一件物品活动。

进行推、拉、举、降、触、击、接住、传递、攻击、碰撞、追捉的活动等。

教师在为幼儿设计运动练习时，首先要明确上述运动分析并不是对应四种不同的运动，而是一个相互关联的有机整体，它们体现在幼儿进行的每一类运动之中。以行进活动为例，幼儿可以朝着一定的方向悄悄地向其他幼儿爬过去。教师必须牢记这一点，否则就很难帮助幼儿增强在每一种具体运动中可以发展的多种能力。

此外，教师还应该为幼儿提供与运动的发生有密切关联的物质上的环境，具体如下。

(1)活动场地的表面状况。包括水平的、倾斜的，平坦的、凹凸不平的，光滑的、粗糙的，柔软的、坚硬的，宽的、窄的，高的、低的、中等高度的等。

(2)各种洞和缝隙。包括大的、小的，圆的、方的，高的、扁的，长的、短的，可以从这些物体上跨越过去，或是从中间、下面钻爬过去等。

(3)各种物体。用于攀登的，用于跨越的或跳上跳下的，可以悬挂的，弯曲后可以环绕起来的，用于推、拉的，可以爬进去的等。

(4)各种绳带和杆。长度不同、粗细不同的，可以悬挂起来或摆动的，幼儿可以从下面爬过去的或是从上面跨越过去的等。

(5)各种球。大小不同、重量不同(也可以包括豆袋或沙包)等。

(6)各种球拍。重量不同、抓握的尺寸长度不同等。

2. 提供给第三类运动所必要的运动经验

这些经验是通过感官来吸引幼儿的。

(1)听觉的经验。

例如，音乐声、敲打声、说话声以及身体各部位发出的响声(如拍手声、跺脚声、拍肩声、嘴巴发出的嘘嘘声)等。

(2)视觉的经验。

例如，绘画、雕塑作品、运动的物体、大海或各种风景的照片，各种动物的运动或幼儿活动的场面的图片或录像等。

(3)触觉的经验。

例如，坚硬程度，光滑程度，物体的坚韧性、黏性(如糨糊、泥土)等。

这类经验可以在运动课上提供，也可以由幼儿自己通过与外界环境的接触而获得，然后再用身体运动把它们反映或表达出来。例如，刮大风或下大雪的天气、秋天的落叶、火车、飞机等。

二、学习环境

> "当我们需要学习的时候，
> 我们便开始了学习。
> 当我们想要学习的时候，
> 我们学习得最好。"
>
> ——斯坦利(Stanley)[1]

强迫一个人学习，是达不到学习目的的。只有当一个人想要或是需要学习的时候，真正的学习才会发生。

幼儿由于本身的年龄特点，会很自然地沉浸到运动之中，因此，幼儿自身的体验、发现、满足感以及愉快感都是很重要的。如果幼儿的动机水平很高，那么，他们将会继续保持这种较高的动机水平，而且还会将此迁移到生活中的许多运动中。

幼儿运动技能的发展情况，主要依赖幼儿参与到他所感兴趣的以及对他有所要求的活动中的机会的多少。成人(不论是父母还是教师)对幼儿的活动经常所持的态度，是一个决定性的因素。教师所选择的教育内容和方法，必须是精心挑选的，应该是有助于幼儿心理发展的，而不只是趋向于一种具体技能的获得。

(一)观察幼儿的运动

教师要为幼儿提供适当的运动环境，首先要熟悉和了解幼儿的发展水平。只有这样，才能避免幼儿参加不适合自身需要的活动，或使用不适合自身身心特点的运动器具。

在非正规的环境中注意观察幼儿，教师会获得许多有用的信息。但如果教师能

---

[1]　J. Wall, *Beginnings*，McGill University Business Office，1981.

选用一种合理的概念框架作为观察幼儿运动的基础，那将收获更大。较理想的概念框架应该能向教师表明以下几点：

第一，在幼儿的运动中应该观察些什么；

第二，向教师提供描述运动的词汇；

第三，向教师提供一种结构，以便由此推导出一个教学活动的计划。

应用最广泛并且能符合上述条件的概念框架，就是鲁道夫·拉班提出的运动分析理论。基于拉班的运动分析理论，教师能以更充分的准备对幼儿进行有目的的观察。通过观察，教师便能发现：有的幼儿总习惯于使用身体的某一部位来活动，或者总是喜欢用相同的运动类型来活动；有的幼儿在运动的过程中总是比较笨拙，不如其他的幼儿灵活；男幼儿总喜欢参加一些以力量为主的运动，女幼儿则更喜欢参加那些优美而又流畅的运动；有的幼儿喜欢与别人在一起活动，有的幼儿则喜欢一个人活动，等等。

通过这些观察，教师能初步了解幼儿的发展水平、各自的特点以及存在的不足之处，这样，就能为运动环境的创设提供必要的依据。教师观察到的有关幼儿的运动经验与设计出促进幼儿发展的活动方案是同等重要的。

当设计出活动方案后，教师还要考虑如何才能实现它。幼儿是否如教师所希望的那样以丰富的想象、不受约束的方式来使用身体和探索空间？若不是这样，教师又该怎样进一步帮助幼儿呢？例如，在一个要求幼儿用摆臂和抬腿的行走动作来完成任务的活动中，幼儿也许只练习向前走。这时，教师就应该注意到"运动的位置与范围"标题内的活动内容，鼓励幼儿练习向后倒着走和侧着走。

(二)提供恰当的学习环境和气氛

为了激发幼儿的学习兴趣，教师必须提供给幼儿恰当的学习环境和气氛。

运动课对于幼儿和教师来说，都应该是一种快乐的体验。一个从容的、充满自信的教师，可以使幼儿产生安全感，能使幼儿感到可以去试验一下自己的思想和方法。

课的内容应该是有趣的，这样才能引起幼儿的兴趣；而且应该使幼儿产生一种热切的期望感、渴望感。如果一节课是令人厌烦的，相同的音乐、相同的器械安排、相同的游戏，那么，幼儿的动机水平就会下降。如果课中的变化过多，也可能会有碍于幼儿动作技能发展的速度。因此，教师要认识到幼儿的知识能力状况与所需完成的任务之间的一种平衡。

如何建立各种类型课的任务和要求，将直接影响到幼儿学习的发生。在较传统的课里，幼儿必须听从教师的指导并进行模仿动作，而且要尽可能原封不动地重复一种活动。而在运动教育课上，教师必须考虑到自己所运用的语言，不仅会影响每一项任务内在的对身体的要求，而且还会影响每个幼儿智力发育的程度。有些任务要求幼儿解决一个小难题，有的任务则要求幼儿作出简单的反应。教师需要制订各种要求,这是非常重要的。一个敏感的、有经验的教师是能够"感到"何时给予幼儿更多的自由或减少限制是最恰当的,在教学的过程中,再根据活动的具体情况进行调整,恰当地运用"放"与"收"。这种做法的结果是给予幼儿更多的自由,这样,幼儿便有了进行选择、作出决定的时间和机会。

(三)方法的选择

在一节具体的运动教育课里,课的目标以及幼儿的特殊需要决定着所选择的方法。

例如,当一节课是以"自由活动"开始时,就应该给予幼儿充分的选择。教师要尽可能多地提供各种活动器材,如铁环、沙包、绳子、球拍和球等,告诉幼儿可以选择其中的一种器材,并鼓励幼儿可以用自己的方法来使用它。另一种方法是教师选择某一种器械,引起幼儿在某种特定范围内的运动反应,而这些反应又是教师希望幼儿在这节课中得到发展的方面。如提供给幼儿大小合适的球拍和球,让幼儿自己活动。幼儿可以在空中击打球,可以用球拍推着球在地面上滚动,可以站立着用球拍来拍球,也可以用球拍托住球走动等。幼儿大都会想办法用不同的方法来玩球。这时,教师的注意力应该放在各种玩法的不同之处和相同之处的比较分析上,以便使这节课能进一步开展下去。

活动有时是通过提出一个小问题(限制方法)开始的。例如,教师对幼儿说:"从你身前的垫子上慢慢地移动过去,然后再快速地返回来。"幼儿对这个要求的反应可能会有所不同,这时,教师再用提问的方式给予一些帮助,以便引导幼儿注意到具体的运动要求,并且帮助幼儿扩展他们的反应。如对于行动较慢的幼儿,教师可以提出这样的问题:"如果想要快些移动,是伸展着身体好呢,还是蜷缩着身体好呢?"这个问题可以帮助幼儿选择合适的身体形态,以便加快移动的速度。

要使幼儿的探索与发现更有成效和价值,需给予幼儿一定的时间进行实践与练习。个别的指导和帮助在这里是最合适的,而且可以把各种直接教学的方法结合在一起使用。例如,要求幼儿身体"再紧缩一些",或是用提问的方式:"你的腿应该是并在一起好呢还是分开来好呢?"以此来指导幼儿去发现,这有助于促进每个幼儿去完成课的任务。

利用指导发现的方法来扩展和说明动作状况的例子如下。

(1)如果……将会发生什么?

腿弯

身体倾斜

做一个较大的摆动

(2)你怎样才能……

跳得更高?

把球投得更远?

使小组占据的空间更小?

(3)你什么时候……

更有可能达到平衡?是蜷缩身体还是使身体伸展开来?

更有可能击中目标?是在你的对手身后,还是在他的身体的侧面?

(4)你必须做什么,才能……

像你的同伴那样同时到达?

尽可能长时间地保持平衡?

躲避你的对手?

比尔鲍夫(Bilbrough)和琼斯(Jones)曾经建议:当采用一种少量指导的方法来确立任务的时候,应该让幼儿有机会在完成任务的过程中,来练习个人的选择、探索,试验自己的思想,用自己的想象来发展创造力,这样,就能使幼儿变得更具有独立性、积极性和胆量(即冒险精神)。[1]

对于幼儿来说,在增加或减少作出决定的次数方面,可以参看图 6-4、图 6-5 和图 6-6 的图解说明。[2]确立任务有三种主要的方法,即探索、限制和指导。它们之间没有严格的分界线。这个连续的统一体向上和向下"滑动",要依据具体情况或幼儿的需要而定。在发展一个特定技能或运动思想方面,应该尽可能地认识到限制幼儿自由和给予幼儿自由之间的相互作用。

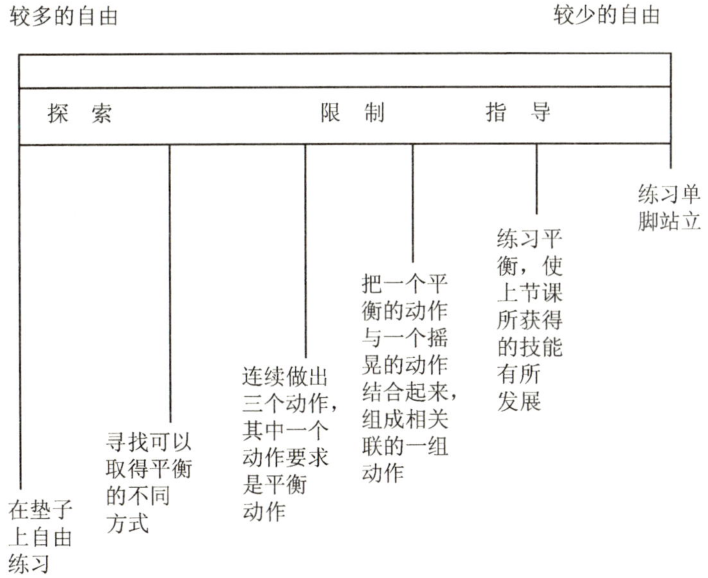

较多的自由　　　　　　　　　　　　　　　　　较少的自由

探　索　　　　　限　制　　　指　导

练习单脚站立

练习平衡,使上节课所获得的技能有所发展

把一个平衡的动作与一个摇晃的动作结合起来,组成相关联的一组动作

连续做出三个动作,其中一个动作要求是平衡动作

寻找可以取得平衡的不同方式

在垫子上自由练习

图 6-4　体操的任务

[1][2]　J. Wall,*Beginnings*,McGill University Business Office,1981.

较多的自由   较少的自由

探　索　　　　　限　制　　　指　导

围成一个大圆圈，每个人都沿时针方向边前进边用脚运球

边跑边用脚运球

在你移动的时候只用手来控制球

用一种能引起身体移动的方法来使用球

每人一个小球自由地活动

使用任何可用的器械来自由活动

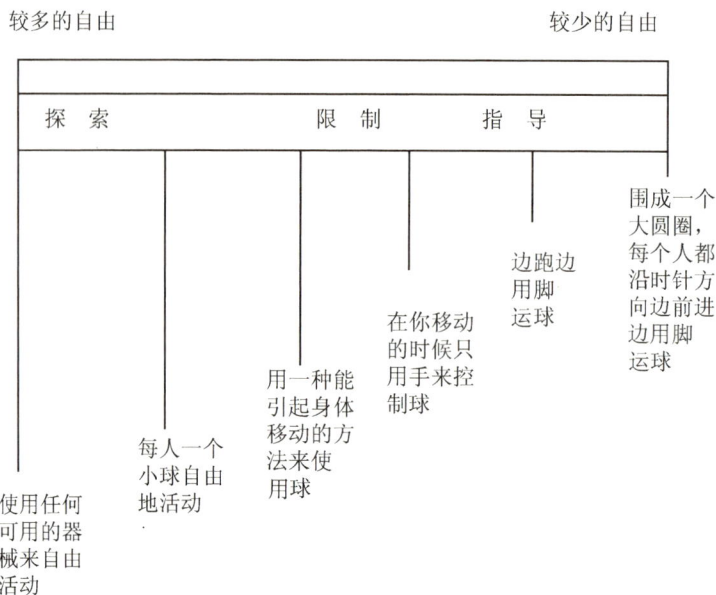

图 6-5　游戏的任务

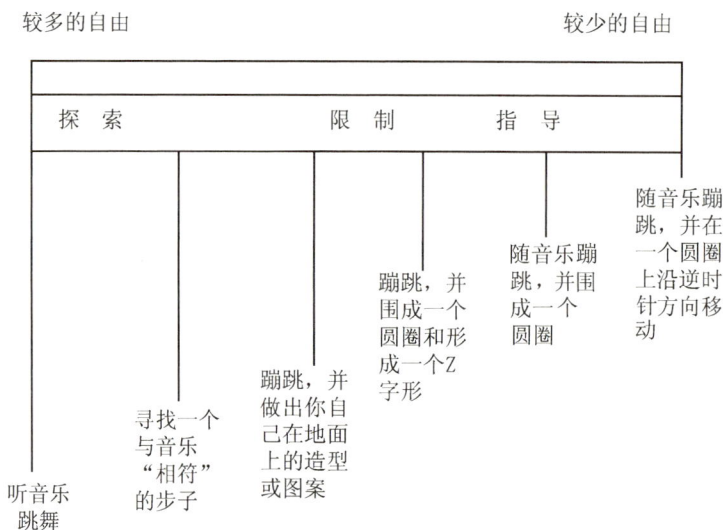

较多的自由   较少的自由

探　索　　　　　限　制　　　指　导

随音乐蹦跳，并在一个圆圈上沿逆时针方向移动

随音乐蹦跳，并围成一个圆圈

蹦跳，并围成一个圆圈和形成一个Z字形

蹦跳，并做出你自己在地面上的造型或图案

寻找一个与音乐"相符"的步子

听音乐跳舞

图 6-6　舞蹈的任务

三、课的计划

没有受过培训的观察者，在观看完一节运动教育课后有可能会感到：这节课怎么没有出现中心任务？实际上，这很可能是由于在这节课中，幼儿所出现的多种活动反应把他给弄迷惑了。

但对于计划运动课的教师来说，他的头脑始终是清楚明白的。在此过程中，他必须能够做到以下三点。

第一，提供一个框架，并且在此过程中能够留有余地，让幼儿进行创造。

第二，依据所提出来的限制来评价幼儿不同的反应，即确信每个幼儿都明白了这个要求，并且正在完成这个任务。

第三，给予幼儿适当的帮助，对每个幼儿使用教学暗示的形式，这样，幼儿自己的活动反应就有可能得到发展。

较有经验的教师，对各种有可能出现和最有可能出现的活动反应心里是有数的。例如，把一块倾斜的木板放置在活动场地上，有可能会引起幼儿在上面做滑动的活动，教师可以运用教学暗示来引导，同时注意与滑动有关的问题。

在最初设计一节课的时候，教师必须考虑幼儿年龄、班级人数、上课时可使用的空间形状和面积、可用的器械数量和种类，以及课的时间长短等方面的问题。对于已熟悉的班级，教师还必须考虑幼儿原有的经验以及各种能力。如果教师对幼儿不太熟悉，如在学期的开始，则首先必须建立对幼儿能力水平的某种假设，这种假设是以处于一般发展水平状态下的幼儿应有的知识能力以及教过类似年龄组幼儿的教师的经验为基础的。有时，以前的教师也会留下有关这个班幼儿发展状况的记录，这将会提供很有价值的参考。

一节课开始时，可以先介绍活动，提出一两个任务，或者让幼儿用运动来体验，或者运用已学过的动作技能。在这种情况下，做一些小小的说明和解释是必要的，然后让幼儿开始活动。例如，让幼儿在自己身边的垫子上自由活动，或随着一段熟悉的音乐跳舞，或追逐一个同伴等，这些安排，都是要达到让幼儿尽快地进行活动的目的。

随后，课围绕一个中心主题展开。在此过程中，应该尽量使新的技能得到发展、已学过的技能得到巩固和促进，或者是在不同的情况下加以运用。

在课的最后部分，可以让幼儿使用新的技能和想法来体验，如创编一个舞蹈、玩一个游戏、在器械上运用某种运动技能等。幼儿应该带着安全感来完成，从而达到一个新的能力水平。

一节课的计划，是一个最必要的指南。教师要想在课中无拘束、自然地参与到幼儿学习的过程中，就必须更全面地制订计划。这样，才能使自己的注意力始终放在对幼儿的指导和帮助上，而不是放在为下面应该做什么事而操心上。

为了让幼儿更好地掌握某种运动概念，教师应该认识到适当重复的重要性。但重复不能过多，也不能过少。一定量的重复会使幼儿的运动词汇得到增加，会使幼儿变得更加多才多艺。这些均需要教师为幼儿提供较多的运动时间，以便让他们进行恰当的选择。为幼儿计划的运动教育课程，应该注意活动要多样化，课中要有一定的变化。

思考题

1. 运动教育课程的特点是什么?

2. 运动教育课程给予我们的启示有哪些?

建议的活动

1. 运用运动教育中的运动要素分析,举例分析幼儿在某一运动中能获得哪些方面的感受和经验。

2. 结合幼儿的年龄特点,尝试设计一个运动教育的活动方案。

附　　录

谈幼儿园体育活动的整体规划[①]

刘　馨

幼儿体育活动是增强幼儿体质、增进幼儿身心健康的重要途径和手段，其对于幼儿发展的重要价值已日益为人们所认识和重视。

就当前许多幼儿园开展体育活动的现状而言，有许多令人鼓舞的地方。例如，许多幼儿园从观念和实践上都较重视幼儿体育活动的开展，能保证上午和下午分别有 40 分钟以上的户外体育活动时间；积极尝试和探索新的体育活动形式和活动方式(如基本体操与体能练习的结合、区域性体育活动、远足活动)；自制运动器材，丰富幼儿体育活动内容；积极开展幼儿体育科研(如基本体操创编的研究、民族民间幼儿体育活动和游戏的探索)等。

但与此同时，许多幼儿园在开展体育活动时也存在着一些问题。

• 幼儿体育活动的计划性不强，随意性较大。例如，较少考虑每学期或每个月应如何安排体育活动才能实现中期目标；有计划的目标性活动逐渐减少；常常是以趣味性来确定活动内容等。

• 周计划之间、周计划与日计划之间缺乏一定的关联，缺少整体思考。

• 在体育活动内容的安排和体能发展目标的实现方面，既缺乏全面性，又缺乏平衡性。例如，跑、跳类和拍球的活动较多，而较忽视幼儿上肢、躯干等部位的锻炼以及体能的全面增进。

• 体育活动的组织形式还不够丰富。例如，通常是以早操、户外自由体育活

① 刘馨：《谈幼儿园体育活动的整体规划》，载《学前教育(幼教版)》，2007(4)。有改动。

动、体育游戏等形式为主，而体育教学活动、区域性体育活动、室内体育活动、远足活动等其他形式的活动则开展得较少或根本没有。

• 活动内容和活动器材的提供较为雷同，缺少变化，丰富性不够。例如，上午和下午的活动内容差不多，连续几天都玩相同的体育游戏，连续几周都玩相同的运动器械等。

• 有些幼儿园只重视进行与自己体育科研有关的体育活动，而忽视对幼儿体育活动的全面规划。

• 部分地区的幼儿园，为了使幼儿在体质测试中取得较好的成绩，经常采用集中训练或强化训练的方式让幼儿进行动作练习，甚至平时体育活动的内容也主要是围绕体质测试的项目而开展，如往返跑、立定跳远、单脚跳、走平衡木等。

从上述的种种现象和问题中可以看出，幼儿园体育活动的开展，如果只关注在某些内容或形式方面进行探索、改革和研究是远远不够的，而且很容易出现片面化的趋向。此外，就幼儿体育活动的理论研究和实践探索来看，目前也尚缺乏从全局的角度来审视幼儿园体育活动的规划和组织问题。

规划好幼儿园的体育活动，可以说是幼儿园体育工作的一个十分重要的环节，它直接影响到幼儿机体的生长发育、体质的增强与身心的健康，是幼儿体育活动目标得以实现的重要环节。为此，我们应该对幼儿园的体育活动进行整体性的、全方位的规划，并努力使之达到适宜和有效。在这里，我想就我个人的理解、探索和实践，对幼儿园体育活动的整体规划谈一些策略性和操作性的问题，供大家参考。

一、规划的立足点→两个依据

在规划幼儿园体育活动时，首先需要遵循两个基本的依据，即幼儿体育活动的目标和幼儿体育活动的价值。

幼儿园体育活动的目标，是幼儿园计划和安排幼儿体育活动时必须遵循的主要依据，它为幼儿园体育活动的开展提出了方向性的指南。

《幼儿园教育指导纲要(试行)》已明确提出了幼儿园体育活动的总目标，即使幼儿"喜欢参加体育活动，动作协调、灵活"。同时，在其"内容与要求"和"指导要点"中，又进一步指出"培养幼儿对体育活动的兴趣是幼儿园体育的重要目标""用幼儿感兴趣的方式发展基本动作，提高动作的协调性、灵活性""在体育活动中，培养幼儿坚强、勇敢、不怕困难的意志品质和主动、乐观、合作的态度"等。

此外，我们还需要进一步考察，在幼儿阶段体育活动对幼儿健康成长的重要价值，以把握其核心和深远的影响。

根据国内外有关幼儿体育活动的研究以及我本人对此方面的思考，我认为，幼儿体育活动的价值主要体现在两大方面：其一，从身体方面来看，适宜的运动能促进幼儿机体的正常发育和机能的协调发展，促使幼儿基本动作获得提高、体能得到增强；其二，从心理方面来看，适宜的运动能丰富幼儿的运动经验，激发幼儿愉快的情绪和运动兴趣，培养幼儿的自信心、自主性、规则意识和合作能力，锻炼幼儿的意志品质等。

根据上述的两个基本依据，同时，也为了更好地实现幼儿教育的总体目标，我认为，在规划幼儿园体育活动时，应重点考虑活动安排上的四个关键点：

第一，以激发幼儿的运动兴趣、丰富幼儿的运动经验为起点；

第二，以发展幼儿的基本动作（包括走、跑、跳跃、投掷、攀登、钻、爬、翻滚、悬垂、支撑、接住、滚动、推拉、搬运等）和基本体能（包括平衡能力、协调性、灵敏性、力量、耐力等）为核心；

第三，尊重和满足幼儿个体的运动需要和发展需要；

第四，以体育活动为手段或途径，促使幼儿其他方面（如情绪、个性、社会性、认知能力等）的健康发展。

二、规划的运作→统筹安排，全面兼顾

围绕上述的四个关键点，我们在规划幼儿园体育活动时，可以从活动内容、活动形式和活动时间这三个方面的安排入手及落实。

（一）活动内容的安排

提供怎样的体育活动内容，将直接影响到幼儿身体机能、基本动作和体能的发展状况。为此，应考虑到其多样性、丰富性和适宜性的问题。

1. 运动器材的多样性、丰富性和适宜性

幼儿园应提供包括滑行、摆动、旋转、平衡、攀登、钻爬、跳跃、投掷、悬垂、推拉、搬运等类型的运动器材，以及各种儿童球、儿童自行车和手推车、圈、沙包、跳绳、毽子、轮胎等其他的运动器材。在具体的操作方面，应注意：

- 各种运动器材应交替使用和有机组合；
- 应多提供对幼儿前庭器官有一定刺激作用的运动器材，并鼓励幼儿多进行尝试和练习；
- 应考虑每类运动器材的多样化和难度差异性特征；
- 应鼓励幼儿探索运动器材的多种玩法，并创造性地进行游戏；
- 应避免只提供有限的运动器械给幼儿活动和操作的现象。

2. 运动内容的多样性、丰富性和适宜性

幼儿园应计划、安排能促使幼儿基本动作和基本体能获得全面、协调发展的活动及游戏；同时，还应该鼓励开展民族民间传统的幼儿体育活动和游戏。在具体的操作方面，应注意：

- 基本动作的提高与基本体能的增强应有机地结合起来进行；
- 提倡多种动作有机结合或循环式的游戏活动；

- 应避免进行对幼儿身体有可能产生不利影响的活动，如拔河、长跑等；
- 应避免进行某一类动作的单纯训练，如立定跳远、拍球等。

(二)活动形式的安排

不同的活动形式既有其独自的特征和作用，又同时存在着某些局限性，因此，幼儿体育活动的形式应该是多样的，并尽可能做到相互补充和适宜性。

1. 目标性活动与自由活动的有机结合

目标性体育活动，是有目的、有计划地发展幼儿体能、实现幼儿体育活动目标的重要途径之一，不可忽视或取消。它可以通过体育教学活动(或称幼儿体育课)、体育游戏、自选的分散式活动等形式来体现。

而自由的体育活动是以满足幼儿个体的兴趣和需要、自主地选择运动器材和运动内容为特征的活动形式，这种形式对激发幼儿的运动兴趣、满足幼儿个体的运动需要、适应幼儿个体的运动水平，并促使幼儿体能个性化地发展都具有十分重要的价值。

这两种活动形式的有机结合，既能从宏观上保证幼儿基本体能的全面与协调发展、体质的增强，又能兼顾到幼儿的个体特征与需要，促使幼儿个性化地发展。

2. 组织形式的多样性、互补性

幼儿体育活动的组织形式是多种多样的，主要有早操活动、晨间体育活动、户外自由体育活动、体育游戏、体育教学活动、区域性体育活动、室内体育活动、远足活动、幼儿运动会、亲子体育活动或游戏等。

不同组织形式的体育活动，具有各自不同的特点，如果能全方位地考虑其不同的价值，灵活地加以运用，既可以充分发挥其不同的功效，又可以起到互补的作用，这不仅能极大地丰富幼儿的生活，而且能使幼儿从中获得多样的运动体验和体能上的全面锻炼。

3. 活动方式的多样性、灵活性

在幼儿体育活动的具体实施过程中，活动方式的选择应该考虑多样性和灵活性。有时可以采取集体的方式进行，有时也可以采取分散的、个别活动的方式进行。即使是在体育教学活动中，也可以通过分散式的练习来实现活动目标。

无论采取怎样的活动方式，都应该本着这样两个基本理念：

- 要充分发挥幼儿的主体性，使他们在活动中能积极主动地参与、大胆地尝试，并创造性地进行活动，应避免被动式或机械式的模仿、动作练习或动作训练；
- 要考虑到幼儿个体发展水平的差异性，使幼儿能根据自己的能力大小和发展水平自主地参与活动和锻炼，应避免无视幼儿个体差异"一刀切式"的练习现象。

(三)活动时间的安排

幼儿在园要生活三年，体育活动的规划也需要全面地加以考虑，体育活动的长期的规划与短期的规划应有机地联系起来，并注意合理安排。

1. 学年、学期计划应考虑相互衔接和合理分配

幼儿园体育活动的总目标，是幼儿在园三年的生活和活动所要达成的最终目标，不同的年龄阶段需根据幼儿不同的年龄特点、发展需要进行具体化和适当分解，并通过三年的时间逐渐实现。因此，各年龄段的阶段性体育活动目标既要有所不同，又要有一定的衔接与递进性。不仅如此，还应该根据上学期与下学期时段的不同以及幼儿年龄的增长，考虑本年龄段幼儿体育活动目标的学期递进性乃至月递进性。

从体育活动的组织形式来看，在每一个学年，由于是一年的光阴，同时又有着春夏秋冬的季节性变化，因此，可以先考虑每个年度的体育活动特色。

例如，可以在每年六一儿童节或十一国庆节到来之际，安排一次幼儿运动会或亲子体育游戏活动，这既能使幼儿体验到以园为单位的体育活动特色，又能通过体能相互展示的过程，进一步强化幼儿的运动兴趣。如果能邀请家长参与的话，还能使家长进一步了解自己孩子的发展状况，并密切亲子之间的关系。这类活动，应该组织得像过节一样，人人参与，人人有所收获，使幼儿充分体验到运动带来的快乐。

在学期计划中，远足活动的安排也应该考虑进去，这是亲近大自然、走向社会、锻炼和检验体能的有利时机，可以将其与综合教育活动有机地结合起来进行，最好每学期安排1～2次。

从体育活动的内容来看，也可以结合各季节的特点进行规划。例如，夏季可多进行水的游戏活动和赤脚活动，冬季可多进行玩雪、滑冰、跳绳、踢毽子等活动。

2. 月计划应考虑锻炼的全面性

在制订每个月的体育活动计划时，应考虑该年龄阶段体育目标的全面落实问题，月与月之间的安排主要体现的是能力和要求上的逐渐递进性。

从体育活动的内容安排和目标指向来看，每个月都应该考虑到幼儿各种基本动作和基本体能的发展问题，也就是说，应全面安排包括走、跑、跳、投掷、攀登、钻、爬、翻滚、悬垂、支撑、接住、推拉、搬运等各种基本动作的练习以及促使幼儿平衡能力、协调性、灵敏性、力量、耐力等基本体能发展的活动。

月计划的全面性，可以促使幼儿在一个适当的时间阶段里获得动作与体能上的全面锻炼和提高，而月与月之间的转换，又能在下一个阶段使幼儿在此方面进一步得到巩固和持续性的发展。

如果有条件的话，也可以将远足计划纳入其中，每个月进行一次小小的远足活动将会使幼儿获得多方面的经验和发展。

应避免：每个月都以发展某几种基本动作为主要目标的片面性的体育计划。

3. 周计划和日计划应考虑合理搭配和相互补充

在制订周计划时，应将日计划纳入其中，并综合考虑在这五天中体育活动的合理搭配和相互衔接。

在具体操作时，可以采用像写食谱那样进行计划和安排。例如，可先确定本周的主目标（如两个左右）和主活动，这通常是以体育教学活动或体育游戏的形式来实现。

在主活动开展之后，最好能在随后的一天（或隔天）进行一次适当的重复，以起到巩固和加强的作用。

幼儿园如果开展区域性体育活动的话，同时也应确定区域性体育活动的时间。

其他几天，可考虑安排与主活动、主目标有所不同的目标性活动(也可称次活动、次目标)。例如，体育教学活动如果是以跳跃活动为主并以发展协调性、灵敏性为主要目标，那么其他几天的目标性活动，从活动形式来看，可采用自选的分散式活动进行，也可采用体育游戏的方式进行；就活动内容而言，可以安排以投掷、平衡木、球类等活动为主的内容，其发展目标也可确定为以发展幼儿力量、平衡能力、协调性等基本体能为主。

在制订日计划时，通常应先确定每日的早操活动或晨间活动的内容，然后，将目标性活动与自由活动分散地安排在上午和下午。这样，既能保证幼儿每天的身体锻炼具有一定的目标性，又能兼顾幼儿个体的运动兴趣与需要。

此外，连续几天的活动，还应该考虑运动器材的适当更换或增减，包括大、中型的运动器材和小型的可移动器材。

综上所述，幼儿园应从全局的角度来规划幼儿体育活动，这是提高幼儿园体育活动质量、增强幼儿体质、全面实现幼儿园体育活动目标的重要环节。

后附的幼儿园体育活动整体规划运作示意图(如图1)，可以帮助幼儿教师更清楚地理解幼儿园体育活动规划的结构框架、运作程序和相互关系。体育活动周计划表也可用作开展体育活动的参考。

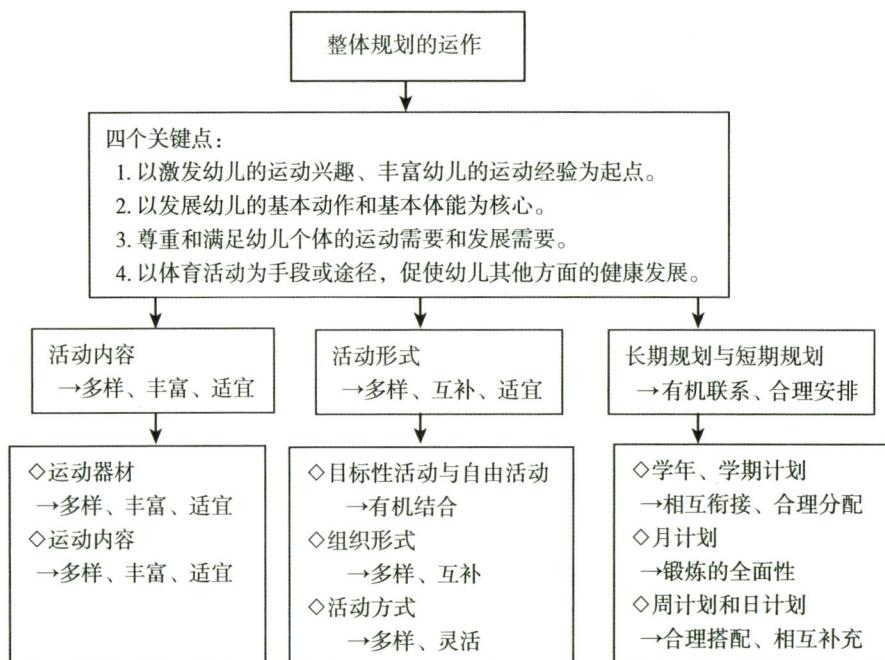

图1　幼儿园体育活动整体规划运作示意图

北京市昌平区工业幼儿园　班级：大三班　教师：巩月英、杜军

表 1　体育活动周计划

本周的主要目标	时间	内容	星期一	星期二	星期三	星期四	星期五
大目标： 1. 通过走不同难度的平衡材料，提高幼儿的平衡能力和协调能力，培养幼儿自我保护的能力。 2. 提高幼儿奔跑以及转身的速度，发展幼儿的灵敏性。 **小目标：** 1. 通过报纸的一物多玩，提高幼儿全身的平衡能力及全身的协调能力。 2. 通过腾走及垫脚胸走等游戏，提高幼儿腿部的力量和耐力	上午	早操活动	1. 模仿操"世界多美好" 2. 矮人走(腾走) 小目标 2	武术操	1. 模仿操"世界多美好" 2. 巨人走(垫脚走) 小目标 2	1. 武术操 2. 巨人走和矮人走 小目标 2(复习)	模仿操"世界多美好"
		目标性活动		体育课：平衡木上的运动大目标 1	游戏(复习)：蚂蚁钻洞	游戏：接力赛大目标 2	
		自由自选活动	1 号大型器械	轮滑、高跷、滚筒	2 号大型器械	双脚协力车、皮球、轮胎	区域性体育活动（包括投掷区、钻爬区、跳跃区、平衡区、小车区等）
	下午	目标性活动	报纸的一物多玩小目标 1		游戏：聪明的机器人大目标 1(复习)		游戏：揪尾巴(报纸游戏)大目标 2(复习)
		自由自选活动	轮滑、高跷、双人走大鞋	1 号大型器械	轮胎、双脚协力车、滚筒	2 号大型器械	沙包、皮球、轮胎

续表

本周的主要目标	时间	内容	星期一	星期二	星期三	星期四	星期五
		活动反思：反思注重运动过程中幼儿能运动作和体能中出现的问题，为下次活动的目标制定和指导提供依据	在蹲着走时，有的幼儿的腿部力量，控制力与耐力不足	在投放的所有平衡器材上，幼儿从上面走过时，身体的平衡能力较强，但在手持物走的过程中，物体的重量影响了幼儿的平衡性	个别幼儿滚轮胎时，双手的动作不够灵活、协调		幼儿积极参与材料的搬运，在搬运过程中自我保护能力以及合作意识欠缺，高估了自己的能力

幼儿不宜参加专项化训练与竞赛①

张　莹　刘　馨　陈冬华　张首文

自 2017 年幼儿体育作为青少年体育的重点工程以来，政府关注度高，社会参与度高，使得幼儿体育培训与赛事热度空前高涨。但运动是一把双刃剑。遵循幼儿身心发展特点与幼儿教育规律的运动，能促进幼儿身心健康发展，激发其运动兴趣，培养其运动习惯；反之，则会对幼儿的身心健康产生不利影响和危害。

《中华人民共和国学前教育法草案（征求意见稿）》第十七条明确提出："任何组织或者个人不得组织学前儿童参与商业性活动、竞赛类活动和其他违背学前儿童年龄特点、身心发展规律的活动。"同时，全国青少年校园足球工作领导小组办公室印发了《3—6 岁儿童足球活动负面清单》。这两项举措充分表明，政府正在以对幼儿高度负责的态度，直视近些年来的体育培训与竞赛乱象，高度警惕专项化训练、竞赛对幼儿产生的不良影响和危害。

一、足球等专项化训练违背幼教规律

"幼儿专项化训练"属于早期专项化训练范畴，特指 3～6 岁幼儿在成人的指导下，以获得相应的动作技能或良好的比赛成绩为目的，专门组织的有计划的、长期进行的、与专项相结合的、单一动作模式的高强度运动。"幼儿体育竞赛"，是指由3～6 岁少数幼儿参与的，以取得良好的比赛成绩为目的，在特定的场地里，由裁判员主持，按统一的规则要求组织与实施的幼儿个体或团队之间的体能或专项运动的较量。系统的、长时间的、高强度的持续训练是取得理想训练效应的必要条件，也是取得良好比赛成绩的重要保证。

足球、篮球等项目属于技能主导类同场对抗性运动项目。技术在其中起着决定性作用，技术的掌握、熟练、准确和应用必然离不开大量的专项化训练，而足球、篮球等比赛具有快速、灵活、激烈对抗等特点，要求参赛者具有强大的心肺与运动系统功能，这一切都违背了幼儿身心发展特点与幼儿教育规律。

因此，北京体育大学邢文华、罗冬梅等教授曾在多个场合公开呼吁幼儿阶段一定不能进行专项化训练。北京体育科研所研究员周琴璐教授指出，幼儿早早进行体育专项训练百害无益。无论参赛的初衷是如何为幼儿发展着想，由于比赛的强技能性和受追求良好比赛成绩驱动，必然导致专项化训练的大量存在，最终逃不过为

---

① 张莹、刘馨、陈冬华等：《幼儿不宜参加专项化训练与竞赛》，载《中国教育报》，2020-10-18。有改动。

了名利而牺牲幼儿健康的事实。

二、专项化训练与竞赛危害幼儿身体健康

专项化训练与竞赛不仅会对幼儿运动系统、心肺系统等方面造成影响和危害，还可能会由于营养缺失、高期望而加剧幼儿机体损伤，影响基本动作及未来运动技能的发展。具体来说，可能带来如下影响。

导致体态异常。 与成人相比，幼儿骨骼弹性较大，硬度较差，易变形，肌肉中水分含量较多，力量储备较差。幼儿长期过度使用某一肌群，容易造成这部分肌肉粗而壮，而身体其他部位肌肉发育不均衡，使得骨骼变形，从而出现身体其他部位的代偿行为、疼痛及损伤，导致脊柱侧弯、高低肩、O型腿、小短腿、八字脚等不良体态。

影响正常身高。 幼儿阶段为生长发育期，骨骼较软，长骨两端的骨骺有非常丰富的血管神经，此时还未愈合，为继续生长做准备。身体长期承受过大运动量，会造成局部压力强度过高，容易促使幼儿骨化提早完成，导致其患胫骨结节骨骺炎病或软骨病的可能性增加，不仅可能使幼儿的正常活动受限，而且也会使其在身高增长高峰期骨折风险加大，并使身高受到影响。

心肺系统发育障碍。 不合理的训练强度和训练量、单一练习或者方法不同但用力部位相同的训练手段，增加了心血管及肌肉骨骼系统的损伤概率，使单侧肌群和器官功能的发育受限，身体发育和生物平衡紊乱。由于幼儿的心肌纤维短而细，心脏收缩力弱，心脏的每搏输出量小，胸廓狭小、呼吸肌力量弱，呼吸的深度不够，如果长期进行强度较大的运动，容易造成幼儿心脏过度负荷，导致心肌增厚，影响心脏正常发育。

营养缺失与高期望加剧肌体损伤。 一方面，如果缺乏高强度运动后的营养补充常识，身体就会因无法获得充分的营养而影响正常发育和导致各种伤病的发生；另一方面，激烈的竞争可能极大地增加教练对幼儿施加不恰当的训练负荷的欲望，导致教练在训练和比赛过程中经常忽视幼儿伤病，使其未能得到及时治疗而造成疲劳性运动损伤。

影响基本动作及未来运动技能的发展。 长期进行专项化训练会直接影响幼儿参加多样化运动，导致多种运动技能缺失，身体素质与基本动作发展不均衡，出现整体肌力失衡、关节功能紊乱、运动能力失衡、体能和技术割裂等问题，极大地影响基本动作发展的系统化，不利于未来专项运动技术的发展。

三、专项化训练易使幼儿失去运动兴趣

专项化训练与竞赛不仅危害幼儿身体健康，而且会给幼儿心理健康带来不利影响，主要体现在幼儿能否客观地认识自我，以及是否会降低和失去对运动的兴趣等方面。

影响对自我能力的客观认识。运动技能获得是幼儿评价自我能力的重要方法与手段之一。专项技能或竞赛需要幼儿掌握一定难度的动作技能，当他们在练习中遇到困难而暂时无法成功时，容易否定自我。此外，幼儿心理素质脆弱，好胜心强，在乎输赢，比赛失败后容易情绪失控，不能正确地看待失败，只会归结为"我不行"这一错误认识。

降低或失去对运动的兴趣。运动心理学表明，过多或过度的运动训练有可能会增加一个人的消极情绪。专项化训练过程中多半是重复、枯燥、高强度、单一化的技能练习。幼儿只是在成人的指导下机械地进行，无法充分地体验到运动带来的自主性、愉悦感。久而久之，过度训练便会使幼儿身心产生疲惫感，对运动失去兴趣。

四、专项化训练影响幼儿同伴交往与自我表达

专项化训练与竞赛对幼儿社会性发展也有不利影响，主要表现在幼儿与同伴交往的时间减少、容易导致幼儿盲目顺从权威等方面。

影响幼儿同伴交往与游戏的时间。由于专项化训练有严格的训练时间或较多的比赛，因此，幼儿必须将大量的时间、精力和情感投入训练中。这可能导致他们没有充足的时间与同伴进行游戏、沟通和交流，也可能导致他们因心理疲劳或倦怠，而影响与同伴交流的心境。

导致幼儿盲目顺从权威。教练是训练方案的制订者、实施者，是竞赛的组织者和指导者，幼儿需要绝对地服从教练的安排，而不能充分地表达自我、展示自我，长此以往，可能会导致幼儿缺失自我、盲目顺从权威。

幼儿是祖国的未来，不是缩小的成人，他们的成长是不可逆的。我们坚决支持禁止幼儿进行专项化训练和竞赛的举措，规避由此带来的不良影响和危害，积极探索适宜、安全、有趣、高质量的幼儿体育活动。

（作者单位：张莹，浙江师范大学杭州幼儿师范学院；刘馨，北京师范大学；陈冬华，天津师范大学；张首文，首都师范大学）

幼儿循环体育游戏的实践研究①

丁静娴　刘　馨

【摘要】本研究采用行动研究法，以四川省绵阳市某幼儿园 422 名幼儿为研究对象，开展幼儿循环体育游戏的实践研究。研究发现：(1)幼儿循环体育游戏对幼儿的身体、情绪、社会适应、品质、认知等方面发展具有积极的影响作用。(2)幼儿循环

---

①　丁静娴、刘馨：《幼儿循环体育游戏的实践研究》，载《幼儿教育（教育科学）》，2017（Z3）。有改动。

体育游戏须遵循若干基本规则，要具有一定情节，体育游戏材料要丰富多样。幼儿循环体育游戏的开展需从游戏的目标、类型、游戏材料的选择、规则、运动负荷控制等方面着手。教师要为幼儿提供充裕的户外活动时间，教师、家长均要积极支持幼儿开展循环体育游戏。

【关键词】循环体育游戏；体育游戏材料；实践研究

1953年，摩根和亚当斯提出了循环训练的方法，意在促使运动员通过迅速地往返循环，提高敏捷度，增强耐力。日本西南学院大学的米谷光弘教授首次提出"循环游戏"，他指出循环(サーキット)就是从起点出发，前行后再回到原点，形成回路。幼儿的循环游戏也具有循环训练的特点，循环游戏应以幼儿为主体，为幼儿设计自由的、适应不同个体的自然而然的动作，向幼儿愉快地展示游戏世界。[①]

本研究采用行动研究法，以四川省绵阳市某幼儿园422名幼儿为研究对象，开展幼儿循环体育游戏的实践研究。

幼儿循环体育游戏指以走、跑、跳、投、攀、爬、钻等基本动作为练习内容，通过为幼儿提供丰富的游戏材料，创设某种情景，促使其在游戏中遵循一定的路径，往返循环、不断重复，进而促进其身体素质的全面提升。幼儿循环体育游戏可分小型循环体育游戏和大型循环体育游戏两类。小型循环体育游戏指以班级为单位组织的体育游戏活动，大型循环体育游戏指以年级组为单位组织的体育游戏活动。

一、循环体育游戏对幼儿发展的积极作用

1. 循环体育游戏对幼儿身体素质发展具有积极作用

研究者在循环体育游戏实施的初期和末期分别对幼儿进行了体质测试(参考国家体育总局发布的《国民体质测定标准手册(幼儿部分)》)，前后测比较发现幼儿的身体素质有所提升，尤其是身体的灵敏性、爆发力、协调性、柔韧性、下肢肌肉力量以及平衡能力(如图1、图2)。研究者认为，幼儿在借助循环体育游戏进行的大量动作练习中，身体各方面素质都得到了有效提高。

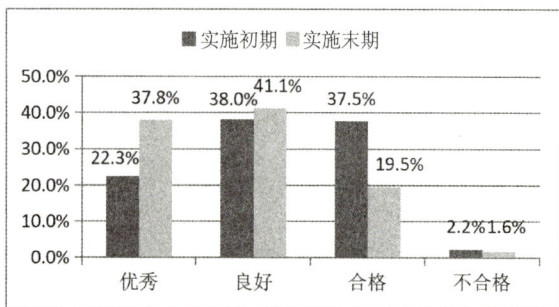

图1　实施初期和实施末期幼儿体质状况的对比

① ［日］米谷光弘：《循环游戏》，14页，名古屋，黎明书房，1987。

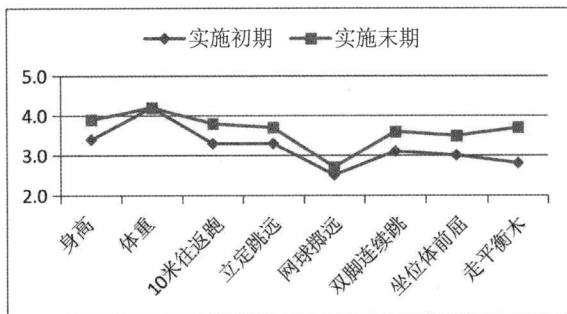

图2　实施初期和实施末期幼儿身体形态与素质的对比

2. 循环体育游戏对幼儿情绪体验具有积极作用

首先，种类丰富的体育游戏材料能让幼儿产生不同的感受和体验，循环体育游戏不仅能满足勇于挑战的幼儿，而且也能使较为胆小或动作发展较为迟缓的幼儿在游戏中获得满足感和成就感。其次，有趣的游戏情景能激发幼儿参与体育游戏的积极性。研究发现，年龄较小、认知能力较差、运动技能较弱的幼儿易受游戏情景的吸引而反复游戏。最后，游戏后的讨论有利于幼儿进行自我反思与评价，提高幼儿主动参与游戏的积极性。在循环体育游戏结束后，教师可与幼儿开展关于游戏的讨论，如"你最喜欢什么游戏材料""在游戏过程中遇到困难了吗""游戏过程中发生了哪些有趣的事情"等，以促使幼儿形成自我反思与评价的意识，同时进一步激发幼儿参与游戏的兴趣。

3. 循环体育游戏对幼儿社会适应能力发展具有积极作用

幼儿在游戏过程中会学习控制自己的行为，遵守游戏规则，这是对其自我控制能力的培养，同时也是对其社会适应能力的培养。循环体育游戏虽与平日的体育活动相关，但两者有较大区别。幼儿首先要弄清楚基本的游戏规则。此外，大型循环体育游戏为幼儿提供更加广阔的人际交往空间，这里不仅会有熟悉的同伴，还会有陌生的同龄人。在交往过程中，幼儿的语言表达能力、合作能力以及人际交往能力也能得到发展。

4. 循环体育游戏对幼儿良好品质的形成具有积极作用

体育游戏通常有利于培养幼儿自信、勇敢、果断、诚实等良好品质。对自身身体运动能力持肯定态度的幼儿，其自我认同感也比较高。循环体育游戏包含探究、冒险、创新等元素，有利于激发幼儿勇于接受挑战的意识，促使他们变得更加勇敢和自信。

5. 循环体育游戏对幼儿的认知能力发展具有积极作用

循环体育游戏对幼儿认知能力发展的促进作用首先表现为对幼儿创新能力发展的影响。幼儿可以创新体育游戏材料的玩法，而不必局限于教师的预设。幼儿也可以跳出循环体育游戏的模式，设计并开展创新型游戏（如图3）。

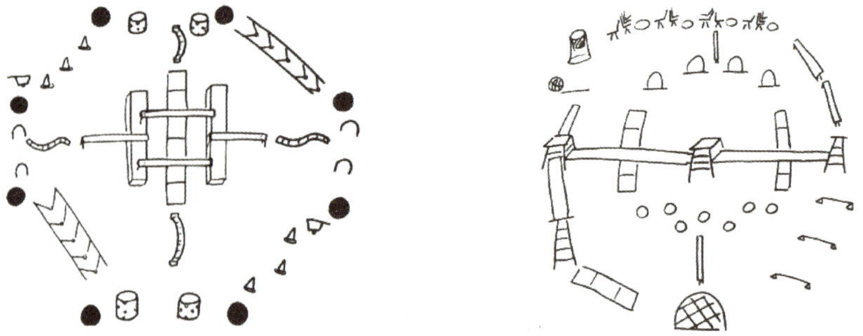

图 3　幼儿设计的循环体育游戏

其次，循环体育游戏有利于促进幼儿空间方位知觉能力的发展。幼儿在根据游戏设计图搭建实物的过程中，空间方位知觉能力会得到促进和发展。

二、循环体育游戏的特点

1. 须遵循若干基本规则

循环体育游戏区别于其他体育游戏的主要特点在于在游戏中幼儿须遵循一定的路径，往返循环，不断重复。因此，循环体育游戏存在一定的模式类型，如 O 型、U 型、H 型、8 字型。[①] 模式类型不同，游戏路径就不同。在循环体育游戏实施初期，目标可定位在帮助幼儿"了解循环体育游戏的路径，能够遵循路径完成游戏"；实施中期，目标除了要定位在帮助幼儿发展某些动作，还可促使幼儿"内化"循环体育游戏的基本规则；实施后期，可鼓励幼儿设计出与常规模式类型不同的循环体育游戏，但仍须要求幼儿遵循循环体育游戏的基本规则。

2. 具有一定的情节

循环体育游戏是以身体锻炼为目的的游戏活动，但让幼儿反复玩同一种体育游戏材料，必然会影响幼儿持久参与游戏的积极性。因此，为幼儿创设一定的游戏情景，旨在激发幼儿持续参与游戏的兴趣。根据幼儿不同的年龄特点，循环体育游戏的情节可由易到难、由简单到复杂进行变化。小班幼儿的循环体育游戏情节可以简单，角色可以相对单一，主要角色可由教师担任；中班幼儿的循环体育游戏情节可以复杂一点，角色可以增多一点，且可由幼儿担任相关角色；大班幼儿循环体育游戏的情节可以挑战性任务为主。

3. 游戏材料丰富多样

循环体育游戏是在一定目标指向下进行的游戏，投放的游戏材料必须服务于游戏目标，但不能为了发展某一目标只投放一种游戏材料，以避免游戏内容过于枯燥。例如，要发展幼儿的平衡能力，不能只投放平衡木，可以将轮胎、平衡木、长条凳、竹梯、平衡陀等各种材料加以组合，让幼儿在与丰富的体育游戏材料互动的过程中发展平衡能力。

---

① ［日］米谷光弘：《循环游戏》，14 页，名古屋，黎明书房，1987。

三、开展循环体育游戏的策略

1. 目标要依据幼儿动作发展的水平与实际发展需要

目标在游戏中具有定向作用，是确定游戏内容、游戏方式以及规则要求等的主要依据。[①] 循环体育游戏的目标要依据幼儿动作发展水平与实际发展需要制定。幼儿如果从未接触过循环体育游戏，"帮助幼儿了解循环体育游戏的基本规则"就应是前期开展循环体育游戏的主要目标。随着循环体育游戏的常态化开展，练习基本动作、发展运动能力就可成为循环体育游戏的主要目标。

2. 可以常规模式类型为基础，鼓励幼儿创造新的游戏模式类型

教师可先根据常规模式类型，帮助幼儿了解游戏的基本规则，然后在此基础上鼓励幼儿跳出常规模式类型框架，创造出更富变化性的游戏类型。

3. 选择适宜的材料

循环体育游戏材料的投放要依据幼儿年龄特点和动作发展水平，小班幼儿的动作可能比较僵硬，缺乏控制能力[②]，教师选择的材料不宜过难；大班幼儿已经可以比较准确、熟练地完成动作，教师在选择材料时可考虑增加难度，以激发幼儿参与游戏的兴趣。

此外，循环体育游戏材料应该为实现循环体育游戏的目标服务，所以，教师在投放材料时应依据循环体育游戏的目标。

4. 引导幼儿遵循基本游戏规则

对于尚无循环体育游戏经验的幼儿来说，帮助其"了解循环体育游戏的基本规则"是引导其参与循环体育游戏的基本前提。所以，在开展循环体育游戏的初期，最主要的目标就是让幼儿了解循环体育游戏的基本规则。不同的循环体育游戏模式类型有不同的路径，所以在幼儿参与新的循环体育游戏模式类型时，教师须再次提醒幼儿要遵守相应的循环体育游戏规则。

5. 要控制好幼儿的运动负荷

运动负荷是指进行身体运动时，人体所承受的生理负荷量和心理负荷量的总和。[③] 生理负荷量即"活动量"，活动量会直接影响幼儿身体的发育和发展，影响循环体育游戏活动的成效。幼儿在参与循环体育游戏的过程中，活动次数决定了活动量的大小，所以，科学安排幼儿参与循环体育游戏的次数，是提高循环体育游戏质量的重要前提。

循环体育游戏对幼儿心理负荷的影响主要表现为意志负荷，即幼儿在克服困难时所做的意志努力程度和持续时间长短。[④] 所以，教师在选择体育游戏材料和设计体

---

① 陶宏：《幼儿体育教学中游戏法的运用》，载《教育导刊》，2006(5)。

②③④ 刘馨：《学前儿童体育》，112～126 页，北京，北京师范大学出版社，1997。

育游戏难度时，应充分考虑幼儿的年龄特点。此外，教师的态度和教育方法也至关重要，教师对幼儿的鼓励、帮助以及对幼儿成功的赞赏等都有助于幼儿克服紧张焦虑情绪，积极参与循环体育游戏。

6. 为幼儿提供充裕的户外活动时间

幼儿参与循环体育游戏的过程是幼儿与体育游戏材料互动的过程，这个过程必然需要充裕的时间作保障，但也并不意味着时间越长越好。过长的游戏时间，可能会超出幼儿的运动负荷，从而对其身心健康产生消极影响。因此，教师要注意观察幼儿的实际活动情况，合理安排幼儿的游戏时间。

7. 教师和家长要积极支持

循环体育游戏的顺利开展离不开教师科学、合理地投放体育游戏材料。体育游戏材料的投放并没有固定模式，这就需要教师深入了解幼儿生理、心理发展特点以及体育游戏材料的投放原则等。教师还需善于观察，以判断幼儿是否已与体育游戏材料进行了有效的互动，游戏活动是否达成了预期的活动目标。幼儿在游戏过程中出现问题时，教师要及时采取有效应对措施，以推动游戏的持续进行。

循环体育游戏的开展也离不开家长的支持与配合。例如，家长需帮助教师做好游戏前的材料准备，并与幼儿一起参与到活动中来。家长要了解游戏的各个环节，并向幼儿园及时反馈幼儿的活动情况，帮助教师改进循环体育游戏方案，提高循环体育游戏质量。

（作者单位：丁静娴，四川省绵阳市机关幼儿园；刘馨，北京师范大学）

大肌肉的运动[①]

一、轮胎、圈环以及其他可用于滚动的物体

圆形，是最基本的物体的形态之一。这种形状的物体，从外表上看，既没有起点，也没有终止点，可以用它来圈住物体，也可以将它沿着地面滚动，而且，它还会使人感到是那样的轻松自在，因而对人充满了强大的吸引力。

轮子，是圆形的物体，它是人类历史上最早的发明物之一。古代的孩子们就发现了许多种玩轮子的方法。铁环，也是古代的一种玩具，而且一直被沿用至今。在汽车被普遍使用以前，孩子们通常是玩老式马车轮子上的铁环。现代的玩具制造厂也继续生产塑料的圈环，以提供给孩子们游戏。

---

① 刘馨、霍力岩：《运动中成长——如何帮助幼儿进行体育活动》，北京，华夏出版社，1994。有改动。

较小的塑料圈环，对于 2～5 岁的幼儿来说，是一种较理想的玩具，它可以提供给幼儿探索"圆"的概念的机会，从而激发幼儿对学习物体形状的兴趣。自行车的内胎和外胎，也可以作为幼儿的玩具，虽然操作起来要比塑料圈环难一些，但仍然可以用许多相类似的方法来玩。幼儿可以快速旋转它们；可以用头顶着它们，用手掌托住它们，使其保持直立的姿势而不倒下来；可以从圈中钻来钻去；可以把它们当作靶环，将小球或沙包从圈中投掷过去；也可以把它们放在地上排列起来，组成各种形状……当然，由于塑料圈环和自行车轮胎在质地上和大小上有所差异，因而在玩法上也存在着某些不同之处，但是，幼儿却很喜欢由此而产生的在操作方面的挑战。

与玩圈环、自行车轮胎的方法有一定关联的是玩汽车和卡车的轮胎。幼儿可以在操场上发现许多种玩汽车轮胎的方法。有些轮胎堆放起来可以建成隧道和其他钻爬的地方，幼儿可以在这些隧道里钻爬，也可以在堆积的轮胎上面进行攀登和爬越。幼儿也很喜欢滚动轮胎，甚至 3 岁左右的幼儿，也能学会滚动尺寸很小的轮胎。

小轮子、木制圆盘、盖子以及其他圆形的物体，也都可以被直立起来沿着地面进行滚动。通过让幼儿玩这些圈环和轮胎，可以进一步发展幼儿身体的活动技能。

幼儿喜欢玩任何一种圆形的物体。这种形状的物体对于幼儿来说，是最容易理解的。因为，这种形状是幼儿有可能把它作为一种符号的表现来进行复制的最早的形状。这种能力在 2.5～6 岁得到发展；同时，这些活动还能发展幼儿控制手腕肌肉运动的能力。

玩轮胎、圈环和木制大卷轴，可以增强幼儿对圆的概念的认识，可以帮助幼儿理解有关圆的物体绝对没有任何角的知识。幼儿可以从中发现，有的环状物体很大，足以使他们从中间钻过去或爬到它的上面去，甚至大得能同时容纳好几个人在上面玩；而有的却很小。这样，幼儿就能逐渐增加对大小和体积概念的认识。幼儿通过在环状物体上面练习平衡，以及通过设法使环状物体抵抗重力的干扰而保持直立的姿势，发展平衡能力。幼儿通过对物体重力的控制以及与身体运动力量的相互配合，可以逐步学会控制这些物体的运动速度。幼儿还能逐渐懂得，任何一种滚动的物体，都能快速地移动，当这些物体从斜坡上面由上往下移动时，不对物体施加任何推力，它们也能沿着斜面滚下来。同样，幼儿也会发现，要使这些物体由斜坡的下端往上移动，却需要花费很大的努力，倾斜度越大，所需的外在推力或拉力也就越大。此外，幼儿还可以通过对产生物体移动的力量大小的比较，来认识由物体的重量而引起的有关动量的概念。

自行车轮胎可以帮助幼儿理解有关柔韧性以及有的物体具有自身能暂时改变形状或特性的知识。当幼儿将这些物体从自己头上、脚下穿过以及绕着自己的身体转动时，或者幼儿自己从这些物体上面跨过、从中间钻爬过去或是绕着它移动的时候，他们可以发展有关位置和方向的知识。通过比较塑料圈环、自行车轮胎以及不同大小的汽车轮胎的质量差异，幼儿可以发展对不同物体进行质量判断的能力。幼儿绕着自己的身体快速转动圈环时，可以从中体验到离心力的作用。除此之外，幼儿也可以通过玩球、玩具卡车和小汽车、自行车以及其他有轮子的玩具，来进一步扩展和加深对这些知识的认识。

二、拳击袋

幼儿总是在探索如何控制自己感情的方法。4岁左右的幼儿很容易在游戏过程中发生争辩或争吵，但大多数的争辩或争吵是比较缓和的，不那么激烈。这种争吵通常发生在为了等着得到某物或做某件事，或者是自己正在玩的玩具被其他人突然拿走的时候，年龄稍大的幼儿甚至会为此打架。一个比较好的运动计划，应该包括为幼儿提供能用力地使用大肌肉活动的机会，这有利于幼儿摆脱不断产生的寻衅行为或不满所积蓄的紧张情绪。为了达到这一目的，可以向幼儿推荐一种打拳击袋的游戏活动。

作为发泄情感的替代物——拳击袋，可以悬挂起来，让幼儿站在地上，使劲挥动整个手臂和拳头来击打拳击袋。他们甚至可以对着拳击袋狠狠地骂上几句气话，这样，幼儿便会在没有被对手回击的安全情况下，逐渐地消除紧张或不愉快的情绪。

除了拳击袋，还可以给幼儿提供大量潮湿的泥土，也能达到同样的目的。在任何时间里，你都可能发现有一个或者更多的幼儿在那里使劲地敲打较大的泥土块，以便缓解紧张情绪和克服寻衅的冲动。通过一阵拼命地敲打以后，逐渐地，幼儿便会安静下来，捏着泥土，并用泥土来制作各种东西，从中幼儿便会经历一种非常轻松和平静的体验。

与敲打湿泥土和击拳击袋的效果相类似的另一种有效的活动，是使用木工器材，尤其是一把榔头。让幼儿用一把榔头或一根木槌来敲打厚实的木块或是坚硬的水泥地面，也能使幼儿释放过剩的能量。不过，榔头最好是小一点、轻一点的。

其他的活动，如挖泥土、挖沙以及步行等，也可以获得类似的效果。

当幼儿击打拳击袋的时候，他们会感到自己非常强壮和了不起，会感到自己有一种对局势进行控制的能力，因为拳击袋不会反过来回击他们。当幼儿用拳头对准拳击袋时，通常要把眼睛盯在这个目标上，而当他们伸出拳头击打拳击袋时，他们便会清清楚楚地看见自己手的运动状况，这时，视觉和运动再一次地结合起来，从而进一步发展了他们的视觉—运动技能。当幼儿的拳头与拳击袋接触时，由拳头的击打而产生的声音，也是感觉体验的一个部分，这就是对拳击袋表面的触觉。当幼儿为了防备沉甸甸的拳击袋所给予的反推动力，而调整自己的身体姿势以保持平衡时，他们便能逐渐增强移动身体重心的能力和快速反应的能力，从而满足情况变化的需要。在活动过程中，幼儿在判断距离方面也逐渐变得更有技能，并且能知道，自己需要站在离目标多远的地方，才不至于被拳击袋撞上。幼儿会逐渐认识到，自己占优势的手臂比另一只手臂能更有力地击打拳击袋；但如果调节一下身体重心的位置，也能使较弱的另一只手臂的肌肉获得额外的附加力量。

有时，当幼儿玩打仗或射击的游戏时，也可以利用拳击袋来增加游戏的吸引力。幼儿可以通过击打拳击袋来释放强烈的感情，而不必表现"激烈作战"的情景和扮演"被打死"的角色。

三、一种有趣的运动游戏

有一些幼儿需要比其他人有更多的运动时间，他们体力充沛，活泼爱动，知道这一点是很重要的。这样，你就会在制订活动计划时考虑到他们的特殊需要，而不至于经常阻止他们去多进行一些身体的运动活动。同时，你也应该在他们进行这些活动时，提供一定的照料。但有时，你也可以带领幼儿玩这样一种游戏活动，这种游戏活动通常称为"你怎样到达那里？"。这种游戏一般在户外一个比较开阔的场地上进行，也可以在比较宽敞的房间里或其他地方进行。

玩这一游戏时，需要两名教师，一名教师与幼儿站在场地的一边，另一名教师则站在场地的另一边。游戏开始时，与幼儿站在一起的教师先高声说道："马儿，马儿，你怎样到达那里？"站在另一边的教师随即也高声喊道："所有的马儿都飞奔过来！"话一说完，所有的幼儿便都要从场地的这一边飞跑到另一个教师所在的那一边去。然后，第一个教师再喊道："所有的马儿都跑回来。"这时，幼儿要再一起跑回到他们开始起步的地方。这个游戏可以通过扮演各种角色继续进行下去。类似这样的角色有：

"汽车，汽车，你怎样到达那里？"

"所有的汽车都快速地开过来！"

"所有的汽车都慢慢地开过来！"

"老虎，老虎，你怎样到达那里？"

"所有的老虎都穿过田野飞跑过来！"

"所有的大象都穿过森林走过来！"

"所有的飞机都飞过海洋到这边来！"

"所有的小兔都蹦过来！"

"所有的猴子都爬过来！"

……

在进行游戏的过程中，幼儿喜欢对角色的选择提出自己的建议，教师也应该采纳。这既能丰富游戏的内容，又能使幼儿的情绪更加激昂、高涨。等幼儿对这一游戏的玩法熟悉以后，还可以请幼儿自己来担任两端的发号员，这更能激起幼儿游戏的兴趣。

这个游戏也可以通过绕着一座大楼跑来进行。在大楼的每一个拐角处，都可以改变运动的角色。若是由于天气的原因不能在户外活动，那么，你也可以把房间里的家具都暂时搬出去，腾出最大的空间，或者是让幼儿在狭长的走廊和过道里开展这种游戏，可以以小组为基本单位，分组进行，从而尽可能地创造条件来发展幼儿的运动技能。

幼儿会很乐意参加这种游戏活动，他们似乎很喜欢参加这种活动量较大的肌肉活动，以便能释放过剩的能量、被抑制的紧张以及表达情感。这种游戏给幼儿提供了通过走、跑、跳来练习大肌肉的运动技能的机会，并且也能使幼儿的这些动作得到进一步的发展。这种活动虽然很简单，但从中所获得的运动经验将有利于幼儿对自身、空间、自身与空间的关系等方面有更深的理解和认识。

四、创造性的运动

创造性的运动，必须包括幼儿节奏性的活动。这种活动有助于幼儿的成长和发展，并且可以防止或减少幼儿学习问题的发生。

创造性的运动包括简单的、安静的活动（例如，坐在地板上随着音乐声做轻轻的前后摇摆动作），以及激烈的、活动量较大的活动（例如，跑和跳等，包括整个身体的活动），简单的曲子和节奏，或一个平稳的节拍。这些都可以吸引幼儿参加到一系列的以自然发展的运动和成长形式为基础的创造性活动中去。

每天都应该有20分钟或30分钟的时间用在幼儿的创造性运动的体验上。在这段时间里，为幼儿提供进行自然运动的机会。当幼儿参加到他们自然的游戏活动中时，他们便会去自由地爬动、匍匐爬行、滚动、屈身、弹跳、跳跃、摇动、摆动、快跑、踮着脚尖走、跺脚以及表演所有他们曾经看到过或观察过的其他活动或动作。

创造性的运动活动通常是以爬动和匍匐爬行的游戏开始的。一只铃鼓，有助于建立一种稳定的、有节奏的节拍声——可以根据需要来拍击铃鼓，幼儿随着铃鼓的节拍来运动。教师可以根据具体活动的主题和情绪，把铃鼓拍得柔和或响亮、缓慢或急速。在一开始的爬动游戏中，可以启发幼儿模仿动物的爬行动作，如蚯蚓、蛇、蚂蚁、小狗、小猴、小虾、螃蟹等，游戏中可以包括讲故事和唱歌。在整个创造性运动活动中，教师应该亲切地加入幼儿的游戏之中。有时，成人可以在幼儿的水平上进行活动，幼儿便会跟着教师一起游戏。这样的话，教师就常常可以在需要的时候，有意识地引导幼儿去进行更高水平的活动。

在进行爬动活动的时候，我们可以唱有关老鼠、小猫、小狗以及其他爬行动物的歌曲。我们可以随着铃鼓声，从慢步走到快步走地变化着走步的速度，来做走的游戏。幼儿可以装扮成小婴儿来学习怎样行走，也可以装扮成巨人。巨人总是很"从容的""不慌不忙的"，因此这种活动做起来速度较慢，它要求幼儿学会保持一条腿抬起来、膝盖向上的动作，并且耐心地等待着下一个节拍的到来，幼儿是需要花费一定的努力才能完成这一任务的。接下来的节拍，表明幼儿可以把抬着的那条腿放下来，并且抬起另一条腿来。这种体验有助于使幼儿的听力和运动的能力结合起来，并且有助于发展幼儿的平衡能力。

另一种运动体验是各种跳跃的活动，包括装扮成青蛙、小兔、袋鼠、蚱蜢，甚至爆玉米花。有些活动可以通过举例、讲故事或出示图片来引起幼儿的活动。有时，可以通过告诉幼儿"这是一个比较难的活动"，来向幼儿提出挑战，以唤起幼儿进行尝试的欲望。应该允许每个幼儿按照自己的方式来移动和表演自己的活动形式。如果有的幼儿在表演某一个特定的运动类型时需要帮助的话，那么，首先应该要求幼儿自己来确定问题的所在之处，然后，成人再给予他一定的帮助和指导。

休息，是运动活动中的另一个重要的部分。休息游戏的时间长短，可以根据具体的需要来定。在一个普通的休息游戏中，幼儿可以假装是一只停留在巢中或树枝上的小鸟。有时，这些小动物的"母亲"在它们休息的时候唱一首摇篮曲或哼一首温柔的曲子，便能使休息的时间延长一些。

另一种休息的游戏是幼儿假装被刚刚播下的种子，需要冬眠。这个游戏可以结合除草、下雨、耙土、照射阳光等类似的活动来进行，以便延长休息的时间。也可以与幼儿面对面地做种子发芽、长大、长出小叶子，并且向"男孩和女孩"摇晃着等动作。

摇动和摆动，体现了整个身体的运动，而这种身体的运动却不含有位移。这些运动对于听觉—运动反应能力内在化的发展是很重要的。除了摇动和摆动，这类运动还包括屈身、转体、伸展、屈膝、挥臂、拍手、跺脚等其他动作。

在创造性的运动中，引导者可以始终选择恰当的词语、唱通俗的歌或其他歌曲。在这种活动中，主要是发展幼儿有节奏地作出反应的能力。成人首先要喜欢这种体验，这样，他的快乐和激情就会感染和影响幼儿。

除了有组织的活动，幼儿还应该有许多自由表演的机会。实际上，这一活动的中心，是要参加者在有机会对不同的刺激和运动的建议作出反应时，能寻找到他自己的行动方式。

许多创造性运动经验，就是在这种情景下得到促进和发展的。有时，可以提供一些纱巾，让幼儿随着音乐作出反应以及创造性地跳舞。有节奏的活动，也给幼儿提供了通过舞蹈来探索创造性表达方式的机会。这种创造性的运动活动，能促进幼儿的全面发展。

参加创造性运动的幼儿，可以使其所有的感知—运动能力和运动技能得到相应的增强。幼儿所学的所有知识，也可以通过运动游戏来加以巩固，继而进一步发展自我意识和身体的控制能力。幼儿在对一系列视觉的、听觉的以及触觉的信息刺激作出反应的时候，便学习着用一种协调的、流畅的方式来移动。对听觉刺激作出反应，可以促进幼儿听觉能力的发展。幼儿获得了这种能力，就可以随着铃鼓的拍打或其他有节律的伴奏声来有节奏地移动身体。当幼儿的听觉技能得到增强时，他们就逐渐能对重音、休止以及音乐伴奏的音乐形式作出恰当的反应。音乐和语句的信息，有助于幼儿认识不同类型的音乐形式在速度和节奏上的区别。随着每一个速度的改变，幼儿需要进行必要的身体姿势的调整，协调自己的身体重心，以便保持身体的平衡。当幼儿学习慢慢地、快速地、较慢地、较快地、慢一些、快一些、急速地、像……一样慢地来移动时，这些速度的改变有助于幼儿理解与时间有关的词汇。幼儿不仅能学习有关速度的概念，而且还能发展对时间持续长短的词汇的理解，如一个较长的时间、一个较短的时间、几分钟、几秒钟、一分钟、比……快些等。此外，还能使幼儿只经一些提示，就能获得有关加快或减慢运动速度的能力，这表明幼儿控制自己身体运动的能力在增强。

当幼儿在游戏中，对要求安静地、发出响声地、沉重地、不作声地、喧闹地、悲伤地、愉快地、温柔地、生气地、喜悦地……移动作出反应时，他们的理解、接受和表达感情能力便能得到发展。这使得幼儿知道，他们可以用自己的身体来控制声音的大小，以及可以利用自己的想象力来表达感情、思想和概念。幼儿可以逐渐理解与这些表情有关的自己身体的活动。当要求幼儿对非常高、非常矮、大的、小的、胖的、瘦的、极小的、高大的等作出反应时，他们便能逐渐理解与大小、空间有关的自己身体的活动。当幼儿来扮演婴儿、老人、鱼、小鸟、树、花或其他东西时，他们就会有许多机会来发展角色游戏和表演的能力。

在创造性运动中，幼儿还能获得一个对顺序性的理解。有时，幼儿可以从假扮一个婴儿和学步儿，发展到假扮一个大孩子，然后是一个成人以及一个老人。有时，这些也可以颠倒过来做。有时，游戏是关于从种子生长到开花或长成大树；或者是假扮一个雪人，一直站在太阳下面接受阳光的照射，然后逐渐地融化直到消失。当幼儿对这种变化的游戏非常熟悉时，他们就会在活动中使下面的内容提前发生。随着这种预见技能的增强，幼儿也会增强即兴表演的能力，而且能创造出新的或增加相关联的一组内容。幼儿通过几个月的这种创造性的运动活动，就能够在对简单的词语暗示或音乐的伴奏作出反应时，即兴表演他们自己的创造性运动舞蹈。

当幼儿对这种变化的活动作出反应时，他们将用一种连续性的方式来操作他们自己的身体而形成不同的身体姿势，这能大大地增强幼儿动觉的意识、单独使用身体某一部分进行活动的能力以及与身体其他部分协调活动的能力。

幼儿还对在不同质地的表面上移动所得到的不同触觉感受有所反应。例如，与一块粗麻布进行比较，纱布或丝巾的表面要更加平滑些；或者一块天鹅绒布像毛皮一样柔软等。而且，幼儿还能对这些道具及其他物体的颜色、形状、重量以及其他的物理特性作出回答。所有这些，都能增强幼儿综合的感知—运动效果。

由于创造性的运动活动通常是小组或集体的活动，因此，幼儿就会不断地与其他的参加者（包括成人）产生相互作用和相互影响。有时，活动是以个体为基础的，要求不受他人的影响，只与自己的活动相关。在这种情况下，每个人都要用他自己的方式来理解音乐。有时，带幼儿玩"照镜子"游戏，要求幼儿颠倒动作的方向来进行模仿。有时，则要求小组成员为某种角色游戏的开展进行合作。在创造性的运动活动中，幼儿之间的关系总是很友好、合作的。

日本《幼儿期运动指南》述评

李连姬　刘　馨

2012年3月，日本出台了《幼儿期运动指南》（以下简称《运动指南》）。《运动指南》是基于一定的社会文化背景及幼儿在健康方面存在的某些问题而提出的，旨在引导幼儿家长、幼教工作者深刻认识幼儿运动不足的现象及所带来的问题，帮助幼儿家长、幼教工作者全面了解幼儿期运动的意义，同时结合幼儿年龄特点及运动发展的特点，对幼儿期如何开展运动进行全方位的指导。

《运动指南》的出台对改变幼儿家长与幼教工作者对幼儿期运动价值的认识，以及在实践中提高幼儿运动的质和量具有重要的指导意义。

一、制定《运动指南》的背景

《运动指南》的出台，是有其社会文化背景的。一方面，日本科学技术的飞速发展，给社会生活带来了很多的便利，但同时，也使得类似走路这样的身体活动的机会在逐渐减少，不仅如此，儿童在家庭中帮忙做家务的机会也在减少。另一方面，城市化、少子化进程带来了社会环境及人们生活方式上的变化，致使儿童的游戏场所、游戏伙伴、游戏时间等也在减少。此外，成人在观念意识上也存在轻视儿童身体活动的游戏等现象，加之因对交通事故和安全问题的担忧而不敢让儿童活动等，因而，儿童进行身体活动的机会也在相应地减少。

有研究表明，儿童进行身体活动的机会的减少，使得日本的儿童从幼儿期就开始出现动作发育迟缓以及体力、运动能力低下的问题。

为此，日本文部科学省在2007—2009年进行了以培养增强体力基础为目的的有关幼儿期实践活动方式的调查研究。调查结果显示，社会的变化对幼儿也带来了同样的影响，即幼儿进行身体活动的机会在减少，这对幼儿期各种动作的获得及体力、运动能力的培养都会产生不利的影响。此调查还从专业的视角提出并开发了很多增强幼儿体力的项目方案，并选择三年实施此项目方案的实践园与没有意愿实施此项目方案的协助园进行比较研究，研究结果证实了幼儿期为了增强体力而实施的各种措施的效果。在此成果的基础上,文部科学省在 2009 年设置了《运动指南》制定委员会进行专项研究。2012 年 3 月,该委员会公布了《运动指南》,并制作了容易解读其内容的《幼儿期运动指南解读》和《幼儿期运动指南普及用小册子》。

二、《运动指南》的主要内容

《运动指南》里提到的幼儿是指 3～6 岁入小学前的儿童,所提及的运动主要是大肌肉群的动作。

《运动指南》涵盖的主要内容有:幼儿期运动的意义、《运动指南》制定的目的与目标、幼儿期运动的方式等。

其中,在幼儿期运动的方式这一部分中,《运动指南》特别指出,幼儿期应广泛获取各种动作;要在适当的环境下,以幼儿自发的各种游戏为中心,通过活动身体,培养贯穿一生的身心健康发展的基础;幼儿每天应快乐地进行身体活动 60 分钟以上。

1.《运动指南》制定的目的及所要达成的目标是什么?

《运动指南》以幼儿期运动的意义为切入口,引出了指南制定的目的及所要达成的目标。

《运动指南》对幼儿期运动的意义做了较为全面的阐述,指出幼儿期充分进行以游戏为中心的身体活动,不仅可以使幼儿学习各种动作,对心肺功能的增强及骨骼的形成有所帮助,提高体力和运动能力,塑造健康的身体;而且还能培养幼儿积极做事的热情,并有助于幼儿的社会性、认知的发展和综合发展,这些均是构筑丰富人生的基础。

同时,基于上述存在的社会现象及幼儿运动不足带来的健康状况不佳等问题,《运动指南》阐明了制定指南的目的,即要为幼儿家长、幼教工作者(包括幼儿园、保育所中的教师)以及其他与幼儿相关的人提供有关幼儿期运动及实施的相关信息。《运动指南》的目标则是通过幼儿运动习惯的培养,筑牢幼儿体力、运动能力的基础,使幼儿习得幼儿期必要的各种动作,同时培养幼儿对各种活动的兴趣、社会性和创造性。

2. 为什么要广泛获取各种动作?

《运动指南》指出,幼儿期是广泛获取一生所必要的、奠定多种运动基础的各种动作的重要时期。幼儿期也是运动功能迅速发展、容易掌握身体基本动作的时期,因此,给予丰富的运动刺激,使体内各种神经回路复杂地展开尤为重要。促成这些能力的发展,不仅可以让幼儿掌握日常生活中必要的动作,而且可以让幼儿掌握瞬间保护身体以及将来从事有关体育运动的各种动作等。

在幼儿动作的获得方面,《运动指南》指出,幼儿需要在"动作的多样化"和"动作的精练化"两个方向上获得发展。

"动作的多样化"是指随着幼儿年龄的增长,获得的动作逐渐增多。幼儿期需要获得的基本动作主要包括三个方面：身体平衡动作（站立、坐下、躺、起、转动、滚、跨、悬垂等）、身体移动动作（行走、跑、蹦、跳、攀登、下来、爬、躲、滑等）和操作用具的动作（拿、搬运、投、扑、滚、踢、搭、划、挖、推、拉等）。通常，这些动作可以通过身体活动与游戏和生活经验，从简单的动作到较难的动作，从一个动作到相似的动作来获得。

"动作的精练化"则是指随着幼儿年龄的增长，基本动作的运动方式（动作方式）逐渐变得熟练起来。在幼儿期的初期（3～4 岁），幼儿的动作通常会显得比较"用力"和"笨拙"，但通过适当的运动经验的积累及随着年龄的增长，幼儿无用的、多余的动作会逐渐减少，动作变得流畅、合理和有目的。

《运动指南》列举了 3～6 岁幼儿一般的动作发展特点、可参考的身体活动与游戏，在这里，我们以简表（如表 1）的形式进行了一些梳理。

表 1　3～6 岁幼儿的动作发展特点、可参考的身体活动与游戏

年龄段	动作发展的特点	可参考的身体活动与游戏
3～4 岁	通过日常生活和体验身体活动的游戏，从基本动作不熟练，到逐渐变得熟练起来	构建游戏环境，使幼儿在游戏中体验各种动作和主动重复动作的乐趣。例如，可以提供滑梯、秋千、垫子等设施与器材，进行全身的活动与游戏；可以体验站立、坐下、躺、起、转动、滚、跨、悬垂等身体平衡动作以及跑、行走、跳、攀登、下来、爬、躲、滑等身体移动动作
4～5 岁	前一阶段体验的基本动作逐渐固定下来，平衡能力有所提高，使用和操作用具的动作变得熟练起来	可以拓展游戏情境，引导幼儿自己制定游戏规则，对模仿成人的动作感兴趣。例如，可以在跳绳、球类等游戏中体验身体动作的节奏，在操作器材的游戏过程中体验拿、搬运、投、扑、滚、踢、搭、划、挖、推、拉等操作用具的动作
5～6 岁	多余的动作减少，动作方式变得更加熟练，能感受到全力跑、跳跃的舒适感，能够熟练地进行身体平衡动作、身体移动动作和操作用具的动作	可以有目的地进行集体形式的活动，引导幼儿在游戏中与同伴进行分工与合作。幼儿可以在游戏中利用已有的知识和经验，不断发展游戏。这个时期可以进行边跑边拍球等类似的由基本动作组合而成的动作，也可以让幼儿体验复杂动作的游戏或各种规则的游戏

3. 为什么要以各种游戏为中心？

《运动指南》指出，游戏是幼儿的基本活动。在幼儿的生活中，游戏的时间最长，游戏的频率最高，游戏不仅是幼儿最喜欢的活动，而且是符合幼儿身心特点的活动。身体活动要在符合每个幼儿兴趣和生活经验的游戏中进行，使幼儿感受到活动身体的乐趣和舒适，保障幼儿自发地进行身体活动游戏的机会。

此外，由于幼儿的游戏不是特定体育运动的持续，而是具有动作的多样性，故幼儿更容易掌握调整运动的能力。幼儿在游戏中能做很多的身体动作。例如，在"小鬼游戏"中，幼儿可以体验走、跑、躲、停、蹲、起等多种动作。幼儿期容易掌握贯穿一生的基本动作，通过身体活动的游戏，掌握各种动作，并通过反复练习动作，可以使动作达到熟练。幼儿期通过游戏来充分地体验各种动作是很重要的。因此，《运动指南》特别强调，有必要让幼儿通过体验自发的各种游戏，来掌握广泛的动作。

《运动指南》同时也指出，为幼儿提供适合其发展特点的游戏非常重要。不能为了让幼儿掌握动作以及使动作熟练，而要求幼儿超长时间、超负荷地活动身体。幼儿期的运动应在不使身体产生过多负担的游戏中展开，而且在游戏活动中还应重视幼儿的兴趣、关注点、动机等，不要苛求幼儿期有快速的结果，要以培养幼儿喜爱的运动和贯穿一生的体育运动的基础为目的，让幼儿主动地、积极地与周围环境相互作用，让幼儿自发地、主动地、快乐地进行各种游戏，这样不但可以使幼儿充分使用身体的各机能来活动，自然地掌握动作，预防受伤，还能使幼儿在掌握动作、熟练动作的过程中提高使用身体进行游戏的热情，体验舒适与快乐，并获得成就感。

此外，《运动指南》还指出，对于幼儿来说，虽然活动身体是以游戏为中心的，但散步、做家务、当帮手等生活中的各种活动也非常重要。

4. 为什么确定活动时间为每天 60 分钟以上？

《运动指南》所指的每天活动 60 分钟以上的时间，既包括在幼儿园、保育所里进行身体活动的时间，也包括在家庭和社区中进行身体活动的用时。同时，考虑到天气和环境的影响，设定的活动身体的时间是包括户外及室内所有活动的时间。

那么，活动时间为每天 60 分钟以上的依据是什么呢？

《运动指南》指出，掌握各种动作，量（时间）的保障是很重要的。一般情况下，幼儿会饶有兴致地投入游戏之中，但有时也会对其他游戏感兴趣，出现转变游戏或变换游戏情境的现象。因此，只有确保一定的时间才能使幼儿的游戏持续进行，从而体验各种动作，掌握这些动作。

此外，文部科学省的调查也显示，幼儿在户外游戏的时间长，其体力也相应提高，但是超过 4 成的幼儿在户外游戏的时间一天不足一小时（60 分钟）。在借鉴世界卫生组织（WHO）及诸多国家所建议的幼儿每天应进行 60 分钟以上的中强度到高强度的身体活动的基础上，《运动指南》制定委员会提出了每天应进行身体活动 60 分钟以上，认为这也是很多幼儿可能达到的活动身体的时间。

三、有效实施《运动指南》需要注意的问题

《运动指南》指出，为了有效推进指南的实施，要注意以下几点。

（1）幼儿期的发展虽然很显著，但即使在同一年龄段，成长的个体差异也是很明

显的，因而要根据每个人的发展特点进行帮助。此注意事项关注到幼儿发展的普遍性和特殊性，力求关注每个幼儿的发展。

（2）要构建良好的环境，使幼儿与同伴一起在快乐的游戏中体验各种动作，喜欢自发地活动身体。此注意事项关注到环境对幼儿动作发展的影响。环境的构建应该包括提供设施、设备、场所、时间等物理环境，也应该包括营造幼儿喜欢的游戏氛围以及和谐的师幼关系、同伴关系等心理环境。

（3）教师要根据幼儿的动作状况提供必要的帮助或观察以确保幼儿的安全，要提醒幼儿安全地使用运动器材，注意周边状况，注意安全。此注意事项表明，幼儿的发展与其自主、自发、主动的活动及经验相关，也与教师、家长的支持、引导和协助相关。在幼儿学习与体验各种活动时，健康及安全是一切活动的前提和保障。

（4）身体活动不应成为幼儿园和保育所一时性的活动，要给家庭和地区提供信息，保持共同培育的态度。此注意事项提示，一个有关幼儿的政策要顺利实施并达到成效，从横向上看，与幼儿相关的幼儿园、保育所、家庭、社会都需要共同参与、共享信息，达成共识；从纵向上看，不能仅停留在一时的热情层面，而是要经过持续地推进、评价、反思、再推进、再评价、再反思的过程。

四、幼儿期运动的测量与评价

《运动指南》还介绍了有关幼儿运动能力、运动量和基本动作的测查内容。

对幼儿运动能力的测查（4～6 岁），主要包括以下 7 个项目的测试：25 米直线跑、立定跳远、投掷网球、双脚连续跳、身体持续支撑时间、接球、15 米往返跑。

在幼儿运动量的调查方面，介绍了绝对评价、相对评价、计步器调查这三种方式。

对幼儿基本动作的测查，主要采用摄像机来记录幼儿在以下 7 个项目中的表现：25 米跑、立定跳远、投掷网球、接皮球、打球、在垫子上滚、在平衡木上走和跑等。对测定结果按照标准化的评价标准以 1～5 的得分进行量化，累计综合得分。这种方法可以制作成幼儿基本动作的连续图片，从而使幼儿动作习得的步骤可视化，便于判断幼儿动作发展的水平。

五、小结

《运动指南》是日本政府基于对幼儿期运动不足所带来的健康问题以及对幼儿期运动重要性的深刻认识而出台的，期望幼儿家长、幼教工作者能关注幼儿身心的健康发展，保障幼儿体验各种运动的机会。近年来日本家长对轻微的伤害也变得比较敏感，再加上热衷于早期教育，很多幼儿从幼儿期开始上英语、读写等课外班，因此在家庭中游戏的时间相应减少。而幼儿园会请专业的体育教师开展体育课程，幼儿教师认为体育课程中的运动时间已经非常充分，因而带幼儿在户外活动的时间也减少了。从《运动指南》制定的目的及所要达成的目标可以看到，其核心要义是要对幼儿家长、幼教工作者提供有关幼儿期运动及实施的重要信息，以调动各方力量来达成促进幼儿身心健康成长的目标。可以说，《运动指南》的颁布显示出日本政府对幼儿健康的极大关注，其重要性和迫切性显而易见。

《运动指南》全面阐释了幼儿期运动的意义，尤其关注到幼儿运动对身体与心理两方面发展的积极影响，以及早期运动对未来成长的重要价值，充分体现出幼儿阶段运动的基础性和奠基性作用。同时，《运动指南》概要性地陈述了幼儿期运动发展的特性与动作发展的特点，并结合幼儿的年龄特点，对幼儿期运动的实施方法给予了全方位的指导。这些内容既具有理论上的方向引领作用，又具有实践上的指导价值，对幼儿期如何开展适宜的运动提供了有益的借鉴。

例如，《运动指南》使用举例的方式分析了幼儿在不同年龄段（3～4 岁、4～5 岁、5～6 岁）动作发展的特点和游戏活动的经验，并提供了可以参考的运动游戏类型和案例，这使得不善于与幼儿游戏、没时间考虑怎样与幼儿游戏的家长有了丰富的参考活动案例，能够帮助家长在家庭和社区中实践《运动指南》。对于幼儿教师来说，可以思考并实践《运动指南》中列出的扩展游戏，并在其基础上再拓展、再创新、再丰富，使幼儿在幼儿园、保育所进行身体活动的质和量都得到提高。

参考文献

内藤久士. 体力科学から見た幼児期運動指針. 体力科学，2013，62（1）：38-39.

春日晃章. 進んで運動しようとする幼児で育成—『幼児期運動指針』の解説を通して. 初等教育資料，平成 25 年 2 月号：84.

春日晃章. 幼児期運動指針に対する保育現場の期待と不安. 体力科学，2013，62（1）：41.

幼儿体育游戏选编[①]

一、吹泡泡

游戏目标

练习一个跟着一个走成圆形队，发展身体控制能力，发展集体意识。

---

① 刘馨、张首文：《幼儿园健康教育资源·体育活动》，北京，人民教育出版社，2018。有改动。

游戏准备

在场地上画一个直径 15 米左右的大圆圈。

游戏玩法

教师与幼儿手拉手沿着大圆圈站好。

游戏开始，大家沿圆圈按逆时针方向一个跟着一个走成圆形队，边走边说儿歌："吹泡泡，吹泡泡，吹成一个大泡泡。"重复说几遍后，教师说："泡泡飞高了。"幼儿两臂上举（也可踮起脚后跟）。教师说："泡泡飞低了。"幼儿原地蹲下。重复数次。教师又说："泡泡破了。"幼儿发出"啪！"的声音，同时四散跑开。教师说："吹泡泡了！"大家又回到圆圈上站好，游戏重新开始。

游戏规则

1. 幼儿必须手拉手沿着圆圈走。

2. 必须根据信号做出相应的动作。

游戏建议

1. 游戏前需要让幼儿熟悉不同信号对应的动作。

2. 教师要规定四散跑的范围，不能跑得太远。

二、老猫睡觉醒不了

游戏目标

练习轻轻走和灵活跑的动作，发展平衡能力和动作的灵敏性。

游戏准备

平坦的场地。

游戏玩法

教师扮老猫，蹲在场地中央。幼儿扮小猫，围着老猫蹲下。

游戏开始，老猫假装睡着了。小猫一起轻声说儿歌："老猫睡觉醒不了，小猫偷偷往外瞧，小猫小猫爱游戏，轻轻走（跑）到外边去。"说完儿歌，小猫轻轻走到场地周围藏起来。老猫听到小猫走开后，睁开眼睛说："老猫睡醒四面瞧，我的孩子不见了。"同时站起来四面张望，寻找小猫，嘴里叫"喵——喵"。小猫听到老猫的叫声，一边"喵喵喵"地叫着，一边赶快跑回到老猫身边。

游戏规则

说完儿歌后，才能做相应的动作。

游戏建议

1. 要指定幼儿活动的范围，以防走得过远。

2. 提醒幼儿跑回时不要拥挤，避免相互碰撞。

3. 幼儿熟悉玩法后，可让幼儿扮老猫。

三、大风和树叶

游戏目标

练习走、跑交替和听信号做动作，提高快速反应能力以及对身体的控制能力。

游戏准备

平坦的场地。

游戏玩法

幼儿扮小树叶，四散蹲在场地上，教师扮大风。

游戏开始，教师说："起风了！"接着张开两臂轻轻地绕着幼儿走，这时幼儿就站起来。教师又说："大风来了！"同时两臂张得更大，并发出"呼呼呼"的刮风声，幼儿轻轻地跑步。教师又说："风小了！"并渐渐放下两臂，幼儿慢慢地走。这样重复几次以后，教师说："风停了！"幼儿蹲下。

游戏规则

幼儿必须按教师发出的信号做相应动作。

游戏建议

要注意掌握幼儿跑、走的距离和速度，不要相互碰撞。初练时要走多于跑，熟练后方可适当增加跑的练习。

四、小孩小孩真爱玩

游戏目标

练习听信号向指定方向跑，发展动作的灵敏性和协调性。

游戏准备

开阔、平坦的活动场地，场地周围有一些固定的设备，如滑梯、大树、攀登架等。

游戏玩法

教师带幼儿四散站在场地中间，依次指认活动场地周围的滑梯、大树、攀登架等固定物体。

教师与幼儿一起，边说儿歌边有节奏地拍手："小孩小孩真爱玩，摸摸这儿，摸摸那儿，摸摸××(可随机说滑梯、大树、攀登架等)跑回来。"当教师说完最后一句后，幼儿快速跑向教师说的物体，触摸后按原路返回。

游戏可反复进行。

游戏规则

1. 幼儿听教师说完儿歌最后一句，才可以出发。

2. 幼儿要听清儿歌内容，根据儿歌要求触摸相应物体。

游戏建议

1. 幼儿触摸的物品可根据本园实际进行调整。

2. 教师根据幼儿的实际能力，调整每次跑动的距离。

3. 教师发出的返回指令可以有所不同，如快快跑回来、慢慢跑回来、快快跳回来、悄悄走回来等，保证快速运动和舒缓运动相结合。

4. 提示幼儿在活动中注意相互避让，不要与同伴发生碰撞。

五、大皮球

游戏目标

练习双脚原地向上跳，提高动作的协调性、灵敏性和平衡能力。

游戏准备

在场地上画一个大圆圈。

游戏玩法

幼儿站在大圆圈上。

游戏开始，教师带领幼儿，沿着圆圈边走边说儿歌："走走走，跟着老师走。走走走，跟着朋友走。走走走，走成一个大皮球。"说完后，面向圆心站好。教师在中间做拍球人，边拍边与幼儿一起说儿歌："大皮球，真正好。拍一拍，跳一跳。拍得轻，跳得低。拍得重，跳得高。拍拍拍，跳跳跳。"在说"跳一跳""跳得低""跳得高""跳跳跳"四句时，幼儿边说儿歌边有节奏地双脚原地向上跳起。教师说："皮球漏气了！"幼儿蹲下（或向圆心走去）。教师又说："皮球气足了！"幼儿起立（或回到圈上站好）。

游戏规则

幼儿要按教师拍球的节奏，双脚原地向上跳起。

游戏建议

可变化游戏方式，如教师说"皮球滚走了"，幼儿四散跑开；教师说"皮球捡到了"，幼儿则回到圈上站好。

六、迷迷转

游戏目标

练习原地转圈的动作，锻炼前庭器官的机能，发展平衡能力。

游戏准备

平坦的场地。

游戏玩法

幼儿两臂侧平举，在原地旋转，边转边说儿歌："迷迷转，迷迷转，大风吹来，快快站。"当说到"站"字时，幼儿马上停止旋转。每回最多转 3 圈，以防幼儿头晕跌倒。

游戏规则

儿歌说完后，幼儿立即停止旋转。

游戏建议

1. 幼儿之间需要保持安全距离,避免相撞。

2. 游戏尽量在草地或者塑胶、垫子等有弹性的场地上进行。

3. 随着幼儿对游戏熟悉程度的增加,可以适当增加旋转的速度以及圈数,但是不能太多。

七、捕小鱼

游戏目标

练习在一定范围内四散躲闪跑,发展动作的灵敏性和协调性。

游戏准备

小竹竿一根,顶端接一个用竹圈做成的渔网。在场地上画一个大圆圈当作池塘。

游戏玩法

教师扮捕鱼人,手持渔网站在池塘边,幼儿扮小鱼四散在池塘里走。

游戏开始,幼儿边模仿小鱼游边说儿歌:"小鱼小鱼游游游,摇摇尾巴点点头,向上游,向下游,游来游去多自由。"说完后,教师说:"捕鱼了!"并进入池塘用渔网去捕鱼。小鱼在池塘里四散跑着躲闪,被捕着的或跑出池塘的小鱼应离开池塘,站到岸边。等捕到五六条小鱼后,游戏暂停,大家一起数数捕到几条小鱼,游戏重新开始。

游戏规则

被捕着的或跑出池塘的小鱼应离开池塘站到岸边。

游戏建议

1. 竹竿不要太长,渔网要大些,要注意安全。

2. 玩法可以变化,如当幼儿将要被捉到时可以蹲下,表示游到深水,逃走了;也可改用手持竹圈在池塘里捞鱼。

八、狡猾的狐狸

游戏目标

练习在一定范围内四散追逐跑,发展反应速度、躲闪能力和快速跑的能力。

游戏准备

在场地上指定跑的范围。

游戏玩法

幼儿站成一个大圆圈。

游戏开始,幼儿都闭上眼睛背着手,教师在圈外沿逆时针方向走一圈,并用手指点触任一幼儿的手,以示意请他扮"狡猾的狐狸",然后请大家睁开眼睛。幼儿齐声连续问三次:"狡猾的狐狸在哪里?"之后,狐狸迅速地跑到圈中央,举起手说："我在这里！"然后，狐狸开始追捉，其余幼儿四散跑开。被捉住的幼儿站在场外，捉到两三个幼儿后，教师说："站圆圈。"大家又站成一个大圆圈，游戏重新开始。

游戏规则

1. 点狐狸时，幼儿必须闭上眼睛。

2. 被狐狸拍到或跑出指定范围的幼儿都算被捉住。

游戏建议

1. 如果狐狸在第三次问话结束前暴露了自己，或长时间捉不到幼儿，应换另一个幼儿扮狐狸。

2. 可增加扮狐狸的幼儿人数。

九、老狼老狼几点了

游戏目标

练习快跑，提高快速反应能力，发展动作的灵敏性。

游戏准备

老狼头饰一个。在场地一端画一条起始线。

游戏玩法

幼儿扮小动物，四散站在起始线后。教师戴上头饰扮老狼，背对幼儿站在幼儿前面几米远的地方。

游戏开始，小动物和老狼一同往前走。小动物边走边问："老狼老狼几点了？"老狼回答："×点了。"小动物又问："老狼老狼几点了？"老狼回答："×点了。"小动物每问一句，就要大胆地走近老狼，这样边问边走，直到老狼回答"天黑了"时，小动物赶快转身往回跑，老狼转身追捉小动物，但不能越过起始线。被捉到的小动物站到场外。

游戏规则

1. 小动物与老狼应边问答边往前走，不能停留。

2. 老狼回答几点时，可以任意间隔钟点，但不能倒数时间。

3. 老狼回答几点时，不能回头看。

游戏建议

游戏开始时，由教师扮老狼；待幼儿熟悉玩法后，可让幼儿扮老狼。

十、老鼠笼

游戏目标

练习钻与手臂上举的动作，发展动作的灵敏性，锻炼上臂与背部肌肉，提高与同伴合作游戏的能力。

游戏玩法

三分之二的幼儿用手拉成一个大圆圈扮作老鼠笼，其余幼儿站在大圆圈外扮作老鼠。

游戏开始，扮老鼠笼的幼儿手拉手举高，并说儿歌："老鼠老鼠坏东西，偷吃粮食偷吃米，我们搭个老鼠笼，咔嚓一声捉住你。"同时，扮老鼠的幼儿在鼠笼四周钻进钻出。当说到"咔嚓一声"时，扮老鼠笼的幼儿立即蹲下并将手放低。被拦在大圆圈内的老鼠即为被捉住，需站在大圆圈上扮老鼠笼。游戏继续进行，直至将老鼠全部捉住，再调换部分角色，游戏重新开始。

游戏规则

1. 只有说到"咔嚓一声"时，扮老鼠笼的幼儿才能蹲下。

2. 老鼠要不停地在鼠笼四周钻进钻出，不要总是站在大圆圈外边。

游戏建议

初学游戏时，扮老鼠的幼儿可以少些，熟悉玩法后，可以增至半数幼儿扮老鼠。

十一、老鹰捉小鸡

游戏目标

练习快速左右移动跑、躲闪跑等动作，发展灵敏性、协调性、平衡能力、力量、耐力等身体素质以及团队合作的能力。

游戏准备

平坦的场地。

游戏玩法

一名幼儿扮演老鹰，教师扮演鸡妈妈，其余幼儿当小鸡。小鸡们一个接一个抓住前面人的衣服连接在母鸡后面，母鸡需要挡住老鹰，不让其抓到身后的小鸡，而老鹰要通过跑动等办法抓住母鸡身后的小鸡。如果小鸡被老鹰捉到，就退出比赛，看老鹰能捉到几只小鸡。

游戏规则

1. 扮演小鸡的幼儿必须紧紧抓住前面幼儿的衣服，不能断开，如断开则代表被老鹰抓走。

2. 小鸡只要被老鹰碰到，就代表被抓；老鹰不能推、拉、撞小鸡。

游戏建议

1. 可以让被抓的小鸡与老鹰互换角色。

2. 也可以由教师扮演老鹰，幼儿扮演鸡妈妈。

十二、石头、剪刀、布

游戏目标

练习跨大步走，提高快速反应的能力，发展动作的协调性、灵敏性和下肢爆发力。

游戏准备

开阔的场地，场地上画有供幼儿跨步比赛的起点线和终点线。

游戏玩法

四名幼儿分成甲、乙两组。每组两名幼儿，一人负责跨步，另一人负责进行"石头、剪刀、布"的游戏。负责进行"石头、剪刀、布"游戏的两人面对面站立，边跳边念："石头、剪刀、布！"原地跳两下，落地时，呈不同的姿势：两脚并拢为石头，两脚前后开立为剪刀，两脚左右开立为布。剪刀胜布，布胜石头，石头胜剪刀。胜的一方负责跨步的幼儿从起点线开始跨步若干（步数可以在游戏前自行规定）。反复进行，先跨到终点者（如场地小，可再返回到起点线）为胜。此游戏也可由两个幼儿玩。

游戏规则

1. 必须用脚进行"石头、剪刀、布"的游戏。

2. 说完"布"后，必须同时出动作。

游戏建议

跨步动作也可以改为单腿跳或者双脚跳。

十三、切西瓜

游戏目标

练习沿圆圈跑，提高反应速度及快速跑的能力，发展动作的灵敏性和协调性。

游戏准备

在场地上画一个大圆圈。

游戏玩法

幼儿手拉手站在大圆圈上扮作西瓜，请一个幼儿当切西瓜的人。

游戏开始，幼儿一起说儿歌："切、切、切西瓜，我把西瓜一切俩！"切西瓜的人从任意两个幼儿拉手处开始，随儿歌的节奏用右手依次做切的动作。动作随儿歌结束。结束动作落在哪两个幼儿的拉手处，这两个幼儿立即沿圈外各自向相反方向跑一圈，先回到原处的幼儿为胜，如两人同时到达，则用猜拳方法决定胜负。胜者与切西瓜的人互换角色，游戏重新开始。

游戏规则

1. 切的动作随儿歌结束后，被切的两名幼儿才能开始跑动。

2. 两名幼儿必须向相反方向跑一圈。

游戏建议

提醒跑的幼儿迎面相遇时，不要相互碰撞。

十四、占圈

游戏目标

练习四散跑，提高反应速度以及快速跑的能力，发展动作的灵敏性和协调性。

游戏准备

平坦的场地，场地四周画若干圆圈（数目少于幼儿人数的一半）。

游戏玩法

幼儿四散站在场地中间。

游戏开始，幼儿在场内四散慢跑。教师说："占圈，占圈，看谁先占到圈。"幼儿听到最后一个"圈"字后立即去占圈，每一个小圈只能站两个幼儿，没有占到圈的幼儿为失败。

游戏规则

听到最后一个"圈"字后才能去占圈。

游戏建议

可根据本园场地及幼儿人数的情况改变圈数或每圈所站的人数，但必须有剩余的幼儿。

十五、滚铁环

游戏目标

练习借助铁钩推动铁环的动作，提高操控物体的能力，发展动作的协调性和灵敏性。

游戏准备

空旷的场地、铁环、铁钩。

游戏玩法

人手一个铁环。滚铁环时，幼儿一手握铁钩（或木棍），轻轻套住铁环，稍用力推，铁环向前滚动，人随后跟着。铁环始终不倒，可一直玩下去。

游戏规则

1. 在铁环滚动过程中手不能碰到铁环。

2. 铁环不能和人分离，若分离则必须从分离处重新开始。

游戏建议

1. 提醒幼儿在推铁环时要达到一定的速度并保持平衡，铁环才不会倒和偏离赛道。

2. 可以将幼儿分组，进行滚铁环接力赛，哪一组跑得快则为胜。

3. 也可以进行滚铁环走直线或者绕障碍物比赛，看谁走得快又稳。

幼儿体育教学活动设计方案选编[①]

一、小班

寻找海洋球

活动目标

1. 学习按指定方向绕物曲线跑，提高动作的协调性及灵敏性。

2. 感受集体游戏的快乐。

活动准备

小号单元筒 10 个、基础单元桥 4 个、大龟背 2 个、拉力带 2 根、绒布球 40 个、音乐。

活动过程

热身活动

幼儿在场地上站成一个大圆圈，随着音乐边念儿歌《可爱的小羊》边做热身操，活动全身，重点活动手臂及腿部。

我是可爱小小羊，清早起来做游戏（模仿起床动作）。

走一走呀走一走，走一走呀走一走（踏步走）。

蹲一蹲呀蹲一蹲，蹲一蹲呀蹲一蹲（下蹲）。

吃过饭后小小羊，挺着肚子来散步（挺着肚子朝前走）。

跑一跑呀跑一跑，跑一跑呀跑一跑（做跑的动作）。

跳一跳呀跳一跳，跳一跳呀跳一跳（做跳的动作）。

探索体验

1. 教师创设游戏情境，幼儿探索游戏方法。

(1)教师：海洋球被老狼偷走了，可是前面有很多带刺的"树桩"（小号单元筒），我们应该怎样勇敢地跑着绕过"树桩"呢？

(2)幼儿自由尝试绕"树桩"跑。个别幼儿示范，并讨论、交流怎样跑着绕过"树桩"。

2. 动作指导：绕物曲线跑。

(1)教师示范和讲解绕物曲线跑。

动作要领：眼睛看向前方，绕物时，适当放慢速度，注意躲避障碍物，调整身体的重心，两手轻握拳，两臂和腿协调自然地向前跑。

---

① 刘馨主编，亿童教育装备研究院研发：《幼儿园体育活动整体方案》（小班）（中班）（大班），武汉，华中师范大学出版社，2016。有改动。

(2)幼儿分成两组，一组幼儿扮演树桩，相互间隔60～80厘米并呈一路纵队站立，另一组幼儿则鱼贯式绕"树桩"曲线跑。互换角色，两组轮流练习绕"树桩"曲线跑。

集体游戏

游戏：寻找海洋球。

1. 教师介绍游戏玩法，幼儿开展游戏。

幼儿分成两组，呈两路纵队分别站在起点线后等待。每组第一名幼儿绕过"树桩"，走过"小桥"(基础单元桥)，从"大海"(拉力带)里取一个"海洋球"(绒布球)，从场地外侧返回起点，将"海洋球"放入"水池"(大龟背)中，站到队尾。第二名幼儿出发，游戏继续，直至两组幼儿全部完成游戏。

2. 幼儿相互之间进行交流和分享。

放松整理

1. 幼儿边念儿歌边做放松操：

一二三四，我真棒(双手伸出大拇指，伸到胸前)；

二二三四，我真牛(双手举过头顶向上跳)；

三二三四，真厉害(双手握拳上下动)；

四二三四，加加油(边转圈边扭一扭)。

2. 幼儿将材料放回原处，在收纳的过程中要注意安全。

活动延伸

1. 教师可根据幼儿的游戏水平和活动量，调整"树桩""小桥"的个数和间距，增强游戏的趣味性。

2. 幼儿可佩戴追逐飘带，进行绕物曲线追逐跑的游戏。

场地示意图

起点　　　　　　　　　　　　　　　　　　　　终点

(北京市延庆区第四幼儿园　薛媛)

勤劳的蚂蚁兵

活动目标

1. 学习手膝着地向前爬行的动作，发展动作的协调性和灵敏性。

2. 体验爬行游戏的快乐。

活动准备

钻爬网 2 个、粘球衣 20 套（含绒布球 40 个）、蚂蚁头饰若干、音乐。

活动过程

热身活动

幼儿扮演蚂蚁，排成一路纵队，整齐地走入活动场地，站在站位点上或站成两列横队，边念儿歌《小蚂蚁》边活动身体。

小小蚂蚁起得早（双臂上举前后晃动），

跟着妈妈来做操（原地踏步）。

伸伸臂，扭扭腰（伸臂、扭腰），

踢踢腿，蹦蹦跳（踢腿、蹦跳），

摇摇触角转个圈（晃头、转圈），

我是能干的小蚂蚁（双手前伸竖大拇指）。

探索体验

1. 教师创设情境，导入活动内容。

(1)教师：勤劳的"蚂蚁"要去搬"豆豆"回家，你们知道他们是怎么爬的吗？

(2)幼儿在钻爬网上自由探索手膝着地爬。

2. 动作指导：手膝着地爬。

(1)教师示范和讲解手膝着地爬。

动作要领：手膝着地爬时，抬头目视前方，依靠腕撑、腿蹬的力量推动身体前进，注意两手与两膝协调配合。

(2)幼儿自由练习手膝着地爬，教师观察并给予指导。

集体游戏

游戏：勤劳的蚂蚁兵。

1. 教师介绍游戏玩法，幼儿开展游戏。

幼儿佩戴蚂蚁头饰，扮演蚂蚁，"蚂蚁"们穿上粘球衣，爬至终点，将终点处散落的"豆豆"（绒布球）粘在身上运回来，要求每人每次只能拿一个"豆豆"。

一轮游戏结束后，教师重新摆放材料，加大爬行的距离，鼓励幼儿爬得更远，爬行方法同前。教师根据幼儿熟悉程度，开展小组爬行比赛活动，看谁爬得更快。

2. 幼儿相互之间进行交流和分享。

放松整理

1. 教师："蚂蚁"们真勤劳，辛苦了一天，让我们洗个澡放松放松。

幼儿随音乐做打香皂、搓泡泡、冲澡、擦干身体等动作进行放松活动。

2. 幼儿将材料放回原处，在收纳的过程中要注意安全。

活动延伸

1. 幼儿在钻爬网上进行各种方向的手膝着地爬的动作练习。

2. 教师可在爬行的路径上设置小障碍(如枕头)，供幼儿进行驮物翻越"小山坡"的动作练习。

场地示意图

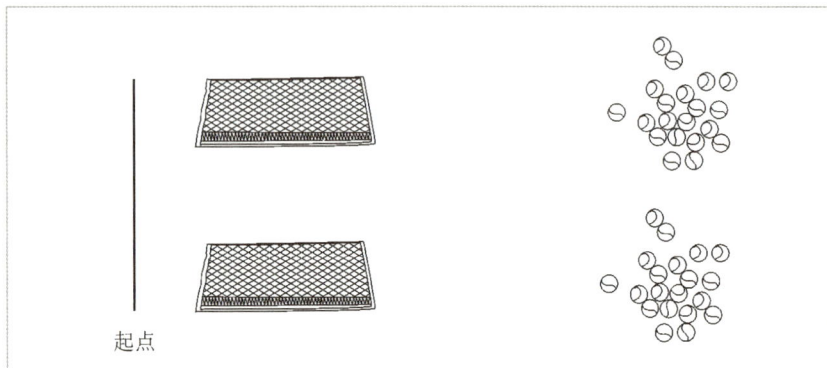

(原中国人民解放军总后勤部六一幼儿园　臧雪)

二、中班

猫捉老鼠

活动目标

1. 学习追逐、躲闪跑的动作，发展动作的灵敏性，提高奔跑能力。

2. 感知身体的灵活性，体验游戏的乐趣。

活动准备

追逐飘带10套、百变绳20根、花猫头饰若干、老鼠头饰若干。

活动过程

热身活动

幼儿随音乐一起边念儿歌《小花猫》边做动作，活动全身。

小花猫，本领大(抖抖手、抖抖脚)，

小老鼠，最怕它(拍拍腿、揉胳膊)。

喵喵喵，喵喵喵(甩甩脑袋)，

今天要把老鼠抓(弯弯身子笑哈哈)。

探索体验

1. 幼儿自由地探索材料的多种玩法。

(1)幼儿佩戴追逐飘带，动脑筋想想怎样可以让"尾巴"飘起来。

(2)幼儿自由地探索跑的不同方式。

(3)幼儿站成两列横队，个别幼儿展示玩法，其余幼儿模仿学习。

2. 动作指导：追逐、躲闪跑。

(1)教师示范和讲解追逐、躲闪跑。

动作要领：被追逐者在跑动过程中学习变换方向，采用急停、左转、右转或转圈等躲闪方式。

(2)幼儿两人一组，互换角色练习追逐、躲闪跑，教师观察并给予指导。

集体游戏

游戏：猫捉老鼠。

1. 教师介绍游戏玩法，幼儿开展游戏。

幼儿佩戴头饰分成"花猫"和"老鼠"两队，"老鼠"佩戴追逐飘带。游戏开始，在规定的场地（百变绳围合）内"花猫"追逐"老鼠"，将其"尾巴"揪掉，当两根"尾巴"都被扯掉后，"老鼠"必须离开场地在场外等候一轮。游戏结束后，互换角色再次进行游戏，可反复进行。

2. 幼儿相互之间进行交流和分享。

放松整理

1. 幼儿一边念儿歌《小花猫》，一边进行放松活动。

2. 幼儿将材料归放好，在收纳的过程中要注意安全。

活动延伸

1. 教师可以扩大游戏区域、增加游戏时间，以增加游戏强度。

2. 幼儿可用粘球衣替代追逐飘带开展游戏，加入投掷的动作。

场地示意图

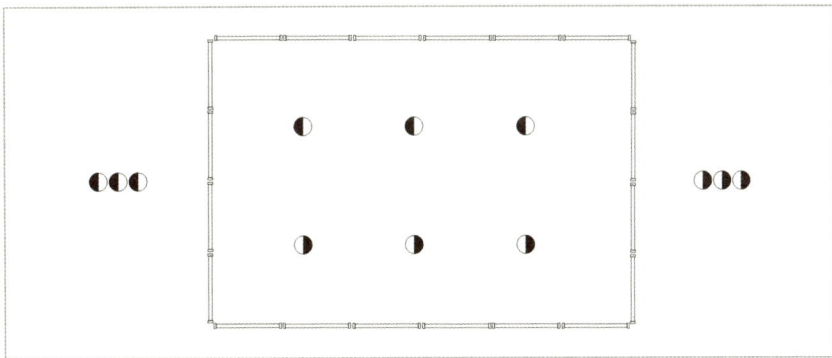

（北京市延庆区第四幼儿园　张俊）

小马运粮

活动目标

1. 学习和练习助跑跨跳，提高动作的协调性和灵敏性。

2. 学会遵守游戏规则以及与同伴友好合作。

活动准备

中号单元筒 4 个、体能棒 2 根、体能条 8 根、大龟背 2 个、绒布球 40 个、音乐。

活动过程

热身活动

幼儿随音乐边念儿歌《小小马》边做动作，活动全身。

小小马，蹲一蹲，

往左扭一扭，一二三四五，

往右扭一扭，五四三二一，

拍拍膝盖揉一揉。

站起身，拍拍手，

跳一跳，走一走，

轻轻松松做运动。

探索体验

1. 幼儿自由地探索材料的多种玩法。

（1）教师创设"小马过河"的情境，出示体能条，将其摆放成"河"，幼儿自由地尝试过"河"的各种方法。

（2）幼儿总结过"河"的方法，引出跨跳。

2. 动作指导：助跑跨跳。

（1）教师示范和讲解助跑跨跳。

动作要领：助跑加速，在障碍物前起跳；起跳时，一脚用力蹬起，腿要伸直，另一条腿弯曲快速向前摆动；落地时，身体前倾屈膝缓冲向前小跑几步，保持平衡。

（2）教师设置三种不同的"小河"：最低难度的"小河"（体能条）、中等难度的"小河"（体能棒插入中号单元筒下方的孔中）和高难度的"小河"（体能棒插入中号单元筒上方的孔中）。幼儿选择不同难度的小河进行自主练习，教师进行观察，必要时进行指导。

集体游戏

游戏：小马运粮。

1. 教师介绍游戏玩法，幼儿开展游戏。

幼儿扮演小马，分成两组，呈两路纵队分别站在起点线后等待。游戏开始，"小马"手持"粮食"（绒布球）先跨过"小河"（体能条间隔 40 厘米摆放），再跨过"跨栏"（中号单元筒和体能棒组合），把"粮食"投进"竹筐"（大龟背）里，每匹"小马"一次只能投一种"粮食"。当前一匹"小马"从场地外侧跑回起点后，第二匹"小马"才能出发，游戏继续。先完成游戏的小组获胜。

2. 幼儿相互之间进行交流和分享。

放松整理

1."小马"随音乐一起做放松活动：踮起脚尖，双手交叉，手臂向上伸；双脚站立，手臂向下伸直，双手触摸脚尖；双脚交叉站立，手臂向下伸直等。

2. 幼儿将材料归放好，在收纳的过程中要注意安全。

活动延伸

教师布置场地时，可将"跨栏"高低间隔摆放，或在路径中设置单元桥或单元砖等，幼儿可进行跨跳过有一定高度的物体练习。

场地示意图

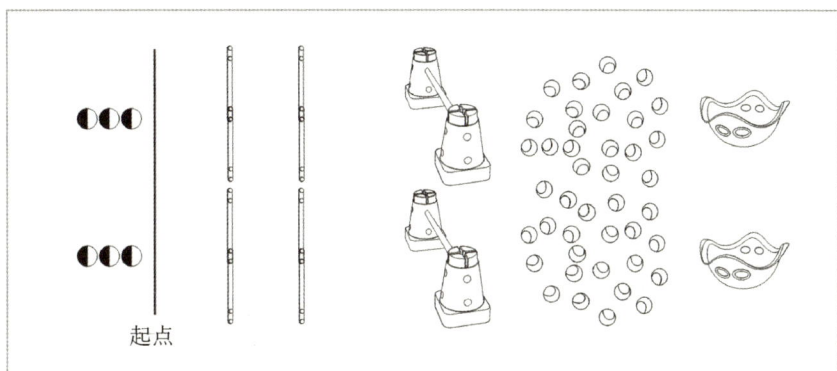

起点

（原中国人民解放军总后勤部六一幼儿园　赵萍）

三、大班

我是小投手

活动目标

1. 练习掷准动作，提高手眼协调能力，增强上肢力量。

2. 对投掷活动感兴趣，有勇于尝试的精神。

活动准备

大号体能环 2 个、中号单元筒 2 个、大龟背 2 个、百变绳 8 根、沙包若干、音乐。

活动过程

热身活动

幼儿进入场地，边听音乐边进行队形变化，走成一个方队，做准备活动：头部运动、上肢运动、扩胸运动、体侧运动、体转运动、腹背运动、跳跃运动等，重点活动手腕和手臂。

探索体验

1. 根据材料，幼儿自由探索掷准动作。

(1)幼儿自主尝试将沙包投出，穿过体能环或投入大龟背中。

(2)个别幼儿做示范，分享如何才能掷得更准，其他幼儿学习、模仿。

2. 动作指导：掷准。

(1)教师示范和讲解掷准。

动作要领：两腿前后开立，上体侧转，投掷臂后引，眼睛看向前方目标，蹬腿、转体，快速挥臂，手腕用力，向前方目标投去。

(2)幼儿再次自由练习掷准，教师个别指导。

集体游戏

游戏：我是小投手。

1. 教师介绍游戏玩法，分组开展游戏。

幼儿分成两组，呈两路纵队分别站在起点线后等待。游戏开始，每组第一名幼儿站在"投掷线一"(百变绳连接而成)后，将沙包投出，穿过距"投掷线一"约3米的"花环"(大号体能环和中号单元筒组合)，然后钻过"花环"，捡起沙包站到"投掷线二"(百变绳连接而成)后，将沙包投进"宝箱"(大龟背)后，从场地外侧返回起点。若第一次投掷时沙包没有穿过"花环"，则须捡起沙包回到起点站在队伍最后，等待下一轮投掷。在规定的时间内，投进"宝箱"的沙包数量多的小组获胜。根据幼儿活动情况，调整投掷距离开展第二轮游戏。

提示：当前一名幼儿站在"投掷线二"后时，后一名幼儿才能站在"投掷线一"后开始投掷。

2. 幼儿相互之间进行交流和分享。

放松整理

1. 幼儿随音乐做放松活动：双臂上举向上伸展身体；向前收肩，放松肩部；侧平举张开双臂做扩胸状，放松双臂等。

2. 幼儿将材料归放好，在收纳的过程中要注意安全。

活动延伸

教师可为幼儿提供不同的投掷物供幼儿进行投掷练习，如网球、纸球等。

场地示意图

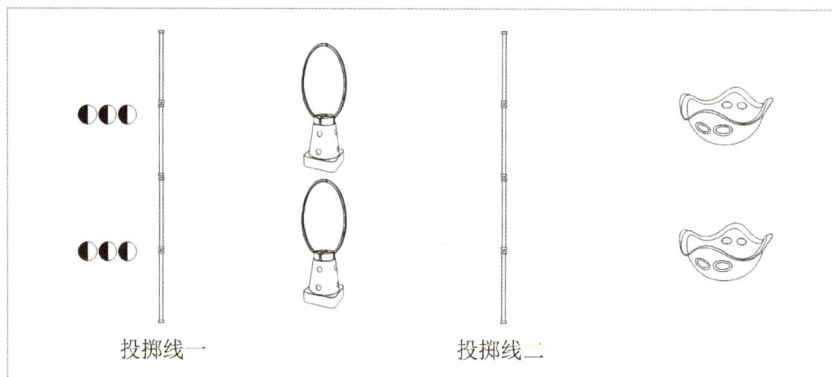

投掷线一　　　　　　　　　投掷线二

(北京市昌平区工业幼儿园　魏敏)

玩球小能手

活动目标

1. 练习绕障碍运球的动作，提高身体的协调性，锻炼上肢力量。

2. 探索球的多种玩法，感受球的弹性，体验球类游戏的多样性。

活动准备

中号单元筒 4 个、大号单元筒 4 个、百变绳 6 根、幼儿篮球 10 个、口哨 1 个、音乐。

活动过程

热身活动

幼儿站成两路纵队，随音乐做热身活动，如走步、上举手臂、转体、踢腿、绕踝关节、跳跃等动作。

探索体验

1. 幼儿自由玩球，自主探索和练习。

(1)幼儿三人一组，自由玩球，如滚球、拍球、抛球、接球等。

(2)幼儿四散开来练习原地左右手交替拍球。

(3)幼儿练习直线行进运球。

2. 动作指导：绕障碍运球。

(1)教师示范和讲解绕障碍运球。

动作要领：拍球时两腿微屈，上体稍前倾，五指自然分开，手心空出，用手指控制球，击打球的上部，肘关节自然弯曲，以腕关节为轴，上下摆动。右手运球绕障碍向左侧变向突破时，要拍按球的右侧上方，使球从身体右侧弹向左侧，右脚迅速向左侧前方跨出，上体左转、前倾并探肩，换左手拍按球的左后侧继续加速前进。

(2)幼儿自主练习"S"形曲线运球，教师注意观察并进行个别指导。

集体游戏

游戏：玩球小能手。

1. 教师介绍游戏玩法，幼儿开展游戏。

幼儿分成两组，呈两路纵队分别站在起点线后等待。游戏开始，每组第一名幼儿先在指定区域(百变绳围合)内单手拍球 5 次，然后运球绕过障碍物(单元筒间隔摆放)，最后抱球从场地外侧跑回起点，将球传给第二名幼儿，游戏继续，直至全部幼儿完成游戏，用时较短的小组获胜。

2. 幼儿相互之间进行交流和分享。

放松整理

1. 幼儿跟随教师做放松活动"哈哈笑"：教师将篮球用力拍离地面，幼儿根据篮球从高到低的运动轨迹发出由大到小的"哈、哈、哈"的笑声。

2. 幼儿将材料放回原处，在收纳的过程中要注意安全。

活动延伸

1. 教师可以提供一些辅助器材，如球门、篮球架等，供幼儿探索球的各种玩法。

2.幼儿可练习花样拍球，如站在物体上拍球、拍球转圈等。

场地示意图

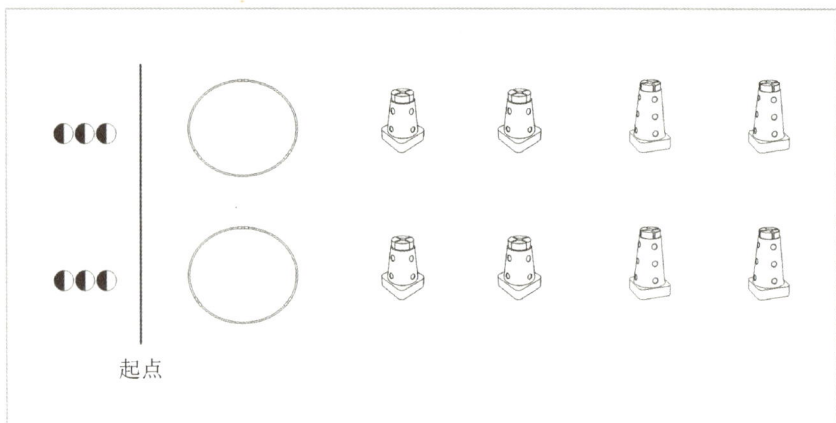

起点

（北京市昌平区工业幼儿园　何维）

赛龙舟

活动目标

1.学习全蹲走的动作，锻炼耐力和腿部肌肉力量，提高平衡能力和协调性。

2.体验与同伴合作、竞赛的乐趣。

活动准备

中号单元筒4个、大号单元筒4个、体能棒12根、长方形协力布道2片、幼儿足球4个、幼儿篮球10个、秒表1块、音乐。

活动过程

热身活动

1.幼儿一路纵队沿着塑胶跑道进行走与慢跑交替练习。

2.幼儿站成四路纵队和教师一起随音乐做热身活动：头部运动、上肢运动、下蹲运动、踢腿运动、跳跃运动等，重点活动下肢部位。

探索体验

1.教师创设情境，引出活动内容。

(1)教师：小朋友们，你们有没有见过划龙舟比赛啊？今天我们要蹲着走路扮演龙舟，进行划龙舟的比赛。小朋友们先来尝试一下蹲着走吧！

(2)幼儿分散开来自由探索全蹲走。

(3)幼儿围成一圈，个别幼儿展示全蹲走，其他幼儿学习、模仿。

2.动作指导：全蹲走。

(1)教师示范和讲解全蹲走。

动作要领：两腿自然分开，脚尖朝前成全蹲姿势，脚跟提起，利用前脚掌和踝关节的力量向前走动，两手放在背后或在身旁屈肘前后自然摆动。

（2）幼儿绕圈练习全蹲走。

在练习时，幼儿要注意正确的全蹲姿势，不要将臀部抬起。

（3）幼儿分小组练习集体全蹲走。

幼儿自由组合，四人为一个小组。站成若干路纵队，每队后面一名幼儿的双手扶在前一名幼儿的腰上进行集体全蹲走练习。幼儿可用喊口令的方式，如"左右，左右……""一二，一二……"等，以保持小组成员的步伐一致。

集体游戏

游戏：赛龙舟。

1. 教师介绍游戏玩法，幼儿开展游戏。

幼儿四人一组扮演龙舟，以全蹲姿势在起点线后等待，其他幼儿则在场外扮演观众。游戏开始，"龙舟"沿着"赛道"钻过 2 个高低不同的"桥洞"（单元筒和体能棒组合）到达终点，然后 4 人一起用协力布道运两个"大粽子"（幼儿足球和幼儿篮球）回到起点。任务完成后，交换角色，游戏继续，直至所有的小组完成任务。教师计时，用时最短的小组获胜。

2. 幼儿相互之间进行交流和分享。

放松整理

1. 幼儿先一起手拉手围成一个大圆圈，随音乐慢走一圈；然后一起做踢腿、拍腿、揉膝等动作放松腿部肌肉。

2. 幼儿将材料放回原处，在收纳的过程中要注意安全。

活动延伸

1. 活动中所使用的器材可以根据幼儿园的实际情况进行调整，也可以请幼儿一起参与活动场地的布置。

2. 教师可根据幼儿的水平，在路径中设置一些障碍，幼儿绕障碍进行全蹲走，增加游戏的难度。

场地示意图

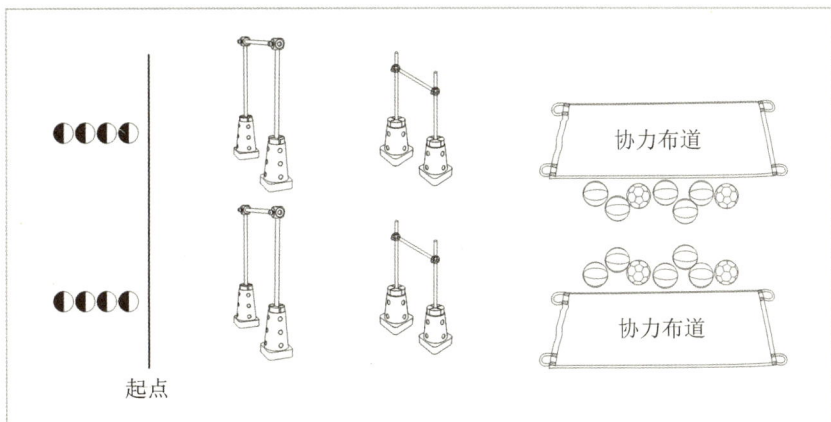

（北京市东城区分司厅幼儿园　吴爽）

学前儿童基本体操选编[①]

一、婴儿被动操(小班)

此操适合2~6个月的婴儿。从2个月开始由父母或其他成人(以下统称"母亲")帮助做。一般在上午喂奶前半小时或喂奶后1小时做操。最好在桌上(高低适于帮助做操的人)铺上小褥垫,室内要温暖、安静。最好小儿赤身,母亲的手要温暖,动作要轻柔而有节奏。

婴儿被动操共八节,每节2~8呼(母亲边做边呼拍数)。

准备活动

婴儿仰卧,母亲的两手轻轻从上而下按摩婴儿的胸部和腹部,并以和蔼的态度对婴儿讲些话。尽管婴儿听不懂,也要讲,诱导他准备做操,使他情绪愉快、肌肉放松。

第一节　扩胸运动

预备:母亲双手握住婴儿手腕,大拇指放在婴儿手心里,使婴儿握拳。

操作:

1. 使婴儿两臂左右分开,手心向上,手背贴在桌面上(如图1),口呼1、2。

2. 使婴儿两臂在胸前交叉(如图2),口呼3、4。

图1　扩胸运动(1)　　　图2　扩胸运动(2)

3. 反复1及2,口呼5、6、7、8。

4. 再重复一遍,口呼2、2、3、4、5、6、7、8。

第二节　伸展运动

预备:同第一节,使小儿两臂放于体侧。

① 基本体操的一选自朱家雄:《现代儿童保健百科全书》,上海:中国大百科全书出版社上海分社,1994。有改动。基本体操的二至六选自刘馨、张首文:《幼儿园健康教育资源·体育活动》,北京,人民教育出版社,2018。有改动。基本体操的七选自刘馨主编,亿童教育装备研究院研发:《幼儿园体育活动整体方案》(小班)(中班)(大班),武汉,华中师范大学出版社,2016。有改动。

操作：

1. 拉婴儿两臂在胸前平举，掌心相对（如图 3），口呼 1、2。

2. 轻拉婴儿两臂向两侧斜上举，手背贴在桌面上（如图 4），口呼 3、4。

图 3　伸展运动（1）　　　　图 4　伸展运动（2）

3. 重复 1，口呼 5、6。

4. 还原成预备姿势，口呼 7、8。

5. 再重复一遍，口呼 2、2、3、4、5、6、7、8。

第三节　屈腿运动

预备：母亲用两手握住婴儿脚腕，使婴儿两腿伸直。

操作：

1. 使婴儿两腿同时屈至腹部（如图 5），口呼 1、2。

图 5　屈腿运动

2. 还原成预备姿势，口呼 3、4。

3. 重复 1、2 动作，口呼 5、6、7、8，还原。

4. 再做一遍，口呼 2、2、3、4、5、6、7、8。

注意：婴儿两腿屈至腹部时，可稍用力，使腿对腹部起到按摩作用。无论屈伸，都要适宜，不可太用力，以免损伤婴儿关节、韧带。

第四节　两腿上举运动

预备：母亲用双手轻握婴儿膝部，拇指在下，四指轻压膝部（如图 6）。

图 6　两腿上举运动（1）　　　　图 7　两腿上举运动（2）

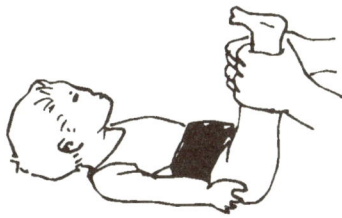

操作：

1. 将婴儿两腿向前上方举起，与腹部成直角（如图7），呼1、2。

2. 还原成预备姿势，呼3、4。

3. 重复1、2动作，呼5、6、7、8。

4. 再做一遍，口呼2、2、3、4、5、6、7、8。

注意：不要使婴儿的臀部离开桌面。

以上四节为4个月以前的婴儿操，做完四节后，再做第八节整理运动，即可结束。

第五节　肩绕环运动（4～6个月的婴儿加做第五～第八节）

预备：同第一节，使小儿两臂放于体侧。

操作：

1. 扶婴儿两臂，以肩关节为轴心，使两臂由胸前向上（如图8）向外侧轻轻环绕一周（如图9），呼1、2，回到预备姿势。

图8　肩绕环运动(1)　　　　图9　肩绕环运动(2)

2. 扶婴儿两臂由胸前向下，向内侧绕环一周（如图10），呼3、4。回至预备姿势。

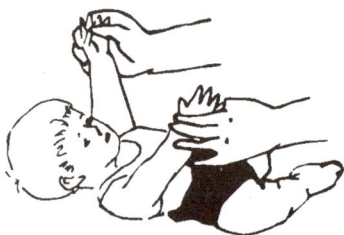

图10　肩绕环运动(3)

3. 重复1、2动作，口呼5、6、7、8。

4. 再重复做一遍，口呼2、2、3、4、5、6、7、8。

注意：转动时不要用力过大，以免损伤婴儿关节及韧带。婴儿情绪不好或胳臂不放松时，不要用力拉。

第六节　后屈运动

预备：让婴儿趴着，两手伸直放在前方，两肘支撑身体，母亲用两手分别握住婴儿脚腕（如图11）。

图 11　后屈运动(1)

操作：

1. 轻轻提起婴儿双腿，只抬高下肢，胸部不得离开桌面（如图 12），口呼 1、2，还原。

2. 轻轻握住婴儿两肘，使上体抬高，腹部不得离开桌面（如图 13），口呼 3、4，还原。

图 12　后屈运动(2)

图 13　后屈运动(3)

3. 重复 1、2 动作，再做一遍，口呼 2、2、3、4、5、6、7、8。

注意：抬起时不可过高，不得超过 45°角。身体要直，婴儿歪扭着身体时不要做这节操。动作要轻柔。

第七节　翻身运动

预备：如第一节。

操作：

1. 母亲用一手握婴儿两个脚腕，另一只手轻托婴儿背部，帮助婴儿翻身趴下，并使婴儿的头、肩稍抬起（如图 14、图 15），口呼 1、2。

图 14　翻身运动(1)

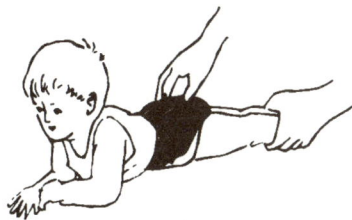

图 15　翻身运动(2)

2. 换一只手握小儿脚腕，另一只手插到婴儿胸下，帮助婴儿将身翻转过来仰卧（如图 16），口呼 3、4。

3. 同 1，但向相反方向翻身。口呼 5、6。

图 16　翻身运动(3)

再同 2，翻转回来，呼 7、8。

4. 重复再翻身两次(一个方向翻一次)。口呼 2、2、3、4、5、6、7、8。

第八节　整理运动

扶婴儿两臂轻轻活动，再扶小腿轻轻摇动，或让婴儿仰卧在桌上自由活动数分钟，使肌肉及精神渐渐放松。

整个婴儿操做 5 分钟，动作要轻柔。

二、模仿操：天天做操身体好(小班)

预备姿势　自然站立。(如图 17)

儿歌	动作说明
早上空气真正好，	两臂上举，向左右自然摆动。(如图 18、图 19)
我们大家来做操。	两臂胸前屈肘，后振 3 次放下。(如图 20)
伸伸臂，伸伸臂，	两臂侧平举，然后放下。再重复 1 次。(如图 21)
弯弯腰，弯弯腰，	两手叉腰，上体前屈 2 次。(如图 22)
踢踢腿，踢踢腿，	两手叉腰，左右腿各向前踢 1 次(如图 23、图 24)
蹦蹦跳，蹦蹦跳，	两手叉腰，上跳 4 次。(如图 25)
天天做操身体好。	原地踏步。(如图 26)

图 17　　　　图 18　　　　图 19　　　　图 20

图 21　　　　图 22　　　　图 23

图 24　　　　　　　　图 25　　　　　　　　图 26

（照片提供：北京市昌平区工业幼儿园）

三、模仿操：小动物真可爱（小班）

预备姿势　自然站立。（如图 27）

儿歌	动作说明
来来来，来来来，	两臂在左右前方上下各摆动 2 次，表示招呼小朋友。（如图 28、图 29）
小动物，真可爱。	两手叉腰，同时碎步自转 1 圈。（如图 30）
小花猫，喵喵喵，	两手放在嘴前（掌心向内），手指相对。两手各向两边拉 2 下，作理胡须状，上体同时向左右自然摆动，然后两臂放下。（如图 31）
伸伸懒腰喵喵喵。	两臂经腹前交叉，在体前绕环 2 圈。（如图 32）
小鸭子，呷呷呷， 摇摇摆摆呷呷呷。	两腿自然开立、稍蹲，两臂于体侧外张，掌心向下，手指向外侧自然分开。学小鸭原地走 7 步，同时上体向左右自然摇摆。（如图 33）
小小鸡，叽叽叽，	两手半握拳，伸出食指相拼在嘴前成小鸡尖嘴状。上体前倾，脚跟抬起，作啄虫状。（如图 34）
找到虫儿叽叽叽。	两手同前，作小鸡尖嘴状，上体前倾，碎步自转 1 圈。（如图 35）
小青蛙，呱呱呱， 跳上跳下，呱呱呱。	两脚稍分开，膝稍屈，两臂屈肘于肩前，手心向前，跳上跳下呱呱呱。跳 7 次。（如图 36）

图 27　　　　　　图 28　　　　　　图 29　　　　　　图 30

图 31

图 32

图 33

图 34

图 35

图 36

（照片提供：原中国人民解放军总后勤部六一幼儿园）

四、轻器械操：圈操(中班)

预备姿势 身体自然直立，两手持圈放于体前。

第一节 伸展运动(2×8 拍)

第一个八拍：

①～②两腿并拢，提踵，两手持圈，两臂前平举。

③～④还原成预备姿势。

⑤～⑥动作同①～②。

⑦～⑧动作同③～④。

预备

①～②

③～④

第二个八拍：

①～②左脚向左侧跨出一步，两手持圈，两臂前平举。

③～④两臂上举。

⑤～⑥动作同①～②。

⑦～⑧还原成预备姿势。

   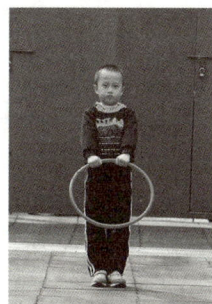

①～②　　　　　③～④　　　　　⑤～⑥　　　　　⑦～⑧

第二节　体侧运动(2×8 拍)

第一个八拍：

①～⑧两手持圈，两臂下垂伸直，用圈轻击腿部 4 次。

①～⑧

第二个八拍：

①～②左脚向左侧跨出一步，脚跟点地，右膝稍屈，两手持圈于左侧平举。

③～④还原成直立，两手持圈立于胸前。

⑤～⑥动作同①～②，方向相反。

⑦～⑧动作同③～④。

①～②　　　　　③～④　　　　　⑤～⑥　　　　　⑦～⑧

第三节　体转运动(2×8 拍)

第一个八拍：

①～②左脚向左侧跨出一步，两手持圈前平举。

③～④两臂上举。

⑤～⑥身体向左侧转，两手持圈套在头上，双腿稍屈呈弓箭步。

⑦～⑧还原成预备姿势。

①～②　　　　　　③～④　　　　　　⑤～⑥　　　　　　⑦～⑧

　　第二个八拍：动作同第一个八拍，方向相反。结束时，身体前屈将圈放于脚前地面，然后还原为直立。

第四节　跳跃运动(2×8 拍)

第一个八拍：

①～②两手叉腰，跳进圈内。

③～④两手叉腰，从圈内向后跳出。

⑤～⑥动作同①～②。

⑦～⑧动作同③～④。

①～②　　　　　　③～④　　　　　　⑤～⑥　　　　　　⑦～⑧

第二个八拍：动作同第一个八拍。

第五节　踢腿运动(2×8 拍)

第一个八拍：

①～②身体直立，两手持圈前平举。

③～④两手持圈上举。

⑤～⑥踢左腿，同时两手持圈轻击左腿。

⑦～⑧还原成两腿直立，两臂屈肘，持圈立于胸前。

　　　①～②　　　　　　③～④　　　　　　⑤～⑥　　　　　　⑦～⑧

第二个八拍：动作同第一个八拍，换踢右腿。

间奏　变换队形(4×8 拍)

第一个八拍：

①～⑥左右两队幼儿面对面踏步走到中间点。

⑦～⑧两人面对面站好，将圈对在一起。

　　　　　①～⑥　　　　　　　⑦～⑧

第二个八拍：

①～④两人面对面同时蹲下。

⑤～⑧两人同时起立。

　　　　　①～④　　　　　　　⑤～⑧

第三个八拍：

①～④蹲下将圈放在地上，然后起立，向前一步跨进圈内，面对面站好。

⑤～⑧两人相互左右击掌。

①～④   ⑤～⑧

第四个八拍：

①～⑥退出圈外，两人各自踏步回原位。

⑦～⑧两手持圈自然立于胸前。

①～⑥   ⑦～⑧

第六节 腹背运动(2×8拍)

第一个八拍：

①～②左脚向左侧跨出一步，两臂前平举，两手持圈，让圈水平。

③～④两臂上举，两手持圈，让圈直立。

⑤～⑥弯腰90°，两手持圈，让圈直立于地面。

⑦～⑧左脚收回，身体还原成直立，两手持圈自然立于胸前。

①～②   ③～④   ⑤～⑥   ⑦～⑧

第二个八拍：动作同第一个八拍，换右脚侧出、收回。

第七节　整理运动(2×8 拍)

第一个八拍：

①～⑧左右脚交替抬高原地踏步，两手持圈立于体前，左右晃动作开车状。

①～②　　　　　③～④　　　　　⑤～⑥　　　　　⑦～⑧

第二个八拍：

①～②两腿并拢，提踵，两手持圈前平举。

③～④还原成预备姿势。

⑤～⑥动作同①～②。

⑦～⑧动作同③～④。

   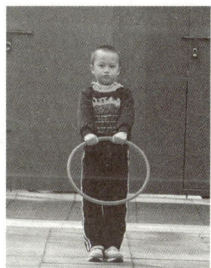

①～②　　　　　③～④　　　　　⑤～⑥　　　　　⑦～⑧

结束动作　两脚左右开立，两手持圈上举。

结束

（北京市东城区分司厅幼儿园　吴爽）

五、轻器械操：哑铃操(中班)

预备姿势 身体自然直立，两手持哑铃放于腿侧。

前奏 预备动作(2×8 拍)

第一个八拍：

①～⑦两手握哑铃，两臂自然前后摆动，两腿随音乐原地踏步。

⑧还原为预备动作。

预备　　　　　　①～⑦　　　　　　⑧

第二个八拍：

①～②两脚自然开立，与肩同宽。两臂屈肘，哑铃上举，身体转向左侧。

③～④还原成预备动作。

⑤～⑥动作同①～②，身体转向右侧。

⑦～⑧还原成预备动作。

①～②　　　　③～④　　　　⑤～⑥　　　　⑦～⑧

第一节 上肢运动(2×8 拍)

第一个八拍：

①～②左脚向左侧跨出一步，脚跟点地，身体转向左侧，同时两臂平屈，于胸前对敲哑铃 1 次。

③～④收回左脚，身体转向正前，同时两臂侧举哑铃于耳侧。

⑤～⑥两手向上举起哑铃，同时稍抬头。

⑦～⑧原成③～④姿势。

　　①～②　　　　　③～④　　　　　⑤～⑥　　　　　⑦～⑧

第二个八拍：动作同第一个八拍，但方向相反。

第二节　踢腿运动(2×8拍)

第一个八拍：

①～②两腿直立，两手持哑铃在胸前平屈扩胸1次。

③～④两臂从胸前交叉，打开成侧平举。

⑤～⑥两臂屈臂持哑铃前平举，同时向前踢左腿。

⑦～⑧还原成预备姿势。

　　①～②　　　　　③～④　　　　　⑤～⑥　　　　　⑦～⑧

第二个八拍：动作同第一个八拍，向前踢右腿。

第三节　体侧运动(2×8拍)

第一个八拍：

①～②左脚向左侧跨出一步，两手侧平举。

③～④身体向左屈，侧击哑铃1次。

⑤～⑥还原成①～②姿势。

⑦～⑧还原成预备姿势。

        ①～②   ③～④   ⑤～⑥   ⑦～⑧

第二个八拍：动作同第一个八拍动作，但方向相反。

<h3 align="center">间奏　变换队形(4×8 拍)</h3>

第一个八拍：

①～⑥两名幼儿中间的手持哑铃侧上举，外侧手持哑铃侧下举，两臂呈直线。两名幼儿手腕摇动哑铃，踏步左右移动，交换位置。交换位置时，左侧幼儿在前，右侧幼儿在后。

⑦～⑧两人在交换后的位置站定，内侧手侧下举，外侧手侧上举。

        ①～⑥   ⑦～⑧

第二个八拍：

①～②两臂屈肘，哑铃上举，身体转向两人相对一侧。

③～④还原成预备姿势。

⑤～⑥动作同①～②，身体转向两人相背一侧。

⑦～⑧动作同③～④。

        ①～②   ③～④   ⑤～⑥   ⑦～⑧

第三个八拍：动作同第一个八拍，换回位置。

第四个八拍：动作同第二个八拍。

第四节　体转运动(2×8拍)

第一个八拍：

①～②左脚向左侧跨出一步，两手持哑铃前平举。

③～④两手持哑铃屈肘于胸前，同时身体向左后转体90°。

⑤～⑥身体转回正前。

⑦～⑧还原成预备姿势。

　　　①～②　　　　　③～④　　　　　⑤～⑥　　　　　⑦～⑧

第二个八拍：动作同第一个八拍，方向相反。

第五节　跳跃运动(2×8拍)

第一个八拍：

①～④两手持哑铃放在腰间，两腿并齐向前跳2次。

⑤～⑧两腿并齐向后跳2次。

　　　　①～④　　　　　　　⑤～⑧

第二个八拍：

①～⑥两腿并齐向上纵跳6次，同时两手在胸前对击哑铃6次。

⑦～⑧还原成预备姿势。

①～⑥   ⑦～⑧

第六节　整理运动(2×8 拍)

第一个八拍：

①～⑧原地踏步 8 次，同时两手持哑铃敲击肩部 8 次。

①～⑧

第二个八拍：

①～⑥原地踏步 6 次，同时两手持哑铃敲击腰部 6 次。

⑦～⑧还原成预备姿势。

①～⑥   ⑦～⑧

（北京市丰台区育英幼儿园　马莉、潘辛未）

六、轻器械操：筷子操(大班)

预备姿势　两腿直立，两手持筷子胸前交叉。

第一节 上肢运动(2×8 拍)

第一个八拍：

①~②左脚向左侧跨出一步，与肩同宽，同时两手持筷侧平举。

③~④两手上举，头随手动，两手持筷于头顶上方对击 2 次。

⑤~⑥还原成①~②动作。

⑦~⑧右脚收回，身体直立。

预备   ①~②   ③~④

⑤~⑥   ⑦~⑧

第二个八拍：动作同第一个八拍，右脚向右侧跨出一步。

第二节 腹背运动(2×8 拍)

第一个八拍：

①~②左脚向左侧跨出一步，与肩同宽，同时两手侧平举。

③~④上体前屈，两手持筷于体前对击 2 次。

⑤~⑥还原成①~②动作。

⑦~⑧左脚收回，身体直立。

①~②   ③~④   ⑤~⑥   ⑦~⑧

第二个八拍：动作同第一个八拍，右脚向右侧跨出一步。

第三节　协调运动(2×8 拍)

第一个八拍：

①～②两臂平屈于胸前，两手持筷于胸前对击 2 次。

③左臂侧平举，右臂屈肘于胸前，同时抬左腿。

④还原成直立姿势。

⑤～⑥动作同①～②。

⑦动作同③，方向相反。

⑧还原成直立姿势。

①～②　　　　　③　　　　　④

第二个八拍：动作同第一个八拍，方向相反。

第四节　体转运动(2×8 拍)

第一个八拍：

①～②左脚向左侧跨出一步，与肩同宽，同时两手持筷侧平举。

③～④身体左转 90°，两手持筷于胸前对击 2 次。

⑤～⑥动作同①～②。

⑦～⑧左脚收回，还原成直立姿势。

①～②　　　　③～④　　　　⑤～⑥　　　　⑦～⑧

第二个八拍：动作同第一个八拍，右脚向右侧跨出一步。

第五节　队形变换(4×8拍)

第一个八拍：

①～②一手侧上举，一手侧下举。

③～⑧踏步与旁侧幼儿换位。

①～②　　　　　　　　　　　　　　③～⑧

第二个八拍：

①～②外侧腿向外侧跨出成弓步，同时两手持筷于胸前交叉。

③～④两手持筷于胸前对击2次。

⑤～⑥内侧臂指向内侧上方，呈射日姿势，眼看内侧手。

⑦～⑧外侧腿收回，还原成直立姿势。

①～④　　　　　　　　⑤～⑥　　　　　　　⑦～⑧

第三个八拍：动作同第一个八拍，换回原位。

第四个八拍：动作同第二个八拍，但方向相反。

第六节　跳跃运动(2×8拍)

第一个八拍：

①两腿跳成开立，与肩同宽，同时两手侧平举。

②两腿跳成还原，同时两手持筷上举，于头顶上方对击1次。

③动作同①。

④还原成直立，两手放于体侧。

⑤～⑧动作同①～④。

① ② ③ ④

第二个八拍：

①～④动作同第一个八拍①～④。

⑤～⑧踏步4次，同时两手持筷于胸前屈肘对击4次。

第七节　整理运动(2×8拍)

第一个八拍：

①～④踏步4次，同时两手持筷于胸前对击4次，顺时针转体90°。

⑤～⑧动作同①～④，继续顺时针转体90°。

①～④ ⑤～⑧

第二个八拍：

①～④动作同第一个八拍①～④。

⑤～⑧动作同①～④，转回原位。

①～④ ⑤～⑧

结束动作　两臂上举，跳起 3 次，喊"嘿嘿嘿"。

结束

（原国家安全监管总局幼儿园　吴素洁）

七、武术操（大班）

武术操是以武术基本动作为主，并按照幼儿年龄特点编排的一套体操。以下是我们排练的一套武术操，详见表 1。

表 1　武术操

操节名称	动作图片	动作说明
预备拍	 图 1	预备姿势： 并步直立收拳（如图 1）
	 图 2　　图 3	预备拍： ①双手成掌交叉于腹前，双脚打开与肩同宽（如图 2） ②并步直立收拳（如图 3）

续表

操节名称	动作图片	动作说明
第一节： 预热运动	 图 4 　　图 5	第一个八拍： ①～④左腿向左跨步，双腿打开成马步，右手收拳于腰际，左手成拳向左侧屈臂(如图 4) ⑤～⑧向左转体 90°成左弓步，双手成拳，右手冲出成平拳(如图 5)
	 图 6	第二个八拍： ①～④身体转回，目视前方，右手握拳于腰际，左手向上冲出成掌(如图 6)
	 图 7 　　图 8	⑤～⑥双腿成马步，左手盖掌于胸前(如图 7) ⑦～⑧并脚，同时左拳向左侧冲出成平拳，右臂上架成架拳，眼睛平视左方(如图 8)
	 图 9 　　图 10  图 11	第三个八拍： ①～④双脚打开与肩同宽，收拳目视前方(如图 9) ⑤～⑥双手向前冲拳，拳心冲下(如图 10) ⑦～⑧双脚打开与肩同宽，收拳目视前方(如图 11)

续表

操节名称	动作图片	动作说明
第一节：预热运动	 图 12 　　　图 13	第四个八拍： ①～②双手成掌，掌心冲前，向斜下方冲出，眼睛向下看（如图 12） ③～④两臂同时向下经两侧抢摆至头上击掌，眼睛向上看（如图 13）
	 图 14 　　　图 15	⑤～⑥双手合掌收于胸前，成马步，目视前方（如图 14） ⑦～⑧向左转体 90°成左弓步，双手向左推掌（如图 15）
	 图 16 　　　图 17	第五个八拍： ①～④身体转回成马步，双手在身体两侧打开，呈左手上举，右手侧下姿势，掌心冲上（如图 16） ⑤～⑧收腿，左手向左推掌，右手向上翻掌（如图 17）
	 图 18 　　　图 19	第六个八拍： ①～④双腿成马步，左手盖掌，右手托掌于右腰际，目视双手（如图 18） ⑤～⑧向左转体 90°成左弓步，手腕并拢向左推掌（如图 19）

续表

操节名称	动作图片	动作说明
第一节：预热运动	 图 20	第七个八拍： ①～④收拳(如图 20)
	 图 21 　　图 22	⑤～⑧左右手交替向前推掌三次，并呼"哈、哈、哈"(如图 21、图 22)
	 图 23 　　图 24	第八个八拍： ①～④双掌叠加于头顶上方，掌心向前，目视前方(如图 23) ⑤～⑧收脚，手成掌收于背后(如图 24)，还原成预备姿势
第二节：手臂运动	 图 25 　　图 26	第一个八拍： ①～④左腿向左跨步，双腿打开成马步，右手收拳于腰际，左手成拳向左侧屈臂(如图 25) ⑤～⑧向左转体90°成左弓步，双手成拳，右手冲出成平拳(如图 26)
	 图 27 　　图 28	第二个八拍： ①～④转体成马步，右手收拳于腰际，左手向左冲拳成平拳(如图 27) ⑤～⑧还原成预备姿势(如图 28) 第三、四个八拍动作同第一、二个八拍，方向相反

续表

操节名称	动作图片	动作说明
第二节：手臂运动	 图 29 　　　　图 30  图 31 　　　　图 32	第五个八拍： ①～②右脚向右跨步，向右转体 90°成右弓步，左腕伸直外旋掌心向上，屈小臂翻掌（如图 29） ③～④手臂不动，向左转体 180°成左弓步（如图 30） ⑤～⑥右手成掌，掌背叠加于左手掌心，目视双掌（如图 31） ⑦～⑧双脚不动，收拳于腰际，目视下方（如图 32）
	 图 33 　　　　图 34  图 35	第六个八拍： ①～④双手向上冲掌，仰头，目视上方（如图 33） ⑤～⑥向右转体 180°成右弓步，右手收拳于腰际，左手翻掌，由上往下屈臂于胸前，目视前方（如图 34） ⑦～⑧左腿向前收腿，右手盖掌于腰际，左手向上冲掌（如图 35）
第三节：足掌运动	（图 4—图 24，略）	同第一节
第四节：整理运动	（图 25—图 35，略）	第一个八拍到第六个八拍，动作同第二节第一个八拍到第六个八拍 还原成预备姿势

（操节设计者：张东芳　张杰）

主要参考书目

[1]松田岩男. 体育心理学参考教材[M]. 吕其彦, 译. 北京: 人民体育出版社, 1985.

[2] 松井三雄. 体育心理学[M]. 杨宗义, 张春, 崔东振, 译. 北京: 人民体育出版社, 1985.

[3]中国体育科学学会体质研究会. 体质测定[M]. 北京: 人民体育出版社, 1984.

[4]孙纪贤. 幼儿园体育教学法[M]. 北京: 北京师范大学出版社, 1988.

[5]佟静洋.《我国幼儿形态、机能、基本体育活动能力调查研究》的分析报告[R]. 1987.

[6]国家教育委员会基础教育司. 幼儿园管理工作法规文件选编[M]. 长沙: 湖南师范大学出版社, 1989.

[7]北京市教育局幼儿教育研究室,《学前教育》编辑部. 幼儿体育与游戏[M]. 北京: 北京师范学院出版社, 1987.

[8]王占春. 幼儿体育教学法[M]. 北京: 人民教育出版社, 1986.

[9]А. В. 克涅曼, Д. В. 胡赫拉耶娃. 学前儿童体育的理论和教学法[M]. 徐志文, 吴建军, 冯育民, 译. 北京: 人民教育出版社, 1984.

[10] Fontana D. The Education of the Young Child (2nd ed.)[M]. Basil Blackwell Publisher Limited, 1984.

[11]Wall J. Beginnings[M]. McGill University Business office, 1981.

[12]万钫. 学前卫生学[M]. 北京: 北京师范大学出版社, 1994.

[13]卢乐山, 林崇德. 中国学前教育百科全书·健康体育卷[M]. 沈阳: 沈阳出版社, 1995.

[14]刘馨, 张霁虹. 幼儿体育教育[M]. 北京: 科学普及出版社, 1993.

[15]刘馨, 霍力岩. 运动中成长——如何帮助幼儿进行体育活动[M]. 北京: 华夏出版社, 1994.

[16]朱家雄. 现代儿童保健百科全书[M]. 上海：中国大百科全书出版社上海分社，1994.

[17]全国幼儿园教材编写组. 幼儿园教材·体育（教师用书）[M]. 北京：人民教育出版社，1982.

[18]中国学前教育研究会. 继往开来　共创辉煌——全国幼儿教育第五届学术研讨会文选（上）[M]. 北京：北京师范大学出版社，1995.

[19]刘馨，张首文. 幼儿园健康教育资源·体育活动[M]. 北京：人民教育出版社，2018.

[20]刘馨，亿童教育装备研究院. 幼儿园体育活动整体方案（小班）（中班）（大班）[M]. 武汉：华中师范大学出版社，2016.

[21]李季湄，冯晓霞.《3－6岁儿童学习与发展指南》解读[M]. 北京：人民教育出版社，2013.